思维导图
笔记整理术

胡雅茹 ◎ 著

北京时代华文书局

图书在版编目（CIP）数据

思维导图笔记整理术 / 胡雅茹著 . — 北京：北京时代华文书局，2018.3（2023.8 重印）
ISBN 978-7-5699-2253-0

Ⅰ．① 思… Ⅱ．① 胡… Ⅲ．① 学习方法 Ⅳ．① G791

中国版本图书馆 CIP 数据核字（2018）第 001903 号

北京市版权局著作权合同登记号　图字：01-2017-6645

中文简体版通过成都天鸢文化传播有限公司代理，经晨星出版社授权大陆独家出版发行，非经书面同意，不得以任何形式，任意重制转载。本著作限于中国大陆地区发行。

思维导图笔记整理术
SIWEIDAOTU BIJI ZHENGLI SHU

著　　者 ｜ 胡雅茹
出 版 人 ｜ 王训海
选题策划 ｜ 樊艳清
责任编辑 ｜ 樊艳清
装帧设计 ｜ 元明设计　赵芝英
责任印制 ｜ 刘　银

出版发行 ｜ 北京时代华文书局 http://www.bjsdsj.com.cn
　　　　　北京市东城区安定门外大街 136 号皇城国际大厦 A 座 8 层
　　　　　邮编：100011　电话：010-64263661　64261528

印　　刷 ｜ 河北京平诚乾印刷有限公司　010-60247905
　　　　　（如发现印装质量问题，请与印刷厂联系调换）

开　　本 ｜ 710 mm×1000 mm　1/16　　印　张 ｜ 17.75　　字　数 ｜ 280 千字
版　　次 ｜ 2018 年 5 月第 1 版　　　　印　次 ｜ 2023 年 8 月第 11 次印刷
书　　号 ｜ ISBN 978-7-5699-2253-0
定　　价 ｜ 58.00 元

版权所有，侵权必究

推荐序

任何人都学得会的"思维导图笔记整理术"

我们生活在这个科技进步神速、全球化市场与国际村的时代，个人与企业都感受到相当大的压力，不断地求新求变。想尽办法把书念好，每个人都想上大学，甚至念硕士、博士学位，希望毕业后能进入大企业、好公司或机关学校，谋得一份好工作；企业的老板和领导阶层也必须设法创新品项及增加获利，同时提供顾客物超所值的产品与服务。因此，无论是读书、学习、分析、沟通、生活和工作各个方面，都必须具备有利的工具和正确的方法来帮助我们厘清脉络、化繁为简、达成目标，这就是所谓的"工欲善其事，必先利其器"。

坊间虽然有各种不同的教科书、参考书、媒体、网络等教大家不同的读书方法，如速读法、精读法、记忆法、如何学好英文等千百种，但是，本人仍要郑重推荐由胡雅茹撰写的这本新书《思维导图笔记整理术》。她不仅受过专业训练，也执行过无数个项目，以及具有教授思维导图近20年的丰富教学经验。本书教我们如何经由"思维导图笔记整理术"的训练、演练，进一步应用到念书、学习、准备考试、教学、演讲、阅读、写作、求职、招募、企划、简报、创业、管理、考核、会议、解决问题、目标设定、决策，以及日常生活和职场上的各种不同领域。

"思维导图"（Mind Map）是把你脑中的智慧，以清晰的脉络来呈现思维的一种图形，是水平思考加上垂直思考，让我们突破自我设限，让思考增加广度和深度，在一张纸上就可让联想无限延伸。开宗明义第一章"一个改变你人生的惊异笔记术"就在强调如何让思绪非常清晰，无论读书、训练、学习、考试、工作都能事半功倍，达成目标及任务。Mind Map 思维导图，是引领思考进行"化繁为简"的工具，让思考活化，更能创新；Mind Map 思维导图，是引领思考进行"去芜存菁"的工具，让思路清晰、抓住重点；Mind Map 思维导图，是引领思考进行"逻辑思考"的工具，让大脑活络，增强竞争力。

思维导图，将语词图像化，取得左右脑平衡与联想，让我们的大脑"整理信息"跟"截取信息"的能力增强，正是促发举一反三、触类旁通最好的思考工具。思维导图不是大企业老板或大主管的专利，而是一个普通人也能学好的方法，多年来作者一冉强调，思维导图是小学四年级就能学会独立思考的思考工具。思维导图，帮你整合片段且破碎的事物，简化与沟通看起来复杂的问题，提升记忆力并丰富说话的内涵，在工作上不再心有余而力不足，准备考试更有效率，心更安定，完成从来没做过的任务，可以帮助你我达到更远大的目标。

本书章节的编排架构与内容十分完整且严谨，深入浅出，教你如何用手绘思维导图，并告诉你绘制思维导图的"13个规则"，同时，通过实例解析让读者充分理解书中的观念和具体可行的方法，是一本具有相当广度与深度的好书。希望通过思维导图能帮助更多的学子安排学习计划，考生安心准备考试，让上班族快速达标，客户动心；企业主事业更顺遂，宏图大展，每一个人都能更上一层楼。

辅仁大学织品服装学系资深兼任讲师
张新房
2017年3月于新北市

作者序

思维导图为你的人生带来变化

多年前《今周刊》的记者来采访的时候，一直追问我两个问题：

大学毕业第一年月薪28K，却能在一年内还清30多万的助学贷款，你是怎么做到的？

刚进新公司的菜鸟，是一般行政人员，也不是业务工作，怎么在半年内被加薪两次，并在一年后升任小主管，你是怎么做到的？

我的诀窍就是将笔记本全面"图解化"，而图解化的最佳工具就是"思维导图"。

一、加速成为专才、通才

学生时期的我喜欢看书，除了教科书以外。下课后，我是能不碰教科书，就尽量不碰，所以必须养成一种快速把教科书读懂、读完的能力，通过思维导图就能办到。

大学时代，虽然念理工学院的科系，但是我每周都会跑到文学院、社会学院、医学院这三个图书馆去借书，每周至少要借四五本出来看。原因很简单，就是好奇。

也因为见多识广，脑中累积的背景知识量够大，所以下次看同类型的内容时，更容易掌握关键知识，渐渐就能做到见多识深，这些看似与主修科系不相关的闲书，却是打开我前往"举一反多"跨领域运用之路迈进的契机，对于后来的工作有很大帮助。

```
            记忆
           /    \
   归纳重点间关系  化为背景知识库
         /         \
      整理 ←理解后抓重点→ 输入
```

而上述的整个流程，通过思维导图就能很快速地达到正向循环。举例来说，我第一次看讲述财经投资的书籍，可能看不懂一些专有名词，如"选择权""买权""卖权"。但阅读理解这本书内容后，能掌握好本书的所有重点与各重点间的逻辑关系，并通通累积在脑中而形成背景知识，下次阅读到该领域范畴的书籍或文章时，掌握重点的能力会更迅速，等同于知识的累积更迅速。该领域范畴的书籍看得越多即是"见多识广"，而同一范畴的知识量累积到一定程度，借由大脑天生的自由联想能力，就能自动化地产生"见多识深"的观察与洞见。

二、勇敢面对挑战

没自信的上班族可以分为三类：

- 第一类人：忙于每天的大小事，忽视或无法实时发现自己天天的小进步。
- 第二类人：习惯自我贬低，过去成效30分，现在做到40分，却不认为自己有进步。
- 第三类人：习惯苛求自己，过去成效80分，现在做到90分，却总遗憾没有达到100分。

过去我刚进某家纺织公司时，曾同时兼做商品企划、研发与样品室工作。商品企划要动脑筋发挥创意，须大量收集数据与分析数据；研发要在有限的条件下解决问题，最好能有思考的时间与空间，不能一直忙于琐事；样品室的工作却是每天都要服务一群人，随时有人会来打扰你。

我必须养成一种随时可以开机后高速运转，也可以随时静下心来、沉淀思绪发想创意的脑袋，更重要的是在高强度工作后，回家还要能够睡得着。这么冲突的两种工作方式同时集中在一起，我就是靠着思维导图帮忙解决所有大小琐事与时间管理，渐渐训练出随时能开机与关机的脑袋：一个人动脑要抵过两个人动脑。当时的我是第一类人，每天机械式地工作，还好靠着思维导图的练习，思考力才没有在昏天暗地的上班族生活中萎缩坏死。

在教育业开始从事兼职工作后，有一次跟同事太太去听一场同步口译的演讲，我一边听讲，一边在脑海中用思维导图画出听到的重点。两个半小时结束后，同事太太告诉我："你不觉得今天的演讲乱七八糟的，东讲一点、西讲一点吗？"我一边回想脑中的思维导图一边回答："不会啊。讲者先讲的是 A，原因是……不过因为……所以导引出 B。B 的情况是……所以……最后是 C，要注意……其实他今天就只讲了 A、B、C 这三点。"

听完我的思维导图解说，同事太太豁然开朗，仿佛我才是那位翻译。但明明我跟她听的是同一场演讲啊！她狐疑地问我："奇怪，怎么听你说比听讲者说还要清楚？"

这时我才惊觉，原来思维导图已经带给我不可思议的变化。在我离开该纺织公司后，我的工作必须要由两个人接手才能完成，这表示当年的我是一个人抵过两个人的工作效率与成效。即使是十多年后的现在，该公司仍使用我当年所设计的商品看版给客人参考，回头看看，这真是不可思议的效率！

我在教育业的第一份专职工作，可以说是"被骗进去的"。（开玩笑的啦，前老板别生气噢！）原来的人提出辞呈后，该职位又空了约半个月，我接手时发现该单位缺乏工作流程的整体思考观，很多资料没整理就算了，甚至连数据都没有建立，信息数量庞大又杂乱无章。这时，思维导图就好用了！我立刻发挥大数据的精神，通过思维导图开始——梳理所有工作的来龙去脉，用一个月的时间弄清楚北中南公司的所有作业流程，并开始动手建立内部数据库。这时期的我是第二类人，靠着思维导图的整理力与思考力，帮整家教育公司建立起一套数据库系统，这应该算是很大的绩效了吧？可惜当时我的"第二类人"思维，并没有看清楚自己的能力又更进了一步。

后来，公司聘来一位新执行长，当时公司的业绩增长了三倍，需要更多的后勤人员支持，但这位执行长抱持着传统的管理思维，他认为后勤部门是烧钱的部门，就算补足人力可以持续让业绩向上成长，仍然不愿意补足后勤部门短缺的人手，而且还不断对我们洗脑所谓"能者多劳"，让后勤部门的同事以为是自己能力还不够，所以无法高效完成领导安排的工作。

看到这里，你大概可以猜到了吧，当时的我必须负担"一个人抵三个人用"的工作量，这时我是第三类人，能够禁得起被错误的管理思维压榨利用，只因为思维导图已经将我的工作效率提升到极致的境界。==幸好有思维导图，我随时可以事先设想各种可能的情况，先采用"防止错误发生"的问题分析思考，再用"解决问题"的思考去安排所有事务==，最后就像千手千眼观音一样让事情顺利完成。

离开该公司后，很多人开始对我说出他们的心里话，也有很多人来找我合作，让我更加深深体会到，==思维导图帮我完成了许多不可能的任务！==工作没有困难是不可能的，那正是老板给我们薪水的目的，但==用思维导图就很容易做到"把困难化为养分"==。每解决一件困难的工作，你就会对自己更有信心，进而成为一个"勇敢面对挑战"的人。

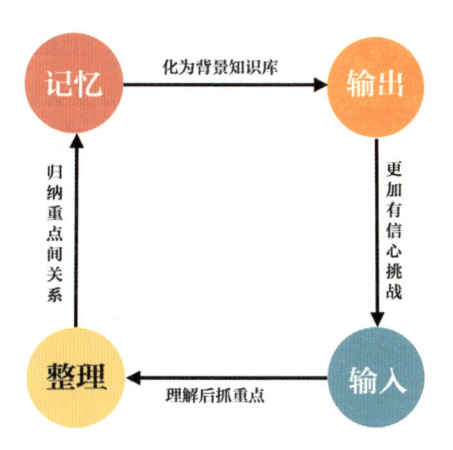

```
     记忆  ──化为背景知识库──→  输出
      ↑                          │
   归纳重点间关系              更加有信心挑战
      │                          ↓
     整理  ←──理解后抓重点──  输入
```

思维导图带给我人生巨大改变的小故事还有很多,能够公开与大家分享的,都穿插在本书各章节当中。我想告诉你的是:"只要用正确的方法使用思维导图,你也可以成为自己人生的掌控者!"

三、从此人生没有"偶然",只有"必然"

看完上面的工作经验分享,你大概会很讶异,我是怎么办到"一个人抵三个人用"的?

如果你已经看过我的上一本书——《思维导图:创意高手的超强思考工具》,应该也会跟其他读者一样,很想知道为什么我能很顺利地从已经工作七年的纺织业转换到教育业;为什么教育业的前辈已经被市场淘汰了,我还能不断研发出新的教材。

我想告诉你三个工作观,也是三个具有异曲同工之妙的个人心得:

1. 人生真的没有"偶然",只有"必然"。
2. 过去的工作行为,塑造出现在的人生。
3. 输在起跑点没关系,但要赢在终点。

所有的老板花钱买我们的专业、给我们薪水，是期望我们把事情做好，而不是把事情做坏。把事情做好是应该的，上班族必须要有这种认识。

我在纺织业的工作很忙碌，不把自己当员工看待，我把自己当老板，用老板的角度去思考该如何完成手上的工作。刚开始因为不熟练工作内容，肯定做不好，可通过思维导图来思考还需要调整哪些工作上的行为，一步步检讨自己，一步步改进自己。

因为我经历过纺织业抢外销订单得要有"能快速反应"的磨炼，当面临教育业第一份很烦琐的工作内容时，那些烦琐的难度对我来说真的是"一块蛋糕"（piece of a cake），只是我需要时间去完成这些繁复又环环相扣的工作任务。

在那时，老板找我来是要解决问题的，是要"能做事的"，而不是"来公司交朋友的"。我必须很快就达到"思考"与"实战"同步并行，我必须能"动脑"，也必须能"卷起袖子动手"。

通过思维导图，我很快就能快刀斩乱麻似的找到公司的众多弊端，一边"大破"的同时也能"大立"。通过思维导图缩短了行政工作时间，省下来的时间就让我能更加精进教学技巧。我同时做着两种不同类型的任务。

等于是别人只活一年，我已经活了两年，这就是我在职场上升迁加薪速度比别人快的必然原因！就如同我小时候念书一直都不是名列前茅的优等生，但通过加倍努力，总也能在关键时刻的考试中名列前茅。

在某些人眼中或许"加倍努力"等于是"苦"。但我不照抄他人的努力轨迹，不去过不属于自己的生活。我也不进行没有方向的随意、随兴"碰运气型"努力，而是通过思维导图先确定工作与生活中的各种目标，分析各种情境与困难，把思考焦点放在目标结果上，依据"我未来想要的结果"往前倒推出"我现在应该做的事情"，这种思考角度让我不觉得现在的努力是苦的，反倒通过一步步的努力来告诉自己："我又往目标靠近一步了。"

只要你能像我一样，充分进行理性思考，而不是流于情绪性的随兴，你也能让思维导图为你的人生带来不可思议的变化。

本书的思维导图范例，全以顺时针方向阅读

目录

推荐序

任何人都学得会的"思维导图笔记整理术" ▶ 001

作者序

思维导图为你的人生带来变化 ▶ 001

一、加速成为专才、通才 ▶ 001
二、勇敢面对挑战 ▶ 002
三、从此人生没有"偶然",只有"必然" ▶ 005

第 1 章
一个改变你人生的惊异笔记术

一、如果思路非常清晰,工作将呈现什么样貌 ▶ 002
二、一般笔记法可以满足你的工作需求吗 ▶ 004
三、把 100 页内容简化成 10 页笔记 ▶ 026
四、"一张纸"让联想无限延伸 ▶ 031
五、"思维导图"是让你达成任务的工具 ▶ 034
六、思维导图能活化思考、激发创意 ▶ 055
七、思维导图让沟通更具说服力 ▶ 059
八、思维导图让大脑活络起来 ▶ 060
九、思维导图能增强竞争力 ▶ 061
十、你是"左脑型"还是"右脑型" ▶ 065

第 2 章
用思维导图之前,先锻炼一下大脑

一、从"猫"可以联想什么 ▶ 070
二、语词图像化,训练左右脑平衡 ▶ 071
三、抓出抽象事物的特质 ▶ 072
四、爱用"思维导图"让你成为高手 ▶ 073

第 3 章
手绘思维导图法,图解基本步骤

一、准备的东西只有 3+1 种 ▶ 084
二、思维导图的"13 个规则" ▶ 089
三、建立从中心放射延伸的"主题" ▶ 115
四、让联想越来越宽广的"关键词" ▶ 117
五、拓展联想的提示:关键词阶层化 ▶ 119
六、如何挑选关键词 ▶ 121
七、联想不可只往单一方向发展 ▶ 125
八、活用思维导图来进行脑力激荡,更快产生新创意 ▶ 128

第 4 章
加上色彩及图像,提升大脑运作力

一、加强使用大脑回路的视觉效果 ▶ 133
二、色彩对思维导图的重要性 ▶ 134

三、色彩可以缩短 82% 的信息搜寻时间 ▶ 135
四、轻松赋予思维导图色彩的 5 个方法 ▶ 136
五、调和色彩的 5 大重点 ▶ 138
六、基本配色原则 ▶ 139
七、图像让联想进入大脑 ▶ 142
八、给大脑刺激，从画图开始 ▶ 143
九、视觉性思考的 9 个方法 ▶ 149
十、图画是锻炼大脑的工具 ▶ 154

第 5 章
思维导图帮你打开思考僵局

一、解决问题的流程 ▶ 158
二、逻辑思考的方法 ▶ 159
三、用一张纸处理难搞复杂的问题 ▶ 169
四、要传达的讯息，让对方快速理解 ▶ 180
五、人生要怎么做选择才不后悔 ▶ 187
六、上考场前，将思维导图存在大脑里 ▶ 200

第 6 章
成为在工作上输出的"成功者"

一、思维导图让简报具有说服力 ▶ 211
二、让简报成功的 4 个方法 ▶ 213
三、以思维导图让客户动心的简报术 ▶ 216

四、思维导图的威力：为什么大企业都在用　　▸218

五、"共享思维导图"活用法　　▸221

六、以"共享思维导图"做简报　　▸222

七、存好思维导图，随时取用好方便　　▸224

八、思维导图大幅缩短会议时间　　▸226

九、思维导图应用在管理上　　▸228

第 7 章
常见问题

一、计算机软件、APP 和手绘，有什么不同效果　　▸238

二、外出带 A4 纸不方便，用哪种笔记本好　　▸239

三、如何运用思维导图安排考生读书计划（增订版）　　▸240

附录　图解形式范例　　▸259

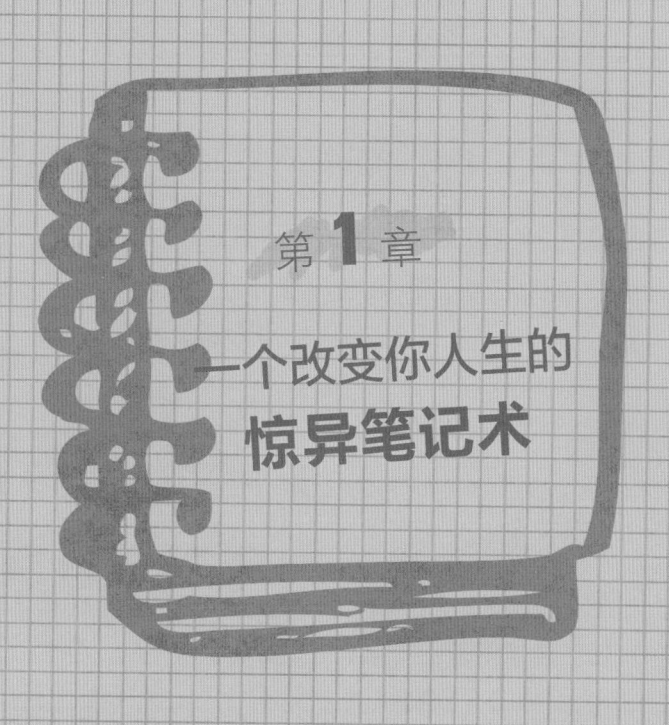

第1章

一个改变你人生的惊异笔记术

一、如果思路非常清晰，工作将呈现什么样貌

这是你刚踏进公司15分钟内的写照吗？

若你是主管或老板，你会觉得哪一位小姐的工作方式比较有秩序呢？

O小姐一进办公室，一边点开电子信件，一边吃早餐。一边看信的同时，还要将几件重要事项或是比较紧急的事情写在便条纸上，一一贴在桌子前面，免得又忙到忘记了。将所有信件看完后，早餐也吃完了，把早餐拿去茶水间丢弃，回到办公桌前面浏览着便条纸，再浏览一下电子信箱，想想昨天手上的事情分别完成到哪里了，现在应该先从哪件事情着手呢？

M小姐一进入办公室，打开早餐三明治包装袋，左手拿着早餐，右手翻开昨天下班前就画好的思维导图行事历，一边浏览着思维导图，一边吃着早餐，马上就把昨天发生的事情都回忆起来了。因为从事国际贸易工作，怕昨晚会有国外传来的最新讯息，于是先打开电子邮件，一边阅读一边把某些需要新增或是调整的内容填进思维导图中。信件看完后，立刻开始依照思维导图的内容，依序进行每项工作的细节步骤。

O小姐与M小姐一同走进办公室，15分钟过后O小姐还在思考今天要先做哪些事情，要怎么安排顺序，M小姐老早就已经开始执行今天的第一项工作了。

造成自觉"工作有困难，不知道该怎么进行"，背后的原因太多了。最根本的原因是脑中思路不清晰，导致轻重缓急无法厘清，进而无法决定该如何做比较好。

造成常常加班的原因有很多，下页图列出的只是表面原因——行为习惯，只要深入探究后，就会发现其实是不良的思考习惯造成的：无法聚焦、见树不见林、缺乏逻辑力、不懂得分析问题核心、不会整理思路与资料。解决这些问题都可以用思维导图来协助，一步步建立良好的思考能力与习惯。

◐ 造成加班的原因

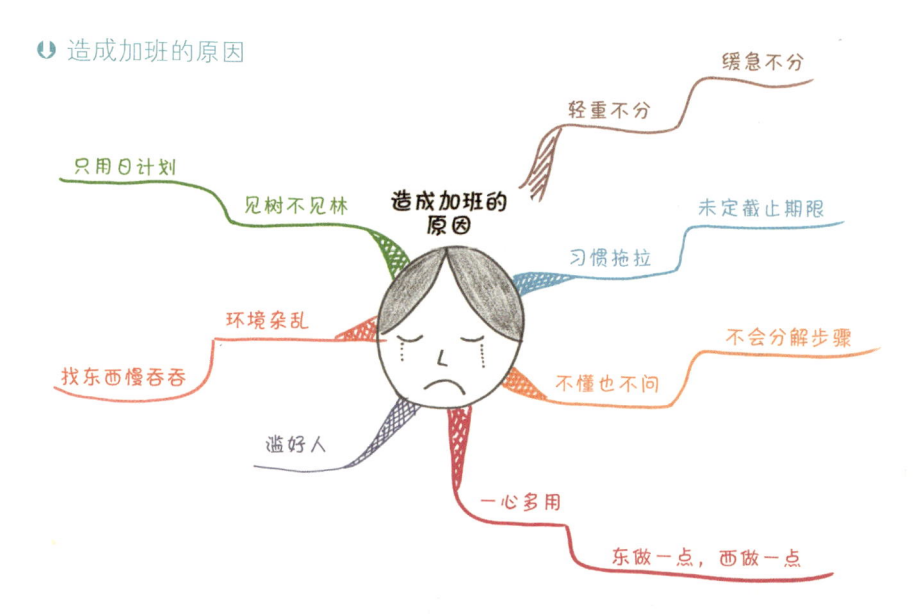

- 缓急不分
- 轻重不分
- 只用日计划
- 见树不见林
- 造成加班的原因
- 未定截止期限
- 习惯拖拉
- 环境杂乱
- 不会分解步骤
- 找东西慢吞吞
- 不懂也不问
- 滥好人
- 一心多用
- 东做一点，西做一点

（Mind Map）思维导图，是把你脑中的智慧，以清晰脉络呈现思维的一种图形。

（Mind Map）思维导图，是引领思考进行"化繁为简"的工具。

（Mind Map）思维导图，是引领思考进行"去芜存菁"的工具。

（Mind Map）思维导图，是引领思考进行"逻辑思考"的工具。

◐ 不清晰的头脑，就像个过年大扫除之前的杂物箱一样

◐ 清晰的头脑，就像个分类清楚的储物柜一样

二、一般笔记法可以满足你的工作需求吗

如果你是为了做出工作成果而学习,"输入"就非常重要,输入好,未来"输出"运用就更轻松。

2016年 Psychological Science 刊登了普林斯顿大学的穆勒(Pam A. Mueller)和加州大学洛杉矶分校的奥本海默(Daniel M. Oppenheimer)的研究,有三点发现:

1. 做笔记可以分成两种方式:有生产力和没有生产力。有生产力的笔记术,会"摘要、诠释、画出概念图[①]",而没有生产力的做笔记方式,则是逐字抄写。
2. 动手写笔记的速度会比较慢,所以必须训练大脑去思考写出关键词,而不是逐字抄写。
3. 动手写笔记会比用键盘打字做笔记,对记忆力更有帮助。

1 条列式笔记

以线性思考呈现,缺点是:

1. 充满密密麻麻的文字,而且写笔记的动作太慢,很容易漏听部分内容。
2. 临时想要插入补充内容时,产生"怎么放进去"的问题。
3. 阅读这份笔记,必须花费大量时间。
4. 事后搜寻数据时会很麻烦,因为文字量太大了。
5. 文字量太多让我们有时写完了笔记,再也不想翻开来看第二遍。

[①] "概念图"的说明请见108页注释。

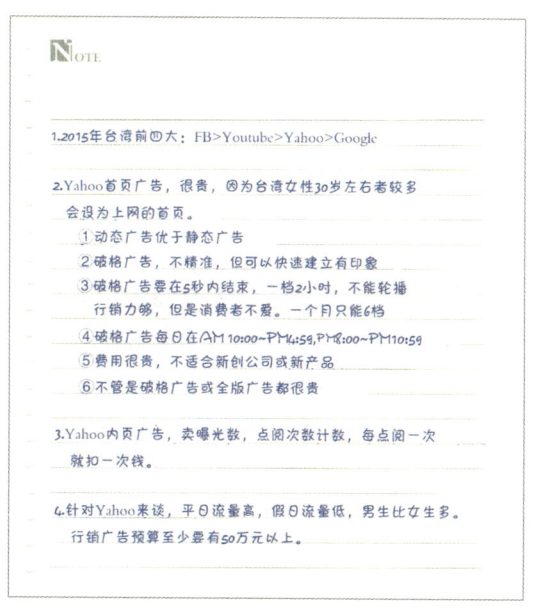

🔊 本图是听演讲的条列式笔记

同条列式概念的笔记方式，还有常见的"待办清单"：

（1）第一种"待办清单"

想到什么，就写下什么，依序往下写，缺点是没有表示事情的轻重缓急。

（2）第二种"待办清单"

改良第一种方式，再放入轻重缓急的概念。重要性可以分成1~3级、1~5级或1~10级，数字越大越重要，或是数字越小越重要，可全由自己来下定义。左侧字段填写重要性，右侧字段填写待办事项，如果事情完成了，就在中间字段的"□"中打上钩。

Priority		Task
5	□	3/5前完成公司会议投影片
4	□	本周五前交出拜访客户资料
5	✓	3/1 AM 10:00 拜访陈老板
2	✓	3/2 整理AK公司资料
4	✓	3/2 PM 5:00 指导新人
5	✓	3/2 PM 2:00 拜访AK——张副理
3	□	3/3 整理CTI资料
2	□	确认5/8会议细节
2	□	准备6/15说明会赠品
3	□	整理6会议用资料，并联络总务准备餐点数量
	□	

2 康奈尔笔记（5R 笔记法）

20世纪50年代由美国康奈尔大学教授华特·波克所创，故称为康奈尔笔记（Cornell Method），方便用于上课听讲、看书整理、重新整理旧笔记时使用。会运用到五个动作：记录 Record、简化 Reduce、背诵 Recite、补充 Reflect、复习 Review，所以又称5R笔记法，会将整个页面切割成三部分。

左边是索引栏，面积不要超过 1/3。写上关键词方便事后查数据索引使用。

右边是笔记栏，面积至少要有 2/3，将上课中听到的重点内容，以条列式方式写上，也可放入一些图表、表格、线条、图解来简化笔记内容，就能阐释原本需要大量文字叙述的信息。不过运用线条或是图解，只要能明确表达意思就好，没必要过度讲求精确和美观，免得浪费太多时间在绘图上，那就本末倒置了。记得要留下一些空白方便日后增加内容使用。

最下面是摘要栏，大约占页面下方的 1/5 处，是最后再填上的，写上今天整堂课的重点摘要，方便日后复习使用。若用在工作上，可在这栏写上结论、个人心得、延伸想法。

下面我用康奈尔笔记的方式，来呈现康奈尔笔记的重要概念：

主要概念	先找出整段内容的主要概念，填写在左侧，只要浏览左侧的关键词，立刻就知道有哪些主要概念。
筛选关键词	得动脑思考，哪些字词才是核心，才有资格当 keyword 关键词。
分类概念	一个关键词就是一个概念，看几个关键词，就知道有几个类别。
层次概念	左侧的关键词是第一重要的，右侧的文字是补充说明左侧内容，等于是下一个层次。
摘要：先抓出主要概念（关键词），要知道怎么分类，关键词还要依照重要性的轻重来填写。	

考试前进行复习时，可以先看索引栏，遮住笔记栏、摘要栏，看自己能不能回想出内容。你也可以直接先看摘要栏，遮住索引栏、笔记栏去回想内容。回想时最好是用自己的话语表达出来，短时间、多次的复习，效果远比长时间背诵来得更有用。

若是工作中必须翻阅笔记本进行查询数据时，就直接看摘要栏或索引栏，等翻到你要的页面时，再看笔记栏。

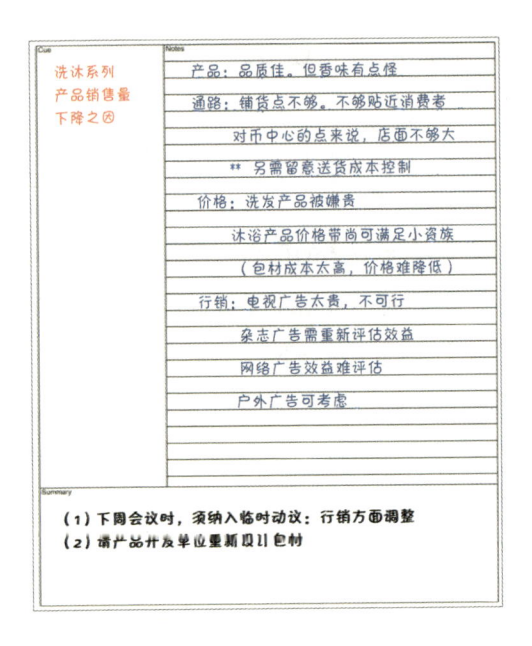

[笔记图示：康奈尔笔记格式]

Cue: 洗沐系列产品销售量下降之因

Notes:
产品：品质佳，但香味有点怪
通路：铺货点不够，不够贴近消费者
对市中心的点来说，店面不够大
** 另需留意送货成本控制
价格：洗发产品被嫌贵
沐浴产品价格带尚可满足小资族
（包材成本太高，价格难降低）
行销：电视广告太贵，不可行
杂志广告需重新评估效益
网络广告效益难评估
户外广告可考虑

Summary:
（1）下周会议时，须纳入临时动议：行销方面调整
（2）请产品开发单位重新设计包材

（1）第一种改良版

除了买现成的笔记本外，也可以自己用尺在横线笔记本上画直线，至于左侧要留多少空间，就由自己决定，但不要超过页面的1/3。

[笔记图示一]

2015年台湾前四大
1. FB
2. Youtube
3. Yahoo
4. Google

Yahoo首页广告
1. 很贵，不管是碴格广告或全版广告都是
2. 台湾女性30岁多退成首页
3. 动态优于静态
4. 太贵了，不适用于新创公司或新产品

Yahoo首页破格广告
1. 不精准
2. 可快速建立印象
3. 行销力够，但消费者不爱
4. 要在5秒内结束，一档2小时，不能轮播
5. 一个月只能6档上架
6. 曝光时间：
   AM 10:00 ~ PM 4:59
   PM 8:00 ~ PM 10:59

[笔记图示二]

Yahoo内页广告
1. 卖曝光款
2. 点一次算一次钱

Yahoo website
1. 平日流量高，假日流量高
2. 男>女
3. 广告费要有50万以上

> 零碎时间的运用

公事
1. 整理去年资料档，客户名单报名表
2. 整理差旅、发票。
3. 上个月资料做电子档备份。
4. 整理并丢弃桌上报表。
5. 清洁我的电话机。

私事
1. 二月卡费缴款。
2. 购球鞋：比价 → 网购
3. 预约汽车保养。
4. 整理旧书 → 赠予偏乡图书馆
5. 预约5月健检时间。

（2）第二种改良版

融合方格笔记本的样式进行改良，基本上做笔记并不是一招闯天下，或是一辈子都是一成不变的方式，我们必须依照不同的内容，看看哪种方式比较能满足自己的需求，或是表达自己的想法，你可以任意排列组合做一些改良与变形。

2016年度计划		
一月	拜访欧洲客户	巡视美国卖场	板桥试营运
二月	日本买家来访	行销年度会议
三月	板桥新店开幕	高雄店试营运
四月	年度征才活动	员工旅游
五月	高雄新店开幕
六月	业务年度内训	年中盘点
七月	总管理处年度内训
八月	国际研讨会	拜访美国客户
九月	巡视台中、高雄区卖场
十月	巡视台中以北卖场
十一月	明年业务规划会议
十二月	年终盘点	年度业务检讨报告

* 业绩成长15%为第一目标

3 三栏式笔记

分成左中右三栏，这三栏的内容可以依照自己的需求决定。也算是条列式笔记的改良版，事先做好分类，栏门内的文字写法依旧是条列式填写。

（1）用分类的概念
- 生活花费、必要花费、不必要花费
- 少年、青年、老年

（2）用时间序的概念
- 过去→现在→未来
- 原因→过程→结果
- 原因→过程→建议
- 原因→结果→检讨

（3）分析问题发生的原因
- 现状→问题原因→行动策略
- 目标→现状→行动策略，下页图即为此例。

4 方格笔记

结合三栏式笔记的概念，但是画在方格纸上，这样的好处是不会受到条列式笔记的影响，可以突破线性思考的习惯，成为块状（或称面状）的视觉模式。《聪明人用方格笔记本》[1]就是把三栏式笔记的概念用在方格纸上。

因为有方格线，若需要画一些图形或图表，就不需要另外准备一把尺了，能画得比较整齐。

---

[1] 高桥政史著，袁小雅译：《聪明人用方格笔记本》，湖南文艺出版社2015年版。

同一个方框内的文字最好是只用一种颜色。因为主题再加上三个方框，整体画面一共切割成四部分。若每个方框内都是五颜六色，那么整页画面反而显得杂乱无章。

主要标题		
事实	解释	行动
依据	本质	方法
执行	重点	步骤
原则		

目标		
现状	问题点	策略/行动

笔记本的尺寸若较小，可以使用跨页方式。图为《简单思考》[①]的阅读笔记。

LINE CEO 森川亮的成功术（一）		
现状	原因	建议
成长受限制	紧抓已到手的名利，而不敢接受新挑战。	不追求名利
工作艰辛	遇到问题也不敢反对，而偏离使用者的需求。	不迎合主管或同事
跟不上市场	坚持原有成功方式，而偏离本质。	不可当"专家"
抗压性不够	担心未知而不肯面对现实	享受不安
没有干劲	被动学习，而拖累优秀主管与同事。	自己激励自己的才是优秀人才

---

① 森川亮著，庄雅琇译：《简单思考：LINE 前任 CEO 首度公开网络时代成功术》，天下文化 2015 年版。

5 点状笔记

如同方格笔记本，可以呈现块状（或称面状）的视觉模式。也不用另外再准备一把尺来绘制图形或表格，就可以画得比较整齐。

以上所举例的笔记本样式，你都可以在这个网站上直接列印出空白页使用：http://www.printablepaper.net/

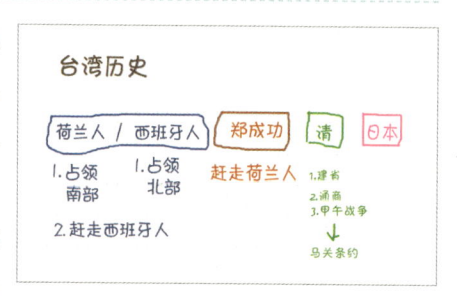

6 曼陀罗笔记

我常这么说："曼陀罗思考法是东方的思维导图，思维导图则是西方的曼陀罗思考法。"两者同时都是用来挖掘思考深度与广度的工具。

（1）最基础的曼陀罗笔记：九宫格

➜ 最中央的格子要填上主题，本例的主题是"企划案的定稿过程"，周围分别填上八个主要步骤。

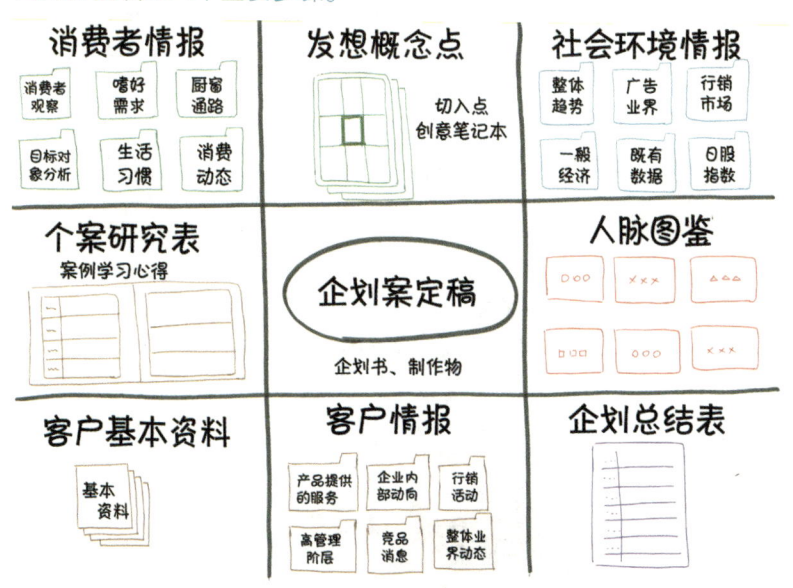

（2）进阶版的曼陀罗笔记：9×9的八十一宫格

◐ 王大明的自我分析。

运动				缺点		不贪小便宜		
分析	专长			缺点		不占人便宜	优点	
逻辑	电脑		不爱求人	爱说教		助人	善良	
看电视	陪小孩					陪孩子写功课	增加进修机会	
聊天	活动			王大明		孩子快乐	目标	
看书	健行					减少加班	生活轻松	
自律甚严	要求完美		聊天	喝茶		夫妻感情好		
爱恶分明	性格		看书	喜好		父母高寿	期许	
动作快	急噪		看海	健行		孩子孝顺	遗产捐出	

7 思维导图笔记

你清楚"手账、备忘录、记事本"和"笔记"有什么不同吗？

"手账"是日文汉字的写法，就是备忘录、记事本的意思，是第一阶段的记录。关键在"记录"。

笔记是把第二阶段的记录，通过自己的语言方式重新整理，一边整理一边写下来。关键在"整理"。

- 笔记 — 保存的信息
- 笔记 — 一边写一边整理
- 手账 备忘录 记事本 — 记录为主
- 手账 备忘录 记事本 — 暂时性记录

思维导图跟曼陀罗思考法都是运用范围非常广的工具，可以帮你做好第一阶段的记录与第二阶段的整理。常用思维导图的人，脑中的思考脉络，常常不需要经过第一阶段的记录，就能直接跳到第二阶段的整理，直接产出有逻辑脉络的笔记。

只要你常常在生活中整理出笔记，渐渐地会拥有一大本的笔记册，这时"量变会产生质变"，涉猎的领域越广泛、越杂学，你越能产生思考质量上的大跃进，不再人云亦云，不容易被骗，会形成自己独特的一套思考模式。

当脑中的思考有脉络、有自己的一套内容时，你会发现随时信手拈来都能写出或说出一套完整逻辑的内容。做笔记看似只是"输入"的动作，实际上都是在积累你脑中"输出"的养分。

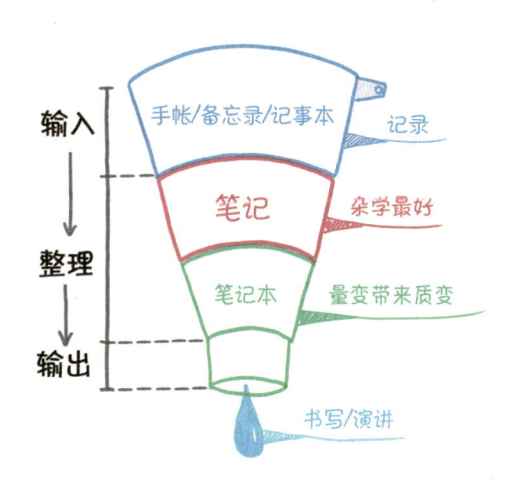

8 图解笔记

眼睛看到的都是属于"图像"，可使用框框或箭头做辅助，只要用文字加上箭头就能表现出图像感。一般常用的流程图、组织结构、金字塔图表的运用也可归类于图解笔记的范畴内。

我在先前的著作《思维导图阅读法》中，依据图像的表现形式，将思维导图再细分成文字型思维导图、插图型思维导图、图解型思维导图、图像记忆型思维导图，以下就用图解笔记来表达这四种形式。

◐ 思维导图必须要有很强的逻辑性在内，不能随便乱涂鸦噢！

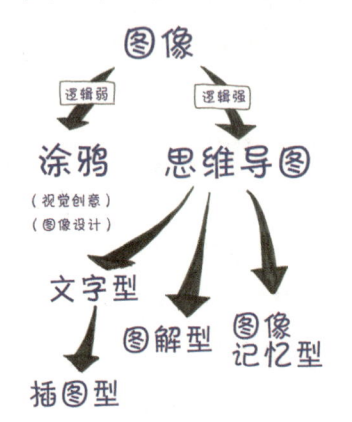

◐ 生活中很多信息，通过我们的想象力，可以产出梦想、憧憬、概念、愿景、假设、印象、环境、价值观。

◐ 数据要经过分类，才会变成有意义的信息。依据目的性（想解决的问题）来进行分类，在目的性未确立之前，不管你的分类标准是什么，我都不能说你的分类有错。

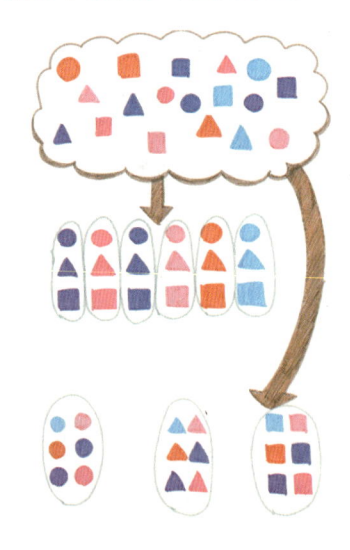

21世纪我们要善用计算机，你可以在2007版以上的Word计算机软件中，点选"插入"→"SmartArt"来找到各种图解样式供你参考。如果需要做一些简单的图解，我推荐使用这几种比较简洁的样式，有一些正文放不下的样式，请见书末附录。

（1）基本流程图：表达顺序　　〔文字〕➡〔文字〕➡〔文字〕

（2）连续区块流程图：
　　表达顺序

　　〔文字〕〔文字〕〔文字〕

（3）基本箭号流程图：
　　表达顺序

　　〔文字〕〔文字〕〔文字〕

（4）V形箭号清单流程图：
　　表达顺序＋第二层次的
　　内容

〔文字〕　〔文字〕
　　　　　〔文字〕

〔文字〕　〔文字〕
　　　　　〔文字〕

〔文字〕　〔文字〕
　　　　　〔文字〕

（5）垂直箭号清单流程图：表达顺序＋第二层次的内容

（6）基本弯曲流程图：表达顺序

（7）向上箭号流程图：表达顺序

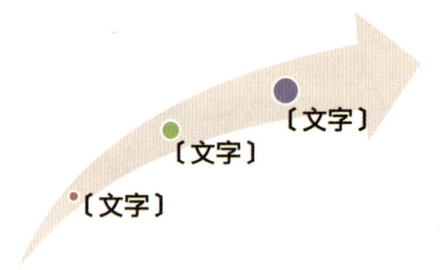

（8）发散箭号：由中心分散出去的概念，也可表示相反的两股力量

（9）集中箭号：往中心目标集中，也可表示相反的两股力量

（10）基本循环图

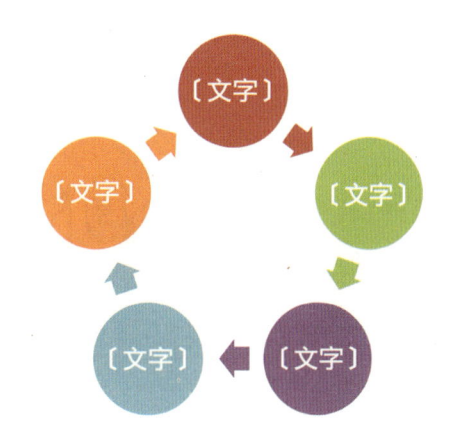

（11）发散星形图：由中央主题往外发散

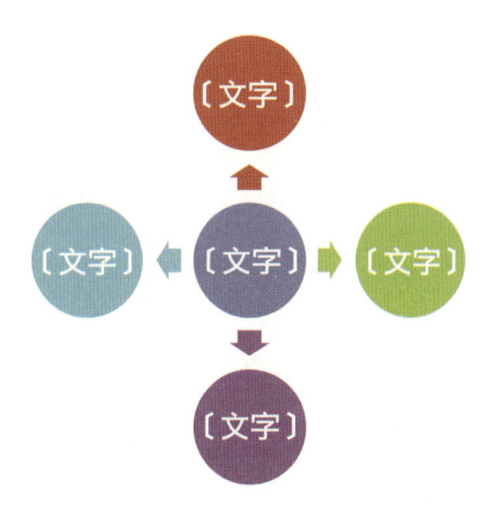

（12）齿轮图：表达环环相扣、
　　　 牵一发动全身的概念[1]

（13）组织结构：表达由上到下
　　　 的阶层概念[2]

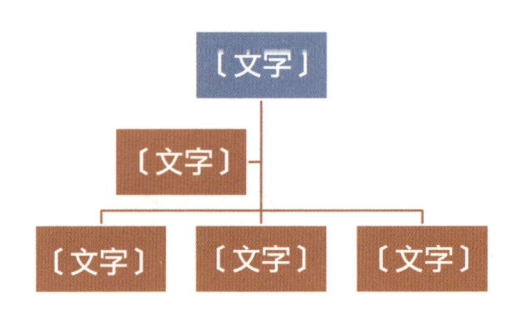

（14）树形图（水平阶层图）：
　　　 表达由左到右的因果或
　　　 阶层概念[3]

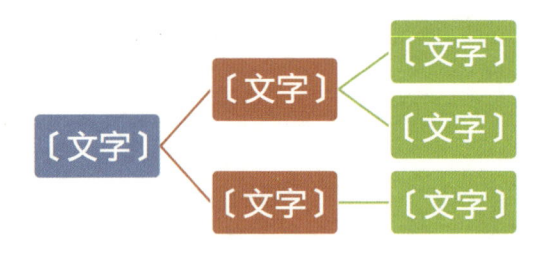

---

[1] 类似形式的运用还有 PDPC 图、PERT 图，请见附录第 260 页。
[2] 类似形式的运用还有 PDPC 图、PERT 图，请见附录第 260 页。
[3] 类似形式的运用请见本书第 5 章第二节第 162 页到第 163 页，还有扩散图、焦点图、系统图、亲和图、鱼骨图，见附录第 259 页到第 260 页。

（15）区段金字塔图：表达上下之间的阶层、比例或彼此关系[1]

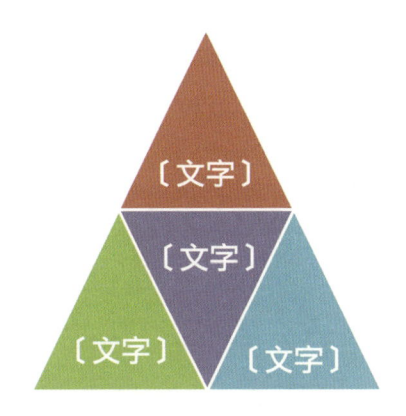

（16）阶层清单图：表达上下之间的阶层关系。少数人士以为这个就是思维导图

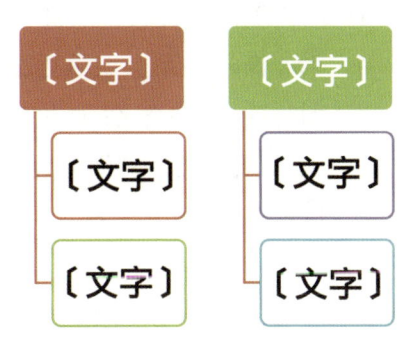

（17）星形清单图：表达发散关系。少数人误以为这就是思维导图。也有人称之为莲花图

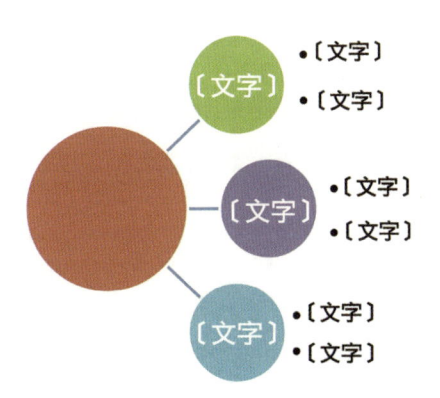

---

[1] 类似形式的运用还有三角图，请见附录第262页。

（18）基本靶心图：表达内外关系

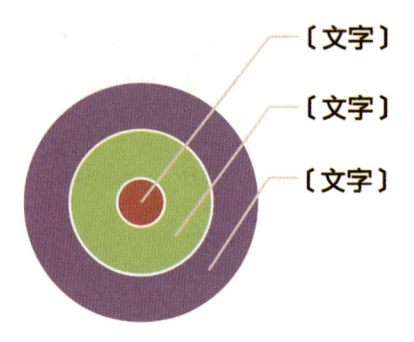

〔文字〕
〔文字〕
〔文字〕

（19）层叠文氏图表：表达内外关系、渐进关系、层面逐渐扩大的关系。B 包含 A，C 包含 A 与 B，以此类推。圆圈的大小亦可以用来表示比例关系

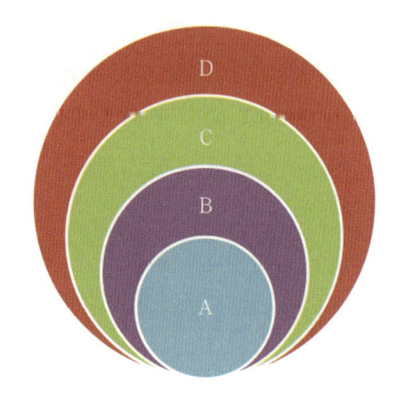

（20）基本饼图：表达整体下的各种条件内容[①]

〔文字〕〔文字〕〔文字〕

---

① 类似形式的运用还有表达比例的饼图、半圆图、双重饼图、相交圆图、饼图+饼图、多重圆图，请见附录第 261 页到第 262 页。

（21）标题矩阵图：表达整体下的各种条件内容

（22）网格线矩阵图：强调每个条件在两个坐标下的相关位置，表示个别差异点①

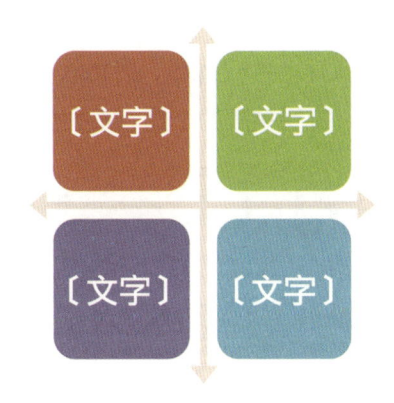

（23）漏斗图：收敛各个条件

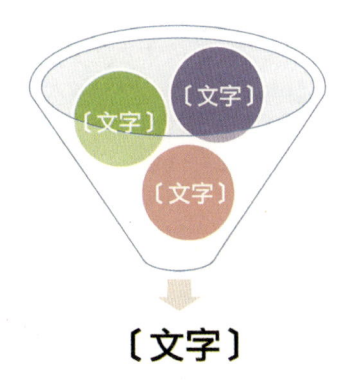

---

① 类似矩阵形式的还有二轴法（图形）与二轴法（表形）、L 形矩阵图、T 形矩阵图、X 形矩阵图，请见附录第 262 页到 263 页。

9 涂鸦笔记

这种笔记在日本被称为"绘文字",以结合涂鸦的方式来记录。① 如果你的画画技巧不错的话,可以用图像来代替文字,运用第 4 章第八节提到的"转图像技巧"。

(1)创作者条件

一般人只看到冰山的一角,只看见别人的丰收成果,却忽视别人成功背后的努力。正所谓:"台上一分钟,台下十年功。"一个好的创作者必须有丰富的信息、内化的知识、生活的智能、个人鉴赏力、勇敢的想象力、接受挑战的个性、不人云亦云的价值观、独特的品位。

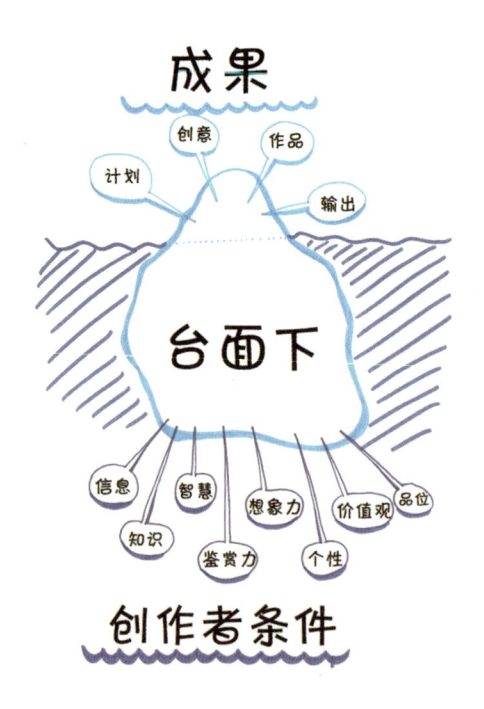

---

① 参考图片请见第 4 章第 145 页、148 页。

（2）"一页奇迹"的企划书

好的企划书必须浓缩在一页之内，当你能做到时，表示已经具备创造奇迹的能力，故我称之为"一页奇迹"。企划内容要有五项基本因素：背景、主题、概念、策略、战术。千万别小看一页 A4 大小的图表所能做到的事情噢！一页奇迹的能力有五个，分别是具有整体观、了解事物间的逻辑关系、理解事物本质、较容易下判断、能够试探出消费者的反应。

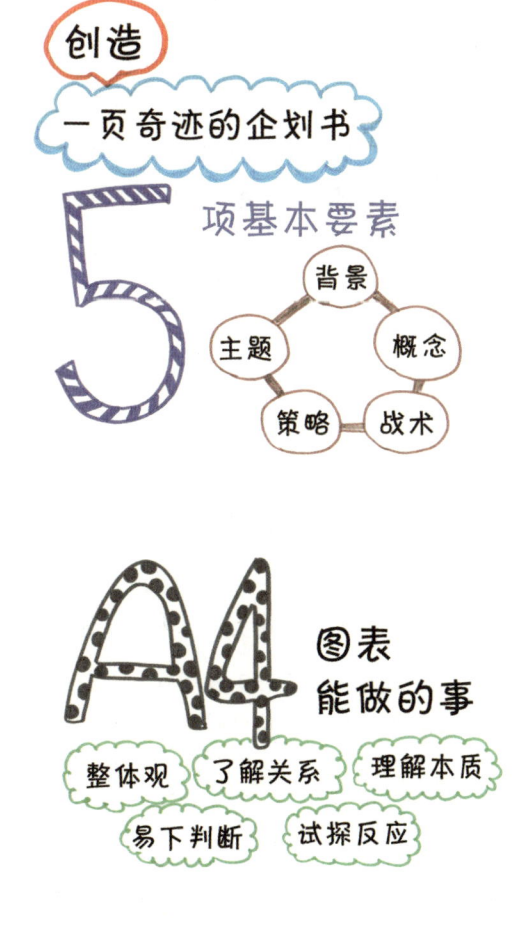

创造
一页奇迹的企划书
5 项基本要素
背景、主题、概念、策略、战术

A4 图表能做的事
整体观　了解关系　理解本质
易下判断　试探反应

三、把 100 页内容简化成 10 页笔记

英国人 Tony Buzan 在 20 世纪 70 年代，发明了思维导图这个思考工具与笔记技巧。

他本人在大学时代，就曾经把 100 页左右的笔记，简化成只有 10 页的关键词，然后再整理成 5 到 6 页的信息卡，努力想要记住所有信息卡上的内容。他不断地思考如何记住大学中所有的知识，及如何开发大脑的潜能，终于在 1974 年出版的著作 Use your head[1] 中开始讲授脑力开发技巧。

苹果公司企业顾问 Ben Elijah 赞叹于通过思维导图能简单地将复杂的数据讯速制成结构化的呈现方式。他除了自己运用思维导图外，还在个人著作中公开推荐，思维导图是整理会议大纲与简报的最佳思考工具。[2] 以下是我把厚达 576 页的《快思慢想》[3]一书，用一般条列式笔记的写法整理成三页 A4 纸张的内容，让各位知道：只要你会抓重点，不管多庞杂的内容，你都能简化它。

大脑有两种思考模式——"快思"与"慢想"。

"快思"是直觉的、是冲动的，是自动化的思想，是自由联想的能力，容易凭感觉、凭印象下决定。倾向于专注特例而忽略整体观，并专注在容易记住的事情上，故容易形成偏见或刻板印象。

"慢想"的能力可经由学习训练来建立。是通过理性的自我控制去刻意思考，可填补快思的副作用。倾向于用过去主观的经验来推演现在，会通过比较与规则来思考。以书面列出各种想法，可以帮助"慢想"做得更好。

---

[1] 最早的中文书名是《头脑使用手册》，由张艾茜翻译，1998 年 04 月一智出版。后来更名为《心智魔法师：大脑使用手册》，由陈素宜、孙易新翻译，2007 年 02 月耶鲁国际文化有限出版。
[2] 班·以利亚著，蒋雪芬译：《待办事项这样列，工作当场完成一半》，大是文化 2017 年版。
[3] 康纳曼著，洪兰译：《快思慢想》，天下文化 2012 年版。

系统一：快思

1. 特色：

    (1) 来自自动化、印象、感觉、天生共有的技能、联想能力、直觉、冲动。

    (2) 建议用"慢想"来补足"快思"（直觉、意图）的不足。

2. 缺点：

    (1) 易有偏见。　　　　　　(2) 难以防止。

    (3) 倾向于回答"容易回答的问题"。

    (4) 无法被关掉。　　　　　(5) 会专注在特定单一事件上。

    (6) 因为选择性记忆、形成偏好的关系，会倾向于记住"容易回忆的"。

    (7) 消除过去的记忆时，等于降低过去经验的价值。

3. 会依循：

    (1) 关联性。　　　　　　　(2) 去类比过去事件。

    (3) 注重特例，大于关注平均值。

    (4) 故事性，有故事性的内容会比较容易记住。

    (5) 技术。　　　　　　　　(6) 专业上的重复经验。

    (7) 内在的看法。

4. 会形成：

    (1) 促发下列的反应：

    　　A. 见 P80，如微笑、金钱、死亡、罪恶

    　　B. 潜意识

    　　C. 锚点——相信这就是全部（可以调整的方法，见 P169）

    (2) 会倾向于做"合理化"处理的情况：

    　　A. 找出因果关系　　　　B. 信息不足时

    　　C. 骤下结论　　　　　　D. 找出最可能的

    　　E. 不会记住其他可能性

    (3) 依赖常模——刻板印象。

    (4) 产生月晕效应：

    　　A. 消息不足时会太过自信

    B. 马后炮，会颠倒因果

    C. 改成单项来评估会更准确

(5) 出现框架效应——以为看到全部，会聚焦在"已经知道的事情"。

(6) 忽略基线：

    A. 可用性偏见，会受提取度影响

    B. 受乐观程度影响

    C. 忽略运气因素

    D. 偏向控制性的错觉

(7) 出现情意快捷方式，会依照感情来判断决定。

(8) 出现表征快捷方式：

    A. 依照外表&行为来判断决定

    B. 过度偏好不太可能会发生的事情会发生

    C. 对讯息品质不敏感

(9) 会骤下结论（效度的错觉）：

    A. 认知错觉比视觉错觉更顽固

    B. 每次评估极可能有不一样的结果

(10) 产生沉没成本的谬误：

    A. 不卖赔钱的股票

    B. 做不常做的事情却失败了，会怪罪自己，会倾向保守

(11) 跟人格特质有关。

系统二：慢想

1. 特色：

    (1) 来自：

        A. 主观经验

        B. "快思"不能作用时

        C. 自我控制——需要专注力，专注时瞳孔会放大，也需要记忆力

(2) 信念：因为无知、懒惰，故会支持"快思"的结论。

(3) 需要改正依赖直觉下决定，要特意去选择答案。

(4) 需要理性，但"理性不等于智力"。

(5) 要小心翼翼，记住凡事都有不确定性、要保持怀疑的心。

(6) 要改变"快思"的结果，你可以这么做：

    A. 需要重新设定注意力、习惯性的记忆，要注意概率问题。

    B. 记住你可以改变最后决定权。

    C. 尽量事前检讨。

(7) 你会处于"心流"状态——不花力气的专注状态，浑然忘我时。

(8) 可通过下列方式来学习训练：

    A. 及时回馈更可以培养成专家　　B. 像商人一样思考

    C. 放慢速度　　　　　　　　　　D. 增加选项

    E. 当观察者　　　　　　　　　　F. 团体决策

    G. 了解"如何下决定"的过程

(9) 平时会懒得运作。

(10) 会自我批评。

(11) 会想要多一点选择。

(12) 缺点：

    A. 需要比较多的时间才能开始运作，导致无法执行例行性决定

    B. 不知道什么是对的时候，就容易犯错

(13) 会依循"规则""比较"。

(14) 生活满意度比较高，但生活满意度并不等于幸福感。

(15) 青少年时期所建立的观念（金钱观、人生目标），会影响未来生活满意度。

同样是《快思慢想》的书籍笔记，以下改用思维导图方式呈现。

思维导图笔记整理术

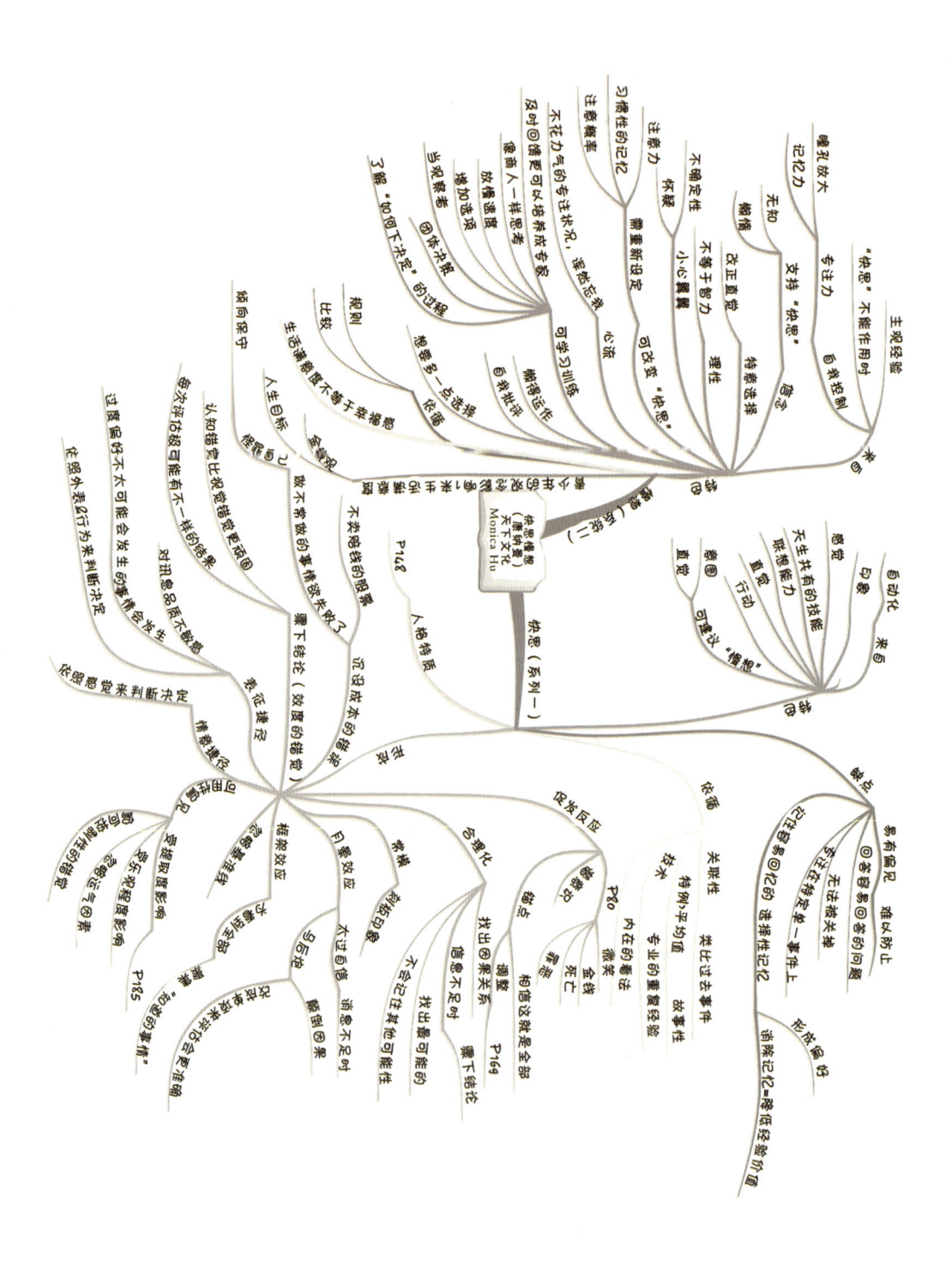

四、"一张纸"让联想无限延伸

1972年英国人Tony Buzan正式发表Mind Map（思维导图），包含此三部分。

```
                Memory Skill
                  记忆术

              Mind Mapping
              思维导图图法

    Mind Map              Speed reading
    思维导图               全脑式速读
```

1982年意大利人Edword de bono提出了"水平思考法"，他称之为"在对错之外的思考"。为了要和亚里士多德提出的"逻辑思考"对比，Edword de bono将逻辑思考改名为"垂直思考"。①

水平思考、逻辑思考正是思维导图的核心精神，也是"联想力"的运用。联想力就是"举一反一""举一反三"甚至到"举一反多"的能力。

想要让联想力发挥出来，请务必使用白纸来练习，没有任何视线上的干扰才能轻易地让联想力无限延伸。

1 水平思考

水平思考强调的是"思考的广度"（突破自我设限的思考），又称为并联式思考（brain bloom）、发散性思考（divergent thinking）。关键在于"联想力"，而不是"判断力"。

水平思考的特性是在过程中只是迅速且简单地判断，不需要做审慎或

---

① "垂直思考"是寻求最有可能的方式，思考的范围与种类都被限定；"水平思考"则是寻找各种可能的方式，想出方法与否跟概率有关。

严密的判断。过程中强调通过"自由联想"让思考像脱缰野马一样,想到什么就写什么,是一种非逻辑思考方式,不用考虑合理性,不用遵循一定的规则,只要联想到就好,不用管是如何想到这个答案的。

2 垂直思考

垂直思考强调的是"思考的深度"(追根究底),又称为串联式思考(brain flow),是一种逻辑式思考[①],讲究严谨顺序、逻辑推理的合理性。是运用"判断力"一步步地进行,每一个步骤都必须说得出原因,而且要正确,前后关键词之间一定要有因果的逻辑关系。运用具有逻辑性的联想力,一层层抽丝剥茧下去。

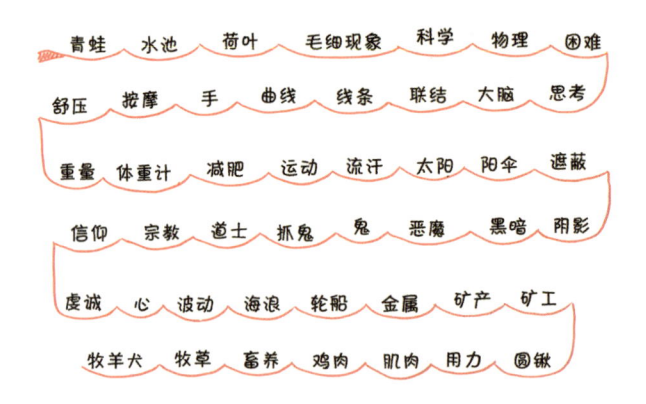

---

① 麦肯锡企管顾问公司的理念,正是不断发展"逻辑思考"的精神运用在"问题分析与解决"上。

3　思维导图：水平思考＋垂直思考

斯坦福大学设计学程（Design Program）执行总监Bill Burnett运用"设计思考"（design thinking）的概念，推荐大家可以使用思维导图来做自己的生命设计师，其原因就是看中了思维导图在绘制的过程中，正是不断训练水平思考与逻辑思考，图形化思考方式让我们的联想力能够不受限制地延伸。①

以下图②为例，由沙漠想到五个主要概念：天气、景观、尼罗河、人文、国家，这是水平思考。再由天气这个主要概念，联想到三个次要概念：酷热、少雨、沙尘暴，依然是水平思考。

如果只看第一条脉络：沙漠→天气→酷热；沙漠→天气→少雨→缺水；沙漠→天气→沙尘暴→面罩。以上三种思考路径，都是垂直思考。

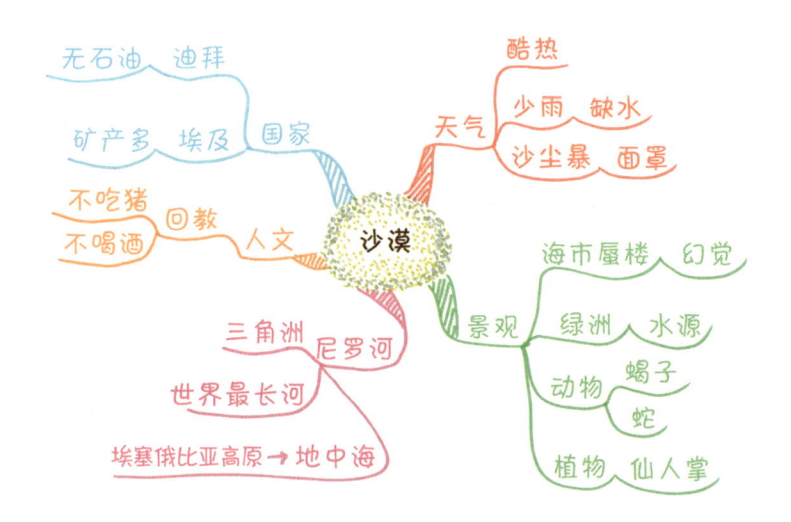

---

① 比尔·柏内特、戴夫·埃文斯著，许恬宁译：《做自己的生命设计师：斯坦福最夯的生涯规划课》，大块文化2016年版。
② 本书的思维导图范例，皆以顺时针方向绘制，阅读时请从右上角开始。

五、"思维导图"是让你达成任务的工具

1 应用在工作

知识与能力没有绝对关系，能力却必须依赖知识的建立。

工作上的学习，是非常强调要有创造力的，从提出问题、寻找答案，到实际执行的所有程序，全部都要靠你自己张开眼耳，从环境中找到解决方法。

我常分享一个观点，每个人都是一本书，每部电影都是一本故事书，每本书都是一个人的生命轨迹。阅读是一种了解周遭事物的行为，通过自主性阅读来表达自己的想法，进而让个人生命发光发热。不要把"阅读"这个动作仅限于读书而已，阅读理解一本书、一部电影、一个人，是每天都要做的事情。

领导人的职位、地位越高，越要看书。家管、老师也算是一种领导人的角色。正因个人时间有限，只用个人经验做判断必有极限，所以才更要广泛地阅读、大量地阅读。

我在大学时第一次见到思维导图，如果没记错的话，应该是在Discovery频道上，但是当时我并不知道这就是思维导图。

那个时候一台家庭计算机最便宜的都要五六万新台币以上，笔记本电脑更可高达10万新台币以上，印象中，那时还没有光驱，你大概可以想象当时的家庭计算机跟现在相比，有多古老了吧？

Discovery频道那时正在介绍当年的英国警政计算机系统，我看到那整个计算机屏幕画面就是一张思维导图，鼠标只要对着其中一个关键词点一下，例如，点选traffic这个字，屏幕画面就会显现出以traffic为中心主题的思维导图，再点一下，就可进入下一个系统层次了。

我整个震惊住了，这个系统真是好用！不仅可视化，还相当直觉化，同时又可呈现不同层次的逻辑脉络！

视觉化

多层次　思维导图　逻辑性

直觉化

于是我就试着把大学课本的内容，转换成英国警政计算机系统的画面模样。但我不懂该怎么画出一张正确的思维导图，坦白讲，当时真的是乱画一通，整个画面充满密密麻麻的文字。因为我不会抓关键词，也不知道该怎么浓缩关键词，整个画面充满了画过来又画过去的线条，宛如散乱在地上的毛线般。

我试着画了三张，但都是密密麻麻的文字与乱七八糟的线条。当时心中充满了挫败感："我到底在画什么鬼东西啊？这种东西一点都不好用！"因为不懂而乱画，画不好就对自己生气，还怪罪思维导图不好用，现在回想起来，当时真的很蠢。

过了一年，我巧遇了思维导图的课程，这才知道并深深感受到 画思维导图是有诀窍的，不是看过几张别人画的思维导图，就能掌握思维导图的个中诀窍。

知道→做到→做得好，人的能力都是依循这样的阶段逐渐进步的。大脑所有的能力都是用进废退，都是锻炼来的。即使当年已经有功能强大的思维导图软件 MindManager，我每天也必定要用手绘的方式画出三四张思维导图，来磨炼自己对于思维导图的掌握度。①

---

① 纽约电子产品设计师 Ryder Carroll 也建议大家放下时髦的电子玩意儿，回归最基本的纸和笔，纸本笔记的好处在于多元化。应用程序往往架设出既定的工作模式，要大家配合电子软件，却未必配合自己的工作或生活习惯，纸笔则更随心所欲。

知道 → 做到 → 做得好

当年初学思维导图时，为了要在各种领域上磨炼自己的思维导图技巧，我开始利用团体讨论时间来练习。①

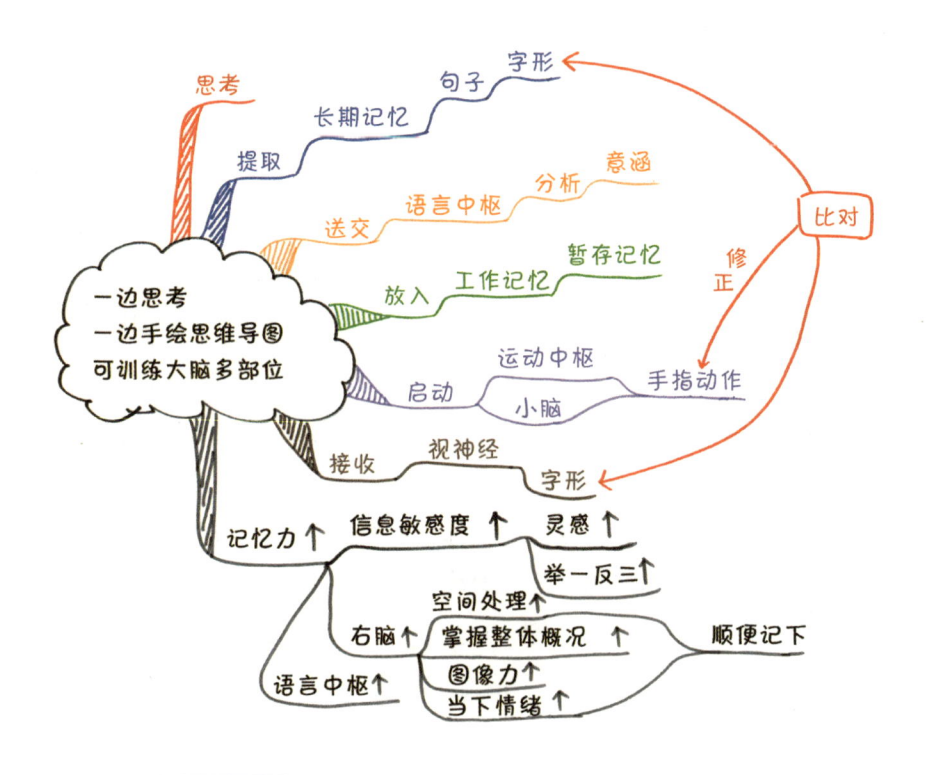

一边思考一边手绘思维导图可训练大脑多部位：

- 思考
- 长期记忆 — 句子 — 字形
- 提取
- 送交 — 语言中枢 — 分析 — 意涵
- 放入 — 工作记忆 — 暂存记忆
- 修正
- 比对
- 启动 — 运动中枢 — 手指动作
- 小脑
- 接收 — 视神经 — 字形
- 记忆力↑
- 信息敏感度↑
- 灵感↑
- 举一反三↑
- 空间处理↑
- 右脑↑
- 掌握整体概况↑
- 顺便记下
- 语言中枢↑
- 图像力↑
- 当下情绪↑

---

① 安达裕哉著，王美娟译：《恒心效应：为什么职场成功人士都坚持做对的事？》，台湾东贩2016年版。书中提到，学校的学习和公司的学习是不一样的。学校的学习，目的是在短时间内处理特定的问题。

会议记录（meet minutes）跟备忘录（memo）不一样，备忘录是用来记载会议上的要点与实况。会议记录不是逐字逐句地录音稿，要列出简洁清楚的重点，也并非一成不变的格式，要视情况调整与增减内容，可以分成讨论型会议跟报告型会议。讨论型会议更需要专心听、简洁记录，要能分清楚主要意见与次要意见，有时还要写上后续处理的待办事项。

讨论型会议时，我不是负责做会议记录的人，但是<mark>我给自己的最高目标是做到"一边听，一边画思维导图"，还要画得整齐精简，讨论结束后不用再重画一次的那种整齐度。</mark>

跟朋友喝茶聊天时，我也会一边听对方说，一边把讲话的内容画下来，很多朋友看我这么做都觉得很有趣，觉得我是真的很认真在听她们说话，不会觉得我是怪人。

出门时就用透明的 L 夹装着几张 A4 白纸，不管遇到了什么事情，我通通都拿来转换成思维导图，例如：

- 别人交代事情时，把他说的内容画下来。
- 被告知明天出门要带的东西时，把交代的内容画下来。
- 收到 E-mail 如果有空就把内容画下来。
- 听演讲时，把演讲内容画下来。
- 朋友向我诉苦时，把他说的内容画下来，并给他看，让他直接面对自己的烦恼，有时朋友会顿悟，了解自己思路上的盲点。
- 突然灵感来了，把心中的想法画下来。
- 打电话前，把想说的话画下来。

刚开始的几张思维导图，有些因为内容本来就不多，所以可能只会有一条脉络，或是一个关键词。更多张的思维导图是画得又乱又密密麻麻，属于"拿出去会见不得人"的视觉程度。

不过当时我心想，英国的教育理念不正是"Try & Error"（尝试错误）吗？我是初学者，做不好是应该的，我告诉自己<mark>现在正在玩一个游戏，游</mark>

戏名称是"画出简洁与逻辑清晰的思维导图",我把画思维导图当成是闯关游戏,看看自己能在哪些领域上过几关?各种领域分别能达到什么程度?

我从没想到,过关居然是这么简单的一件事情,每一个领域大约画20张,该领域的思维导图就能达到我心中的最高目标。过了半年左右,我的思维导图技巧在任何一个领域都是游刃有余。

这么轻松就过关的结果,人人都能做到,跟你的学历无关,跟你的小聪明或是大智慧无关,只跟你练习得认不认真有关。真正的自信,来自你从过去到现在累积"一点一滴的获得"。

我的学生,每一位都像我一样不怕画不好,天天画两三张思维导图的人,也是差不多20张就能在某领域达到精熟的程度,半年就能把思维导图任意运用到各个领域中。

对所有的白领工作者来说,只要你的工作常会遇到以下三种状况:出现问题、面对问题、解决问题——目前为止,我还想不到哪一种工作职缺不会遇到——你都必须要具备企划能力。

思维导图企业内训上,我也常跟学员说:"人生处处是企划。有了企划能力,走到哪里都吃香。因为好的企划者就是要来发现问题,同时也能解决问题的人。"发现问题跟解决问题的过程,正是创新的过程。

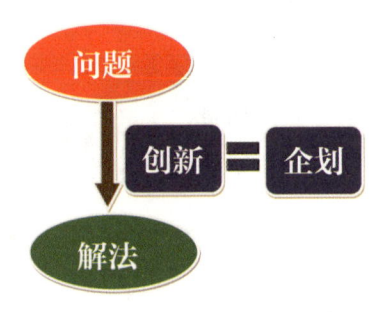

问题
↓
创新 = 企划
↓
解法

企划并不难,就如同脑力激荡的四个阶段一样去做就好,难的是在企划的过程中,我们发现自己的思考盲点了吗?详细步骤请见本书第5章第三节"用一张纸处理难搞复杂的问题"。

下图以"思维导图中的思维导图",来表达出不同角度的思考模式。可由正中央的思维导图开始，以顺时针方向依序阅读，进而读取左上角的思维导图。右下角的思维导图内容，是用来额外补充说明进行企划跟计划时需要建构的目标设定心法。①

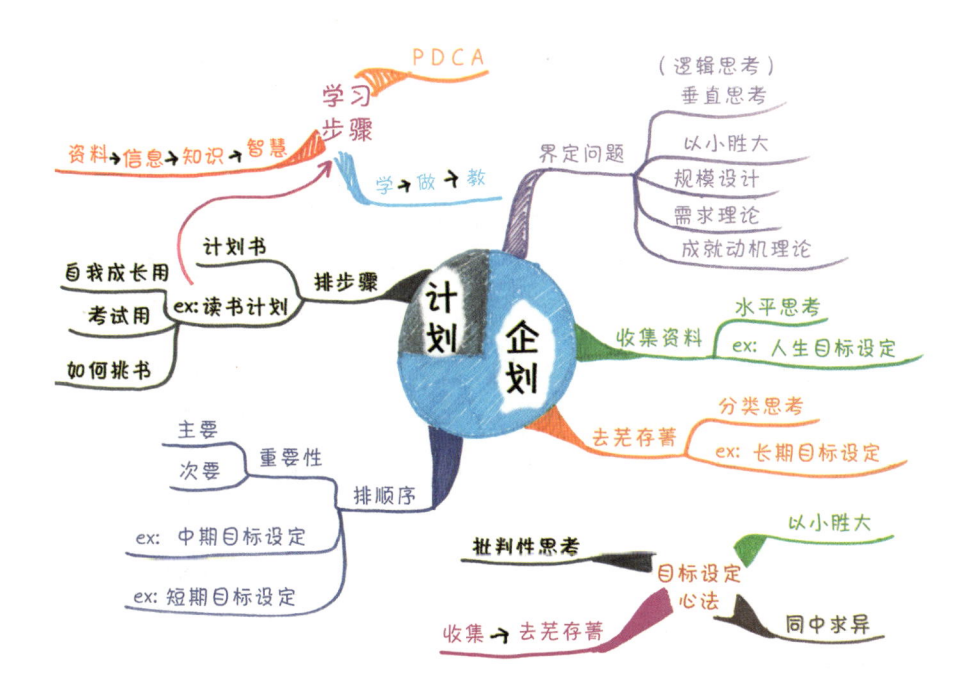

2 应用在管理

在我刚踏入社会的头一两年，担任助理工程师一职，"助理"的意思是你的工作需要跟很多人接触，很多人的意见你都要听，也就是要服务很多人，很多人都是你的间接主管，但主要打考绩的还是只有一个主管。②

因为我是从基层慢慢往上爬的上班族，从助理到小主管，再到副理，

---

① 很多人分不清楚企划跟计划有何不同。企划是动词，要找出目标与方向；计划也是动词，要找出具体的步骤。企划书是名词，就像是地图与地图上的目的地；计划书也是名词，就像是路线图。所以先有企划，才会有计划，整个过程就像是先找到正确比例尺的地图并标记出目的地，然后才在这张地图上，把路线图标示出来。

② "秘书"的意思是你的工作只要以一个人的意见为主就好，也就是只要服务一个人，就是打考绩的那位。所以很多人喜欢当秘书，因为只要服务一个人就好。

再到中华区总监，教学只是我的其中一项工作内容，多数工作的内容在于从事流程的改造。流程是由人来执行的，没有一家公司会有例外，所以我很清楚身处各阶段的工作者，会遇到什么样的问题与瓶颈。

如果一个老板或是主管，希望找到总经理／执行长等级的员工，那请你付出总经理／执行长等级的工作条件与权力。如同这句流行语："如果只给香蕉，就只能找到猴子。"

但是反过来思考，已经超越猴子等级的人才，一定会被提升工作条件的，因为任何老板或是主管都想要先看到"你先证明出你是个人才"，才会愿意给予人才的工作条件与权力。就算没有被加薪，你也会跳槽或是被挖角。①

换个立场想，如果你是人才，却没有领到人才的工作条件，你的老板是笨蛋。如果你的老板是笨蛋，而你还不离职的话，那你就是笨蛋。

事实上，没有人是万能的，没有人是完美的，根据许多科学研究，<mark>在职场与生活上：第一，花时间并专注于发挥你的专长优点，比花时间并专注于弥补自己的缺点，更容易获得成就；第二，持续近乎完美的表现，关键秘密在于不断把天赋做细微的改良。</mark>②

通过思维导图，你可以轻易地达到上述两项效果，<mark>帮你的思考聚焦，并帮你强化。</mark>

从事教学工作后，接触各种领域的人才与公司，我深深感受到所有公

---

① 如果你找不到比现在更好薪水的工作，或是没有人来聘用，表示你还没有发挥出更好的工作效果让别人看到。举例：岩田松雄被 UCLA 商学院的 37000 名毕业生选为 "100 Inspirational alumni"（创新校友，日本仅有四人当选）。他曾被公司年轻女性质疑，认为请她们处理杂务，完全是因为她们年轻或是女性。当时岩田松雄的回复是："我想你应该知道你的薪水在部门里是最低的。如果换算成时薪，更可以明显看出差距。清理烟灰缸或影印等工作，我当然可以自己来，但是我把这些工作交给时薪比较低的你们，我便可以空出双手去做附加价值比较高的工作。"

② 参考《发现我的天才：打开 34 个天赋的礼物》（商周 2016 年版）、《我，就是品牌》（漫游者 2015 年版）。我们可以从这三个线索来找到自己的天赋：我最渴望的、我学最快的、我最满意的。也可以由这个角度来思考：你在哪方面对于其他人来说，是茫茫众生中独一无二的人，别人会想要来请教你，那方面就是你的专长领域。但是太接近我们的人，并不适合告诉我们"专长在哪里"。因为太接近了，反而容易混入私人情感与期待，无法客观地来看我们的优点。

司的问题其实都一样，都有 A 问题到 Z 问题，只是有些公司 A 问题比较严重一点，有些公司 B 问题比较严重一点。

公司内所有的问题，都源自两个核心点：员工天赋与人际问题。针对这两个核心，不管是公司或是个人，通过下图，只要不断地、周而复始地执行，以思维导图的方式落实这些步骤，自然能将个人与公司的竞争力做出最大的差异化。

知道 → 做到 → 做得好 → 能教 → 教得好

当年在我刚刚达到思维导图精熟阶段时，我跟任何人讨论事情，可以一边说话，一边把心中的思路用思维导图画出来，对方能更清楚地明白我要表达的事项，例如：

- 这件事情的前提是什么？
- 重点有哪些？
- 哪些是主要重点？
- 哪些是次要重点？
- 我要传达给他的步骤或顺序是什么？
- 要完成的终极目标？
- 可能会遇到的限制条件？
- 各项事务的截止日期？

当我成为主管后，在跟下属交办工作或讨论工作时，不一定在他面前一边讲一边画思维导图，也可能会事先画好思维导图。

跟下属面对面时，让他一边看着我的思维导图，一边听我说，他若有什么样的想法是我觉得不错的，就立刻把他的意见填入我的思维导图中，当我们讨论完成后，这张思维导图不就是我们刚刚完成的会议记录吗？我就让他拿去影印，复印件由他带走，原稿留在我这边，这样我事后要追踪事情发展，只要翻翻手上的 A4 大小的思维导图，就很清楚要向谁追踪哪些事项。

老师（teacher）这个字，就是从事教学动作的人，要有教学资格和背景的基本知识后，才具备有教学资格。就好像我们都会说中文，但不代表人人都具备教别人说中文的专业知识与教学技巧。

目前，我的工作中有一项很重要的内容是"培训老师"，我常在教室后面看老师讲课，一边动手画出他讲课的内容，焦点放在教学技巧与教学流程的优点与缺点上。当老师教完课程后，我会拿着这张思维导图跟他讨论，并且把这张图送给他留存，让他可以随时拿出来看看想想。

同时，我也利用这种方式，以身作则示范给老师看，让他们明白我都可以做到这么精熟的程度，身为教学者，你也应该做到，这是你的本分。

3 应用在生活

我的专长在于：（1）分析、抽丝剥茧、挖掘细部差异化；（2）归纳、演绎、预防未来可能会发生的问题。常常在我离职后，我的工作必须由两个人或是三个人才能完成。

思维导图帮助我更快进行深度思考，检视自己的逻辑思考，透视自己的思考广度，进而将自己的两项专长做最大的差异化。

平时打扫整理房子，也能锻炼自己的逻辑力噢！

打扫时，不外乎先决定要丢掉哪些东西，留下哪些东西。

留下的这些东西中，哪些要放客厅的柜子上，哪些要放厨房的柜子上，哪些要放卧室的柜子上？

接着，哪些放在同一个柜子中，哪些要分开放置？

整个打扫整理房子的过程，不正是一直在训练我们整理归纳的能力吗？各位帅哥与美女，为了常常锻炼你的头脑，你不应该逃避打扫家里的工作，不是吗？（哈哈！）

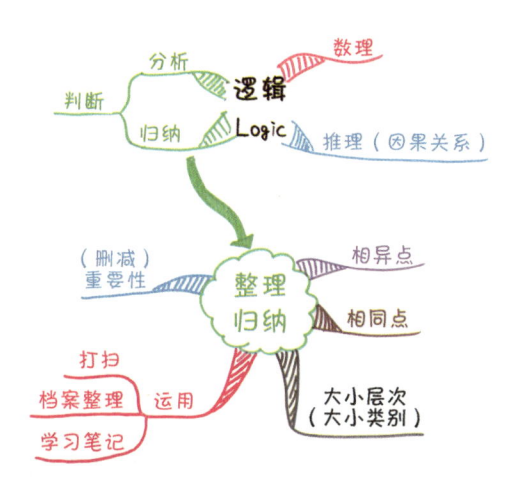

- 邀请卡的主要目的写在中央主题处。邀请对象是最重要的，所以放在第一条脉；第二条脉写上这次年终聚餐的原因；第三条脉是举办时间；第四条脉是举办地点；第五条脉是由谁出面邀请。

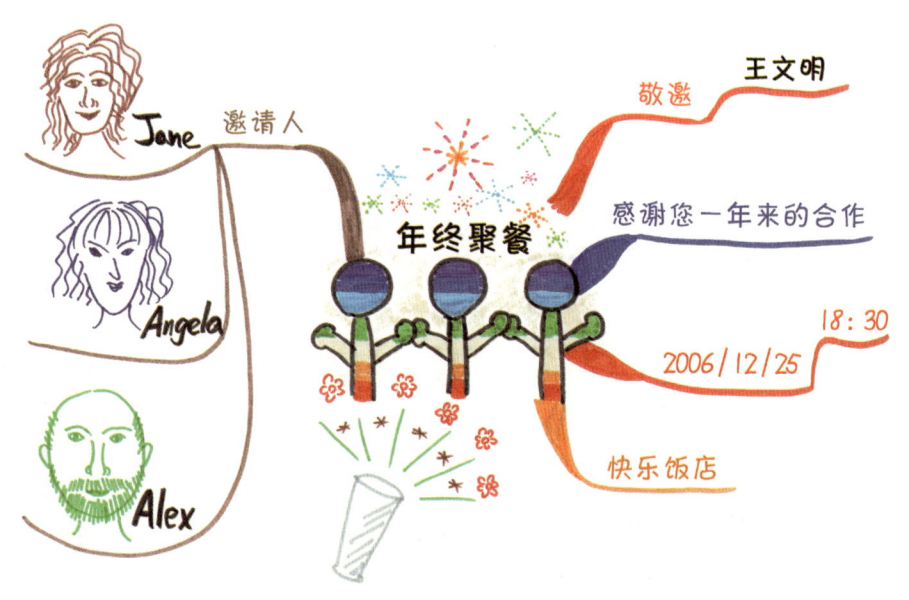

除了平时买东西时用思维导图写购物清单、出游时用思维导图制作旅

程规划，2007年我在大陆公司要筹办尾牙活动时，还曾灵机一动，用思维导图画出一张尾牙邀请卡的草稿，再交给下属结合一些照片，重新制作成更加漂亮的思维导图邀请函。

当时，这项创意让老板大为赞叹，要求我一定要把图档发 E-mail 给身在台北给他，因为他可以用这张思维导图邀请卡跟台北的同人说："思维导图，还可以这样用！"

当时的图档，含有许多个资料，我就不便在此公开展现，重新制作一张思维导图邀请卡如下图，让你知道思维导图，不仅超简单，也超好用！

2013年台湾正在疯迷日剧《半泽直树》时，我也赶了流行，看了第一集，我上瘾了，迫不及待想看第二集。看到第三集时，我很想知道为什么《半泽直树》的编剧这么厉害，让我不仅期待下一集，即使第一集又回放，我也愿意再看一次？

于是，我边看着《半泽直树》，边把剧情内容画成思维导图，就像是一边听课，一边做笔记一样。看了两集，我就抓到《半泽直树》的剧情脉络，虽整部戏分成第一部跟第二部，但每部的故事脉络是固定的。

第一部讲半泽直树在大阪分公司发生的故事，半泽直树大喊："我一定会收回那5亿！"剧情就是讲述怎么收回5亿日元的过程。此段剧情布局依序是：

1. 找到恶性倒闭的老板。
2. 找到藏匿的海外资产。
3. 找到隐匿的个人户头。

同时还要跟竞争对手——国税局——抢时间，看谁先抢到该公司的资产与现金。剧情想要传达的隐藏观念是"银行员的价值"。

第二部讲半泽直树在东京总公司发生的故事，半泽直树这次面临的问题难度加大，要想办法收回全部融资出去的200亿日元，但该公司已赔掉

120 亿日元。剧情讲述怎么帮该公司弥补 120 亿日元，同时也让银行可以拿回 200 亿日元。此段剧情布局依序是：

1. 帮该公司写营运企划书。
2. 说服该公司卖掉视为生命的收藏品。
3. 说服该公司卖股份，并帮该公司找金主来买股份。

同时还要跟竞争对手——金管会——抢时间，千万不能让金管会发现银行的缺失。剧情一以贯之的隐藏观念依旧是表达出"银行员的价值"应该是什么。

你别笑，我是职业病发作噢，认为我不好好地看电视放松放松，还一边看电视一边动脑筋。

通过这次的自我锻炼，我想告诉你，可以把思维导图用在任何地方、任何领域，思维导图随时随地都能帮你快速提升思考力。就看你愿不愿意，随时把生活中任何一件事情、任何一个问题，都用思维导图来试试看，一定会在绘制思维导图的过程中，发现自己在快速成长！

食谱：柠檬派

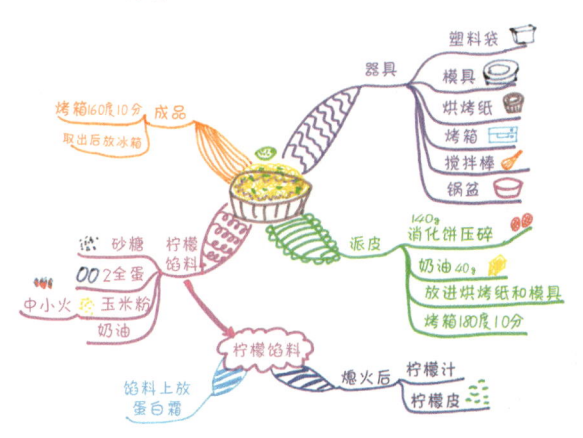

这是学员王慧上完第一天的思维导图课程后，回家看电视节目时一边动手画下来的思维导图。她告诉我，通过这样的方式，记录食谱的过程变得很有趣。画完后，对于制作甜点的过程，脑中的记忆是非常清晰且深刻的。

我用这个学员的例子来鼓励大家，思维导图是目前为止的所有思考工具中，我觉得适用范围最广的，几乎什么领域的内容都可以用思维导图来呈现。目前为止，我只发现计算步骤或是写计算机程序的语法，用思维导图呈现是毫无意义的，除此之外的领域，都可以用思维导图来提升思考的效能与效果。连数学观念都可以用思维导图来解决噢！

❶ 思维导图还可以用在这些地方噢！

某次创意训练课程，我故意问学员一个问题："我们为什么英文不好？"

学员："因为没有机会讲英文！"

我问："为什么我们没有机会讲英文？"

学员："因为大家都讲中文，不用讲英文！"

我问："为什么我们一直都只讲中文，不讲英文？"

学员："因为我们生活在台湾，没机会遇到讲英文的人，只要用中文就够了！"

我问："为什么我们没机会遇到讲英文的人？"

学员："因为我们不是生活在英语系的国家中！"

讲到这边，你应该发现了，学不好英文的答案是因为我们不是生活在英语系国家中。反过来说，正因为我们生活在讲中文的台湾，所以学不好英文，不是吗？

当然不是！

以上的完完全全是单一线性思考方式的结果。使用这种思考方式，很容易像刚才一样走入死胡同中，或是思绪一直处在兜圈圈的恶性循环中。

第二次上课时，有个同学给我看一张主题为"为什么我学不好英文"的思维导图，因为牵涉到个人隐私，不好要求他授权让我在此公开。不过，你可以用"为什么我做不好××"为主题，画一张思维导图，或许会发现问题的真正核心。

◐ 英文学不好的迷思

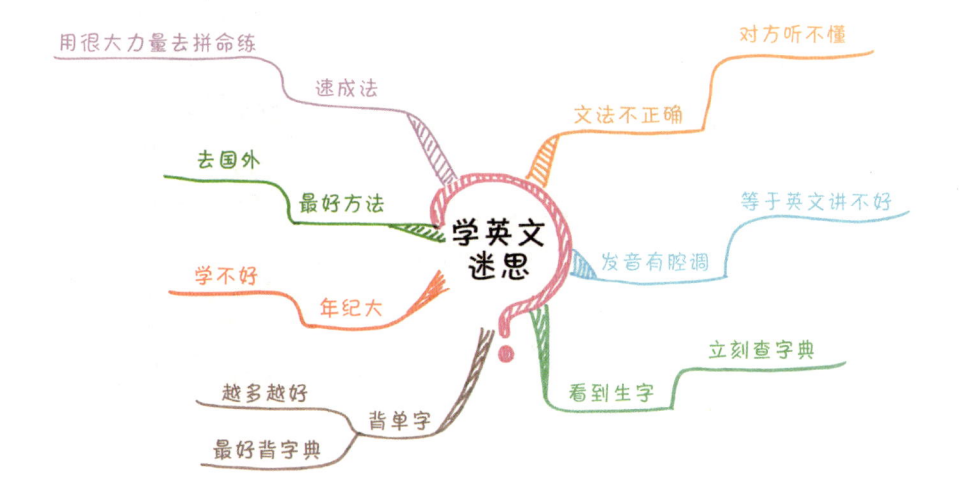

4 应用在考试

我还是要强调一件事情——"要学力[①]，不要在乎学历"。

学习过程就是这四个阶段一直周而复始地循环下去，能力就在这过程中精进：阅读/听讲（输入）→整理数据→记忆重点（累积背景知识）→输出（下次在同领域的内容上，能掌握到更精准的重点。或是能写出、说出自己的想法）。

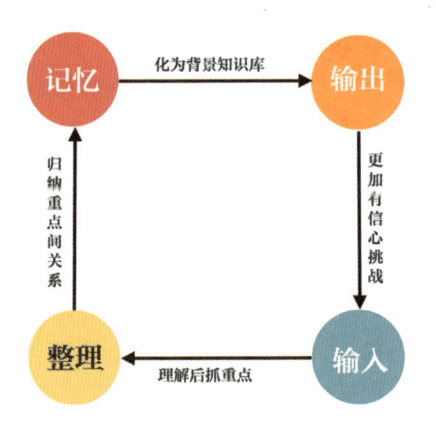

记忆 —化为背景知识库→ 输出
↑归纳重点间关系　　　更加有信心挑战↓
整理 ←理解后抓重点— 输入

在阅读层面上，我一向都反对老师帮学生抓重点，这是现代养猪场的教育方式。把猪（学生）关好，把饲料（重点）准备好，猪只要张嘴（学生只要读老师的讲义或笔记），就能养得肥肥胖胖（学生考试拿高分）。

在标榜升学率与升学主义的学校里，老师把学生的升学率当成自己的教学能力，养猪场老师通常到处学习有什么教学技巧可以让养猪过程变得更有效率，再好的教学方法，在养猪场老师的手里也通通都走样了，因为一开始老师的动机就不对啊。

发现盲点
↓
克服盲点
↓
输出想法

[①] "学力"是我对"学习力"的简称。

英国教育的"Try & Error"（尝试错误）的观念给我很多的启发。每年寒暑假，我在中小学的冬夏令营课程中，一律要求学生，自己抓重点，自己思考重点间的逻辑关系，我身为老师的角色在于协助学生发现你自己的盲点→引导学生如何克服你自己的盲点→输出你自己的想法。

写文章跟说话都是一种输出——台湾小学生通常不怕说出自己的想法，但是初中生就开始很怕说出自己的想法——于是我常通过思维导图，来了解学生的思路，进而做到协助学生发现自己的盲点→引导学生如何克服盲点。

这个话题暂时打住，因为本章节的重点不是要讲授如何运用思维导图来活化教学。我是通过这个话题来告诉你：学习与教学是一体两面，就像硬币的两面一样。学生的学习态度与观念不良，老师教学能力再厉害，学生的吸收效果也会打折扣。

教学功力深厚的老师，当然可以帮学生的学习效果加分不少。但是，人生不可能处处都找到这样的老师，否则你的时间会浪费在到处寻找老师上了。

再者，习惯把学习效果的好坏全押在老师身上的人，我要跟你说："你的学习态度有问题，学习是为自己学，你应该要以锻炼出自己的自学能力为目标才是！"

思维导图，正是你培养自学能力的最佳工具！

我在大学时，彻底明白上课时的听课效率高，后面的复习就会轻松不少。学生务必充分利用上课的时间，利用思维导图来提高上课听讲的吸收效率。上课一边听，一边动手写笔记是提高学习效率的常识，很多不补习却有好成绩的学生都是这么做的。

就算自己书写速度慢，而写得不完整或乱七八糟的，也不可以就干脆放弃不写笔记喔！因为做笔记的过程，可以让我们更专注。笔记就算写得不完整或很混乱，依然可以加深对上课内容的印象。写得不完整的地方，可以利用下课时间问问同学或是老师，赶紧补齐就好。写笔记是一回生，二回熟，很多人的笔记都是越做越好的。

切记！复习绝对不是把课本上所有的文字再看一遍，最好的复习是回想。上完课后的休息时间，花几分钟先回想刚刚听到的主要内容，想不起来的地方就看看思维导图，这样就完成第一次的复习工作。

以下是中学生上完思维导图课程后，用学校课业内容所做出来的思维导图。如果你有小孩，我要告诉你，只要经过正确的思维导图教导过程，小学四年级以上的孩子，不需要先经过老师对课文的讲解，通通可以靠自己阅读并掌握八成以上的课本内容。①

原本的课本内容是这样的，学生在课本上填写老师上课时额外补充的数据。

翰林版七年级社会课本。

回家后，通过思维导图把本文去芜存菁一下，只在思维导图中留下最重要的概念。

---

① 小学四年级以下的孩子，除非是资优生，否则逻辑能力发展还未达到一定程度，仍须依赖成人的暗示与引导才能掌握八成以上的课本内容。

◐ 将社会课本内容画成思维导图。

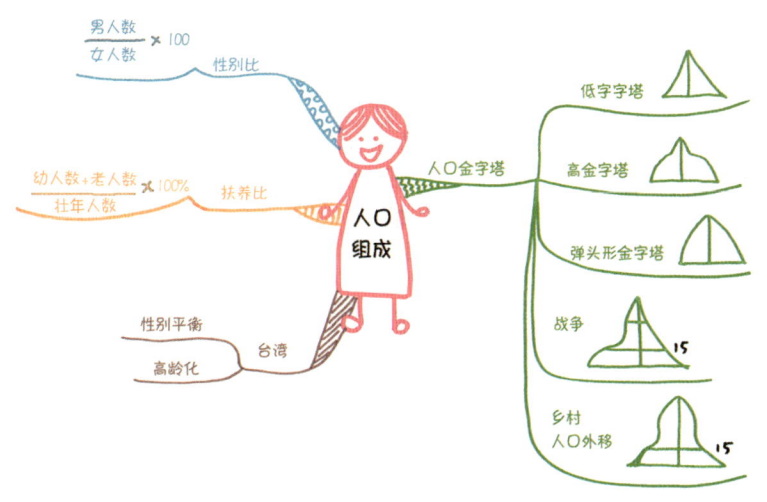

复习时，当然就只要看这么少文字的思维导图，不用再翻阅密密麻麻的课本，也不用带着厚重的书本出门，只要带着薄薄的几张纸，这种脑袋轻松、身体轻松的生活不是很好吗？

◐ 高中数学：三角函数 1

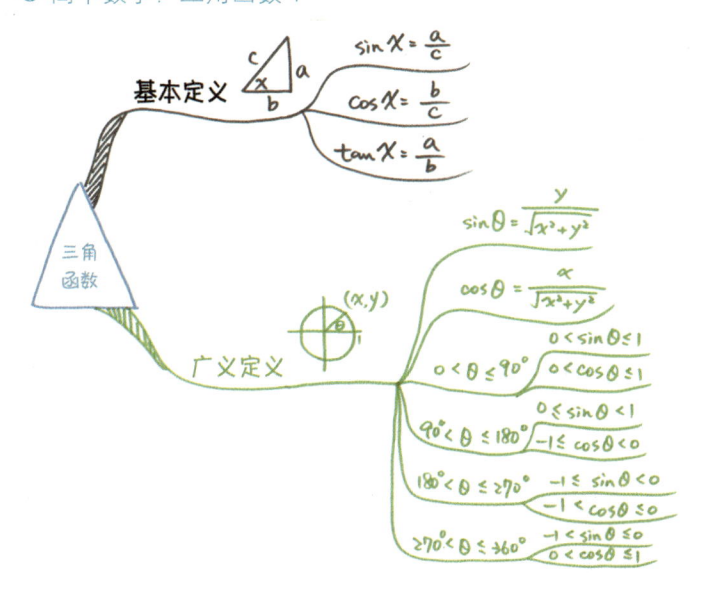

◐ 高中数学：三角函数 2

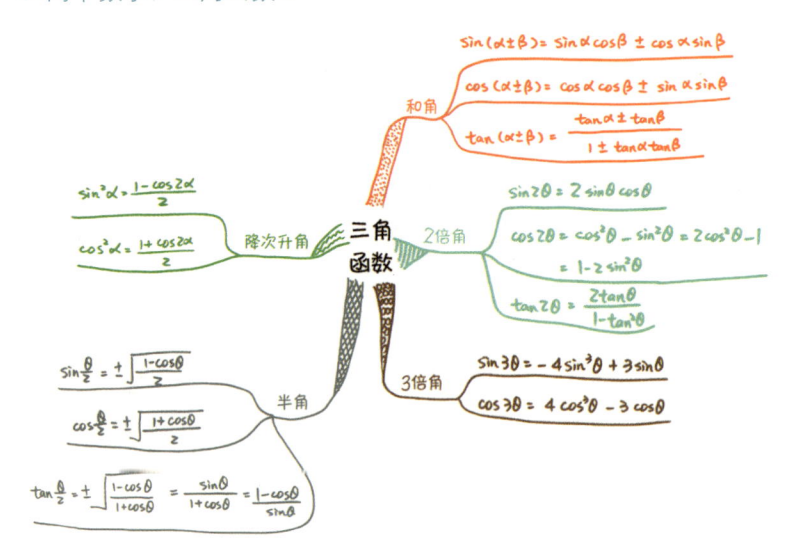

三角函数

- 和角
  - $\sin(\alpha \pm \beta) = \sin\alpha\cos\beta \pm \cos\alpha\sin\beta$
  - $\cos(\alpha \pm \beta) = \cos\alpha\cos\beta \mp \sin\alpha\sin\beta$
  - $\tan(\alpha \pm \beta) = \dfrac{\tan\alpha \pm \tan\beta}{1 \mp \tan\alpha\tan\beta}$

- 降次升角
  - $\sin^2\alpha = \dfrac{1-\cos 2\alpha}{2}$
  - $\cos^2\alpha = \dfrac{1+\cos 2\alpha}{2}$

- 2倍角
  - $\sin 2\theta = 2\sin\theta\cos\theta$
  - $\cos 2\theta = \cos^2\theta - \sin^2\theta = 2\cos^2\theta - 1 = 1 - 2\sin^2\theta$
  - $\tan 2\theta = \dfrac{2\tan\theta}{1-\tan^2\theta}$

- 3倍角
  - $\sin 3\theta = -4\sin^3\theta + 3\sin\theta$
  - $\cos 3\theta = 4\cos^3\theta - 3\cos\theta$

- 半角
  - $\sin\dfrac{\theta}{2} = \pm\sqrt{\dfrac{1-\cos\theta}{2}}$
  - $\cos\dfrac{\theta}{2} = \pm\sqrt{\dfrac{1+\cos\theta}{2}}$
  - $\tan\dfrac{\theta}{2} = \pm\sqrt{\dfrac{1-\cos\theta}{1+\cos\theta}} = \dfrac{\sin\theta}{1+\cos\theta} = \dfrac{1-\cos\theta}{\sin\theta}$

◐ 大学教材：营养学。本图是我的另一本著作《我的第一本思维导图入门书》中所说的图解型思维导图，右下角那条脉，运用的技巧就是图解的方式。

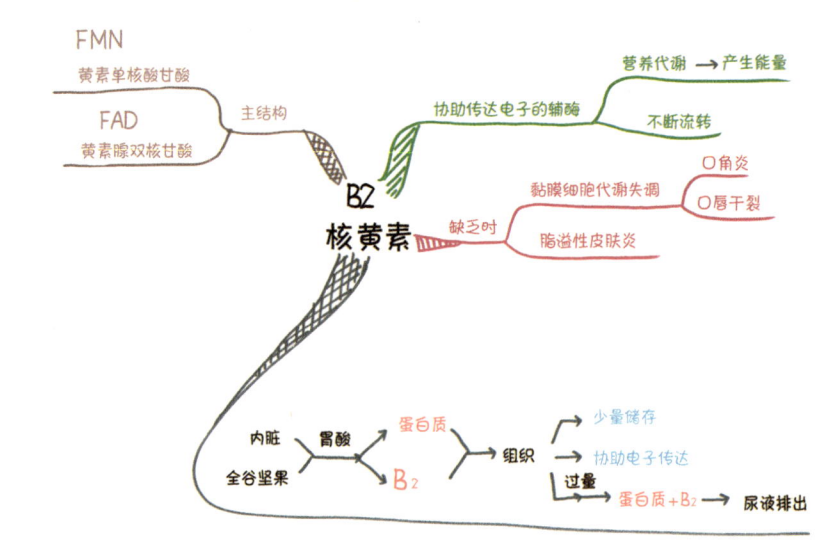

B2 核黄素

- 主结构
  - FMN 黄素单核苷酸
  - FAD 黄素腺双核苷酸
- 协助传达电子的辅酶
  - 营养代谢 → 产生能量
  - 不断流转
- 缺乏时
  - 黏膜细胞代谢失调
    - 口角炎
    - 口唇干裂
  - 脂溢性皮肤炎

内脏 — 胃酸 → 蛋白质 → 组织 → 少量储存
全谷坚果 ↗   ↘ B2   → 协助电子传达
                      过量 → 蛋白质+B2 → 尿液排出

大学教材：电子学 1

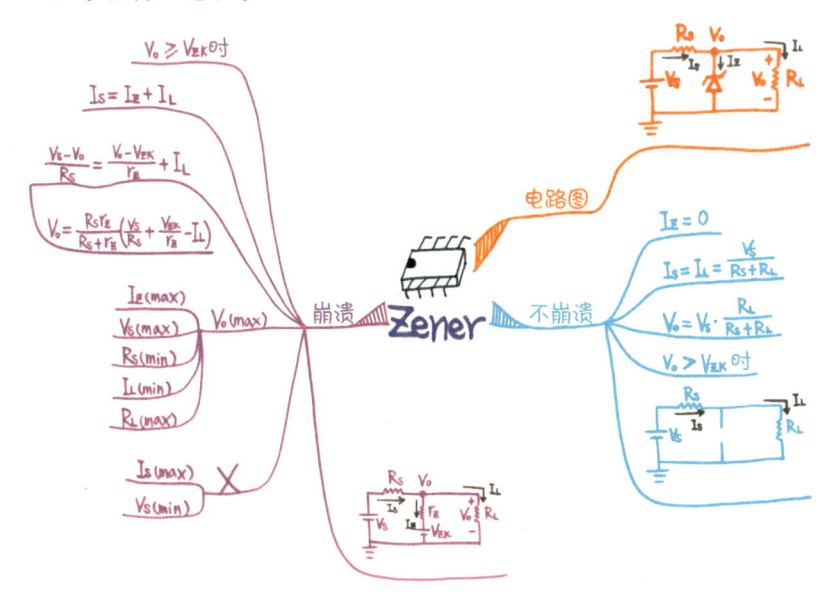

（崩溃 / 不崩溃 Zener 思维导图）

大学教材：电子学 2

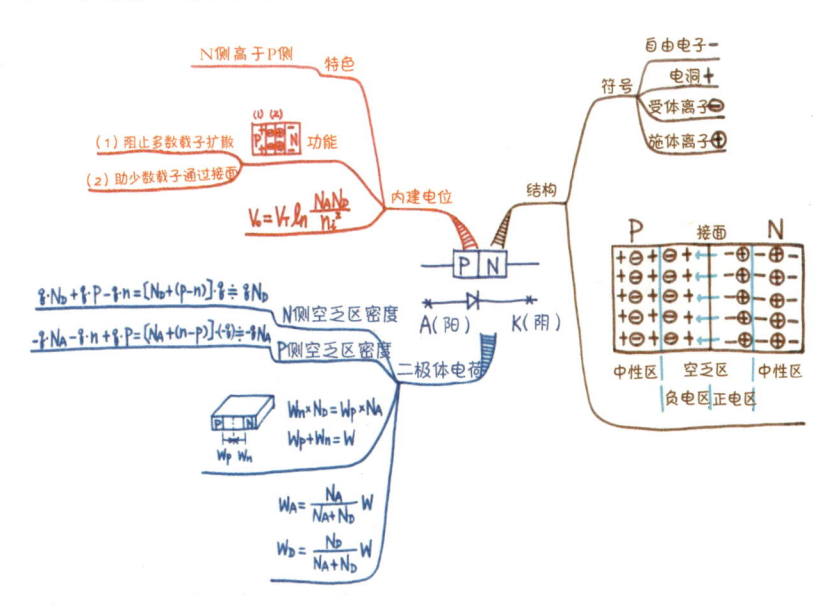

（PN结 思维导图）

公职考试中的内容 1（结合图解的基本文字型思维导图）

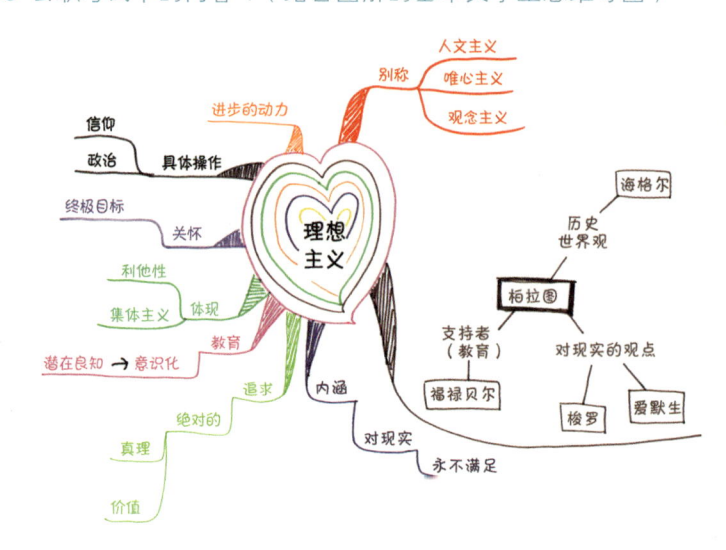

公职考试中的内容 2（结合图像记忆术的思维导图）

思维导图如何运用在考试上，另可参考本书第5章第6节跟第7章第三节的内容。

六、思维导图能活化思考、激发创意

我先用两个例子来呈现，思维导图不仅可以让你的思考化繁为简，更能让你发挥想象力与个人独有的创意。[1]

（1）七年级社会：认识台湾风貌

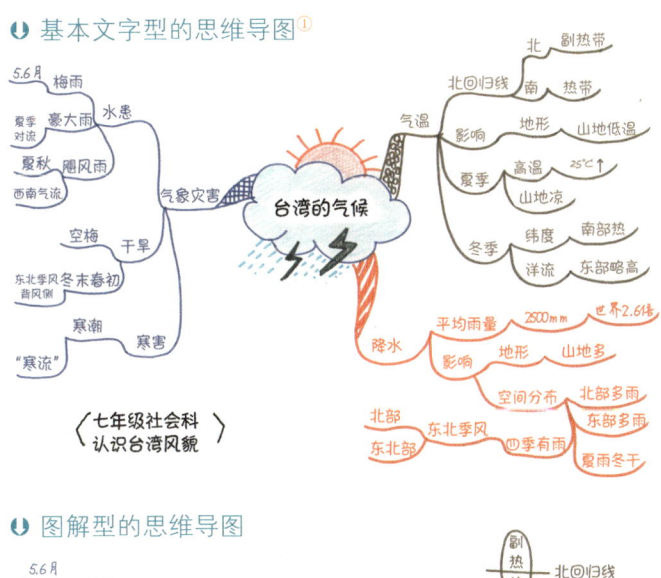

◐ 基本文字型的思维导图[1]

◐ 图解型的思维导图

---

[1] 我曾在《思维导图阅读法》专谈如何进行基本文字型思维导图、插图型思维导图、图解型思维导图、图像记忆型思维导图。

（2）八年级语文：陈冠学《西北雨》

↻ 基本文字型的思维导图

不管是思考还是做法，创新，就是突破框架，以下是学生的创意。见到文字却不是文字，把眼中的文字通过自己的想象力，转换成独一无二的图像。

↻ 插图型的思维导图

创新不难，妨碍创新的恶性循环思考陷阱就是"我做不好"。因为我做不好（做不出来），所以我不敢做。但也因为我不敢做，所以我做不好（做不出来）。

"做不好"跟"不敢做",完全就是鸡生蛋,蛋生鸡的问题。打破循环的唯一方法就是"做了,再说""做,就对了"。只有先做,才有机会知道自己哪里应该是要改进的地方,哪里是只要熟能生巧就没问题的地方。只要多画画思维导图,在手绘的过程中,你会发现只要画个 20 张左右,很多过去思考力不佳的问题,就再也不是问题了。

这五年来,我常在成人教育跟学校教育环境中感受到,失败的教育观与教育手法最大的负面影响就是"让大人跟小孩都不想再看充满文字的书了"。在讲求收视率与点阅率的现在,偏偏很多有深度的知识,是不太会在影音媒体网站上出现的,如果不常看书,你的知识会更加浅薄化,思考力会更容易落入人云亦云的层次中。

==不论你是不是初学思维导图者,建议你一定要至少拿 20 篇文章来练习转化成思维导图,因为深入阅读的方式可以增强思考力。==托尼·海尔是哥伦比亚大学的兼职教授,他在担任网站分析公司 Chartbeat 的 CEO 时曾表示:"去了解别人的经验是一个最有效的方式。"他认为广泛阅读能刺激大脑重新组合完全不同的思路,即使工作忙碌,仍会每年试着读完 54 本书。托尼·海尔的观点与我不谋而合。

通常年纪渐长,我们会越在意自己画的图漂不漂亮,其实图像以你自己看得懂为主,又不是美术课,画图技巧并非重点。千万不要因为自己画图太丑就放弃练习创意的机会噢。

别怀疑,真的有成人问我这个问题:"我不会画图,我还能学习思维导图吗?"

孩子比较不会像成人这么"死要面子",不管画图好不好看,他们都很愿意试着画画看,但是本书希望大家见贤思齐,以下举例都是图画得很漂亮的作品,但大家千万不要误以为一定要画成这么漂亮才叫作思维导图噢。

以下思维导图范例,是中学生练习纯粹用独有的创意图像来表达自己的想法。各位看不懂这些思维导图的内容是正常的。

要用什么样的图像来表达自己的想法，本来就是很个人化的，我也不允许同学抄袭别人的图像。

● 初中语文：梁实秋《鸟》

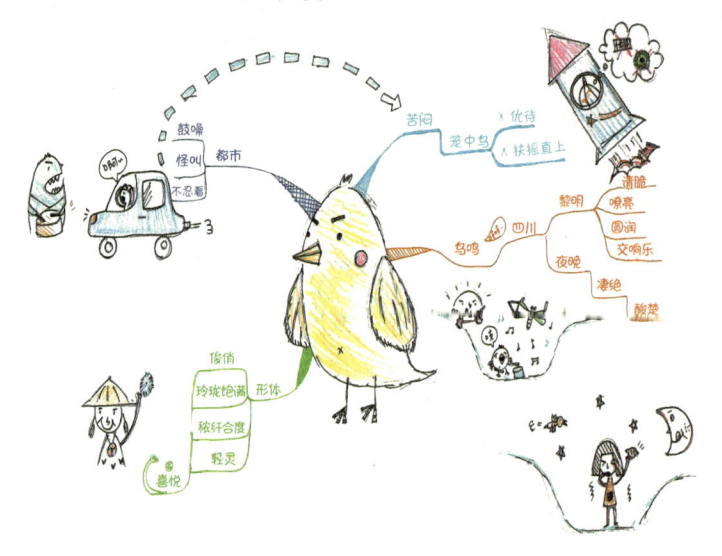

● 高一社会：台湾的聚落

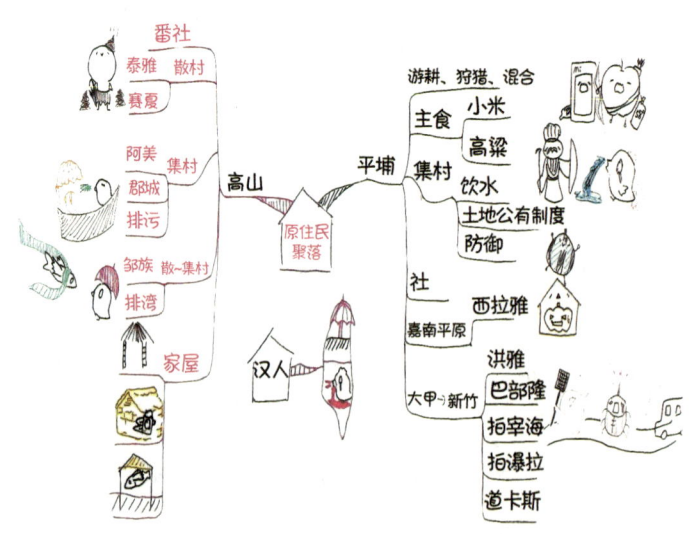

七、思维导图让沟通更具说服力

我想讲一个故事,是我的糗事。

说真的,我很不想当主管,因为我不喜欢管人,但偏偏常因做事效能与效率快,而被擢升当主管。

也因为我一点都不想要当主管,所以我一点都不是个"好主管",因为我太心软,常常因为下属的工作能力不足,就会主动去帮他弥补。

以前工作的下属们,都因为跟我的私人感情不错,常会当面向我表示:"我不想做这个,我不想做那个。"我尊重他的意见,会去调整一下工作内容,让他在喜欢的地方尽情发挥。

但是,当时我最困扰的是这类的事情:一个月前我交代给某甲的事情,一个月后我问他做得如何?

他说:"我没做。"
我问:"为什么没做?"
他说:"因为我不会做。"
我问:"不会做,为什么不问问别人呢?或是问问我啊?"
他说:"因为我不知道可以问谁,也不知道可以问你。"

当时,我简直要昏倒了。我的天啊!一个月的时间,就这么被白白浪费掉了,本来不急的事情,现在可是又重要又紧急了,怎么办?算了,时间来不及了,我还是赶紧把事情拿回来自己完成好了。

事后反省自己,一部分是该下属本身缺乏正确的工作态度,抱持着混口饭吃的心态在工作。一部分是我跟下属沟通时,产生了沟通落差,但我当时并没有及时发现那个沟通落差。我一时半刻改变不了他,只能改变我自己。

后来面对这类下属,我就运用思维导图方式,先把我想讲的话写下重点,并且用线条把"希望对方接受到的完整思考脉络"呈现出来,这样就可以当场确保传出的信息中，他跟我认知的重点都一样、主要重点与次要重点的观念都一样、思考脉络都一样、轻重缓急都一样。

运用思维导图的沟通方式非常有效，这类下属不再把事情拖延到火烧屁股的地步了。但这种做法并不高明，只是治标不治本，因为我简直是变成了这类下属的助理，我在帮他把路上的石头搬开，让他走得顺一点。

所以，这类下属换到别家公司后，都会回来向我反映，现在的公司主管很严格，要求很多，工作变得很忙。主管要求也很高，下班后必须得去进修，否则很多事情都不会做。

我告诉你这件糗事，是希望你不要像我这么心软，变成去当下属的助理。否则你的下属会无法产生自我成长的动机与动能的。经过你的努力但还是无法成长的下属，他所带来更严重的不良影响是产生"劣币驱逐良币"的后果。

八、思维导图让大脑活络起来

在序文中，我提到跟前同事的太太一起听演讲的故事，你看得出来当时前同事的太太是哪里出了问题吗？她因为从来没有学过思维导图，所以问题主要是不会抓重点。不知道该怎么抓重点的话，就没有办法进入下一步：理解重点间的逻辑关系。

有些人行动上能做到"记忆→输入→整理"这样的过程，但思考上只是把大脑当仓库或是复印机，怎么把数据输入进来，就怎么把数据输出出去。

你应该要把大脑当成是一家工厂，把原料输入进来，经过自己的语言转化一下，用"换句话说"的方式，再输出成品。当时我只是把主讲者说的内容转化成我同事太太能听得懂的方式而已。

"换句话说"的转化，正是让大脑活络起来的关键要素。例如：

- 早餐要吃得丰盛——➤丰富营养的早餐
- 孔雀展开它那美丽的尾巴——➤孔雀开屏
- 海中小岛逐渐被海水淹没——➤陆地面积减少
- 他的眼神像宝石般吸引人——➤他的眼睛很动人
- 在上课时，我们不可以不认真——➤上课要认真
- 一旦空闲下来一定要滑一下手机才行——➤手机成瘾症
- 如果你这样做的话，我会很感激你的——➤我希望你这样做
- 现在呈现一种各说各话的情况——➤这是一场罗生门

这种转化能力需要花一点点的时间去累积。我都是阅读一整本书后，先抓取重点并浓缩重点，要求自己尽量不要用作者的用字遣词，换成自己的语言习惯，最后再用思维导图的方式来输出。多画几本书之后，就自然而然建立起来了，读者可以参考第5章172页到175页。

九、思维导图能增强竞争力

每隔一段时间，总会见到有人在讨论（或说是争论）："到底是做人重要？还是做事重要？"这个问题有一个变形版："到底 IQ（智商）重要？还是 EQ（情商）重要？"

坦白说，不管台面上的职场专家怎么说，我个人认为这根本是个假议题，根本不要让自己浪费时间去讨论或是看职场专家的想法。因为做人跟做事一样重要！IQ 跟 EQ 一样重要！

我反问你一个问题："如果你是老板或是主管，你会希望下属很会做人，但是不会做事吗？或是下属很会做事，但是不会做人吗？"

每次企业内训中，老板或是主管一律回答我："我要那种会做事也会做人的。"这时我就会反问他们："既然我们希望下属会做事也会做人，反过来说，我们的上层主管或是老板，也是希望我们会做事也会做人。"

常画思维导图的话，一阵子后，我们就会发现，思维导图是一项很容易让我们知道自己的强弱项是什么的思考工具。

各位一定有听过"半桶水，响叮当"这句俗谚吧？

我们一般人肯定希望别人没有在背后称赞我们的能力就算了，但千万不要在背后批评我们是半桶水响叮当吧？因为这句话是用来形容不会做事，肚子里没料的人。再怎么会做人，一旦这种评价传出去了，根本不会有公司敢来挖角你。"公司"的定义是营利事业，每个老板都希望把钱花在刀刃上，每个主管都想要聪明会做事的下属，所以想要增强自己的职场竞争力，最好是要"先学会做事，再学会做人"。

学会做事的第一步，目标要明确，要先让自己成为某个领域的专才。换句话说，要让别人一听就知道我们的专业在哪个领域上。若用图像化的方式来说明，第一步要让我们像根钉子钉入木头中一样，在某个领域深耕并站稳脚步。①

这个阶段，通过思维导图可以快速帮我们把专业知识融会贯通并深化，并容易让我们产生举一反三的能力。②

大约不到 1% 的学员，上课时会苦着一张脸，拿着一张空白的纸问我："我还是画不好思维导图怎么办？"几乎都是女人在问这种问题，我以前都以为是男人怕丢脸不敢来问。直到看了 TED 上 Reshma Sauhami 的演讲后，才知道原来是女人把"试错过程"删除，宁可一片空白，也不愿意把错误呈现出来。

在遇到挫折时，男女有着微妙的差别，美国哥伦比亚大学专授 Java 程序语言的 Lev Brie 教授表示，男生会说："这个'程序代码'有点状况。"女生会说："'我'出了点问题。"也就是说，女人从小就习惯把

---

① 1995 年由哈佛商学院教授巴登（Dorothy Barton）提出，传统教育所培育的专才是"I 型人才"，而 T 型人才则是指同时具备跨领域专长的人，也就是通才。

② 根据我在企业内训中的观察，自觉缺乏举一反三能力的人，并不是真的能力不够，可能是胆量不够，害怕犯错会很丢脸。也有人是因为不常做而很不熟练，于是就认定自己本身能力不足以把事情做好。

挫折都当成是自己的问题。

会在课后拿着自己画好的思维导图来问我问题的人，我没有去研究是男人多还是女人多，但想用下面的例子来告诉你，画不好思维导图跟性别无关，能够把思维导图学得非常好，也跟智商无关。20世纪80年代，美国斯坦福心理学教授 Carol Dweck 观察小学五年级学生如何应付高难度的问题，结果发现：高智商女孩很快就放弃；反之，高智商男孩会将其视为挑战，问题越难越是有动力解决问题。

学会做事的第二步，要开展多领域的基础观念，让自己成为一个通才。在 2000 年前后，职场上普遍疯传的观念就是要找到通才者。原因是专才很棒没错，但是专才也容易落入"见树不见林"的思考陷阱中，容易产生本位主义，缺乏团队合作。整个职场趋势走向团队型合作，所以需要"由专才跨入通才"的工作者。

图像化来看，就像英文字母 T，故有人称之为 T 型人，在某个领域要有深度，又要广泛涉猎其他领域。

如果我们把第一步跟第二步的顺序颠倒，变成是"由通才跨入专才"，那在通才阶段就落入了"样样通，样样松"的负面评价中。

这个阶段，通过思维导图可以快速帮我们整合各领域的专业知识，并容易让我们产生跨界思考的能力。熟练思维导图的人，更可运用思维导图来提升团队思考的效率与效能。

学会做事的第三步，找到并建立自己的第二项专长。在 2005 年前后，职场开始发现 T 型人，似乎又不足以应付跨领域合作的深度需求，于是企业界开始寻求有第二项专长的人才。职场上想要立于不败之地，最好要有两种完全不相关领域的专业能力，如医疗+法律、电机+法律、理工学士去念商学硕士之类的。例如，之初创投的共同创办人詹益鉴：台大物理系→政大商学院硕士→台大电机工程博士，他通过变换领域刺激自己，也的确带来许多创新思考。

现代管理学之父——彼得·德鲁克，在早期就一直提倡"平行发展第二职涯"。以图像来说，可以说是 π 型人，2011 年《商业周刊》中也提出类似的概念，称之为乘法人①，可见第二项专长是 21 世纪职涯发展的必然趋势。

这个阶段，除了通过思维导图可以快速帮我们把第二种领域的专业知识融会贯通并内化，因为你知道"如何正确地制作思维导图"已经有一段时间，所以大脑的联想力、想象力应该已经发展到一定程度了，你会发现自己很容易串联起两种不同领域的内容，我称之为"跨界思考能力"。

这时，你在专业上的创造力应该也有一定的水平了，应该很容易找到执行两种专业能力的可行方法。②

在《被科技威胁的未来》③一书中，提到现在很多工作已经可以有计算机软件（应用程序）与 APP 来自行运作，这些工作就不需要靠人力（或说人脑）来执行，因为计算机执行又快又准确，还可以 24 小时工作，不需要社会保险与员工福利。

在这种确定的趋势下，人类已经不是跟人类竞争工作了，而是要跟思考速度比我们快、精准度和体力比我们好的各种应用程序、APP、机器人、人工智能竞争工作。我们更应该思考的问题是，该如何做到计算机无法做到的跨界思考能力？

从某个专业领域上画不好→画得好，只要画20张思维导图就可以了！（因为很重要，所以本章讲了超过三次）

---

① 这两项专长，最好是两个不相关领域，但是都集中在你身上，就像是数学符号"×"。
② 如果这两项领域在我们身上就像是并行线一样，那就表示我们的专业深度还不够，二十年来，不管对方是企业老板或是一般上班族，我从没有见过一个专业深度够的人没有把专业内化在脑中，他们总是看到生活中的任何一件事情，就联想到该如何运用在自己的专业领域上。
③ 马丁·福特著，李芳龄译：《被科技威胁的未来》，天下杂志 2016 年版。

脑力的锻炼，其实就是心智的锻炼，过程中充满着理性（逻辑）与感性（情绪）的交错纠结。我要告诉你，思维导图永远没有画完的一天！

脑力的锻炼，就像跑马拉松 100 场、爬百岳一样，表面上看起来好像是同样的动作做了 100 遍，但是对于脑力锻炼者来说，第一张思维导图带给你内在的变化，跟画第 100 张思维导图时的变化，绝对不一样。

你愿意每天超越自己昨天的脑力吗？如此一来你不仅可表现出恒心与毅力，还可以得到一颗越来越聪明的头脑与无法被机器人取代的能力，何乐而不为呢？

十、你是"左脑型"还是"右脑型"

当我提到："蔡依林"时，你的脑中出现什么样的画面？

是"蔡依林"这三个字的字形？

是"蔡依林"的模样？

还是脑中一片空白？

多数的人，不是"蔡依林"的字形就是模样。字形跟模样都是一种图像。

待会儿再来解释为什么要问你这个问题。我先解说一下大脑的构造与功能。大脑的左右两个区块是分开的，只有一小块部分连接在一起，那个部分叫作胼胝体。

根据诺贝尔奖得主罗杰·史贝利的研究，在20世纪80年代他得到了一个结论：左右脑的功能不一样。简言之，左脑负责文字、语言、逻辑、数理，右脑多数负责非语言或非逻辑的图像、律动、运动、直觉等功能。

有些人见到了这项研究，拼命想知道自己到底是左脑好或是右脑好。

回到刚刚的问题，有些人会这么认为："你看！我想到蔡依林的字形，字形是一种图像。"或是"我想到蔡依林的模样，模样是一种图像。"所以我是右脑好！①

这么想的人，我要告诉你："错！错！错！你大错特错了！"

你听到、读到"蔡依林"这三个字，你能听懂、看懂、理解我在问你什么样的问题，那不正是左脑的文字语言与逻辑功能吗？你脑中又出现"蔡依林"的字形与模样，那不正是右脑的图像功能吗？

所以，你到底是左脑好还是右脑好？你刚刚是用左脑工作还是右脑工作呢？

正确答案是：所有的思考与行为都是左右脑同时且共同运作后的结果，无法只用一边的大脑或是只训练一边的大脑。

现在，我要用图片告诉你，试图探询自己是"左脑好"或是"右脑好"根本是个假议题。看到了吗？左脑也有运动与视觉图像的区域噢！

▶ 左脑功能分区图

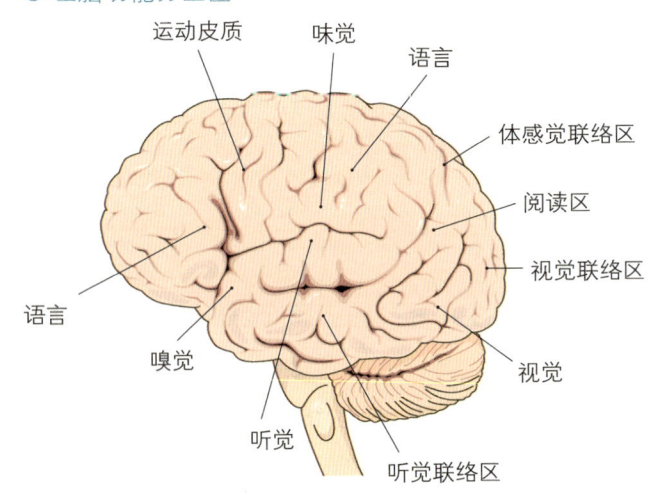

（运动皮质、味觉、语言、体感觉联络区、阅读区、视觉联络区、视觉、听觉联络区、听觉、嗅觉、语言）

大脑的使用并无法区分出"只用左脑"或是"只用右脑"，但是我们对于事物的反应方式却会倾向于用"逻辑语言方式"或是"直觉图像方式"，不过这也不是说你会对一切事物都倾向于用固定的方式，有可能在 A 领域上倾向于用"逻辑语言方式"，另一个领域用"直觉图像方式"。

---

① 有非常少部分的人是脑中一片空白，不是你的头脑跟别人不一样，而是你刚刚并没有专心去思考我的问题，只是想往下看看我会给你什么答案。

例如，我在写本书时，一定是用"逻辑语言方式"在思考啊，不然怎么写出你看得懂的内容呢？但是我在看地图的时候，就倾向于先问问对方，这个地址靠近什么明显的地标或是商店招牌之类的，偏好用"直觉图像方式"找地址，我觉得这样比较好理解地理位置的概念。

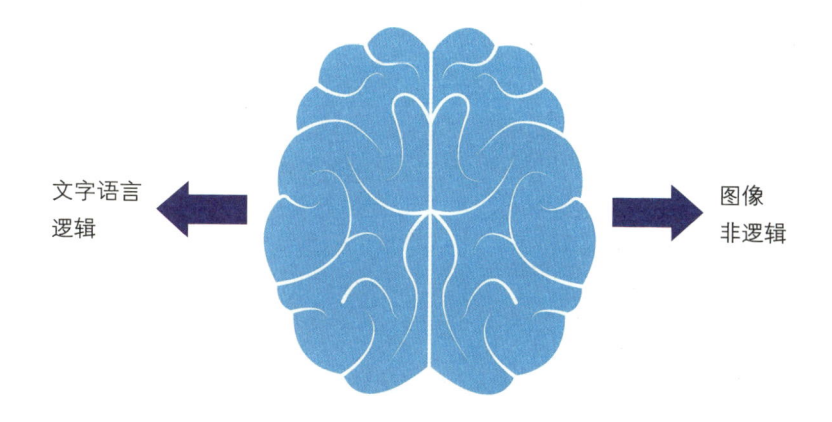

文字语言
逻辑

图像
非逻辑

写笔记时，我们会斟酌要写上什么文字，这时左脑开始工作。绘制思维导图时，思考在纸上怎么布局，则让右脑开始加入工作行列，一边看着眼前的白纸和部分文字与线条，一边书写，这过程就是一种左右脑的互相合作。

另外，也可以思考要用什么样的插图来取代文字，绘制在思维导图上后，看着这个插图也要能还原回原本的文字内容，这一来一往正是左右脑互相转换的流程。而绘制思维导图的整体过程，正是同时活化左右脑，训练左右脑平衡的最好时机。

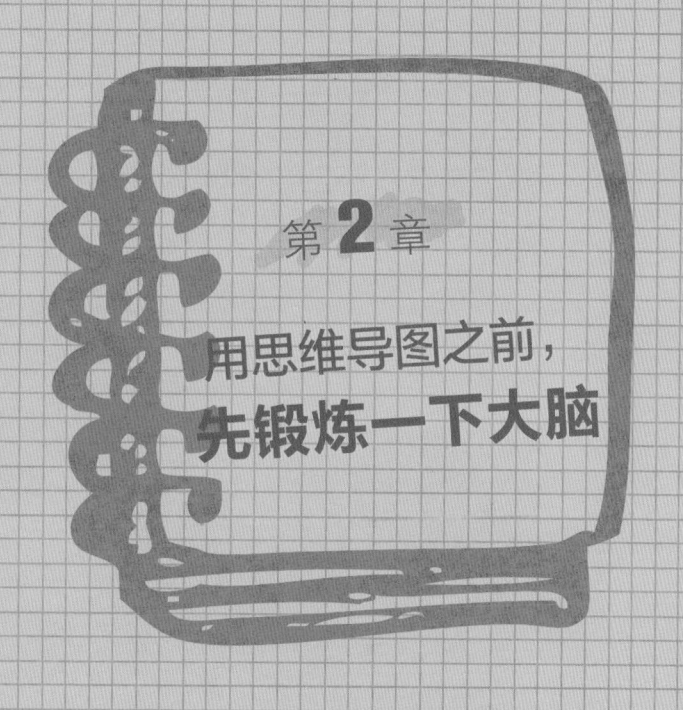

第 2 章
用思维导图之前，先锻炼一下大脑

一、从"猫"可以联想什么

物联网之父凯文·艾希顿的创新之路并非一路顺遂。他曾经屡战屡败，总是处于被开除的危机，直到艾希顿体悟了奇迹并不存在，才有了今天的"物联网"。

艾希顿认为创新是我们与生俱来的才能，每个人都能拥有。创新没有快捷方式，没有突如其来的神奇时刻，创新来自平凡人如你我的实践与积累。

拿一张白纸，给自己三分钟，听到"猫"你会联想到什么？不用想太多，脑中只要出现跟"猫"有关的讯息，请通通写下来。以语词为主，不要写下句子。

举例：

波斯猫	暹罗猫	喵呜
发情	小猫	柔软
巫婆	黑猫宅急便	毛皮
白色	夜视能力	尖牙
捕猎高手	贪玩	贪睡
高傲	孤傲	鱼
毛球	围墙	猫狗大战
鸟	九命怪猫	猫眼石
埃及	贵族	肉垫
步伐轻盈	肥猫斗小强	聪明
冷静	暖炉	拥抱
夕阳	群体	观光
猫巴士	可爱	利爪

答案越多，表示你的观察力跟联想力越好。联想力与个人生活经验有绝对关系，考验你能不能在过去的所见所闻中，找到跟"猫"相关的事物。

联想力是一种"举一反三""举一反多"的能力，也就是解决问题的能力。我们可以把一件事情延伸到其他地方，和其他相关事物串联起来，使我们能从多种角度去构思，学习上更能旁征博引。

二、语词图像化，训练左右脑平衡

左脑掌管"语言逻辑"，右脑掌管"直觉图像"，联想力还可以通过"虚实转换"的小游戏来训练左右脑平衡。

"虚"的词汇大体来说是动词、形容词之类，"实"的词汇则一定是有具体形象的名词类。

2016 年加拿大滑铁卢大学（University of Waterloo）的研究人员发现，把想要记忆的东西画成图案，有助于避免遗忘，原因在于画图的过程，有助于整合物品的视觉、事情的动机和意涵等，相较于动笔用文字写下，记忆的效果好两倍。更重要的是，无论画图者的艺术才华高低，丝毫不影响记忆的效果。

拿一张白纸，给自己一分钟，下列语词让你想到什么东西？能画出图像的话，会更好噢！表示能够确定你脑中真的有画面。

可爱→小猫	浪漫→巧克力	开心→	沉默→
热情→	美丽→	灵活→	冷静→

炎热→	清澈→	光滑→	坚硬→
透明→	轻盈→	宁静→	朦胧→

三、抓出抽象事物的特质

脑细胞与脑细胞之间的连接网络，会根据新的练习，重新组成新的路径，这就是所谓的"神经可塑性"。脑细胞彼此间的联结，会因为少用而被删除，但脑细胞有可能通过不断训练，重新建立彼此间的联结，重新学习新的功能。

人类在接收讯息、对事物的敏感度，与是否牵涉到感官刺激的多寡有关，这是为什么影片比单纯声音、文字更有影响力，也更容易记得起来，因为影片牵涉到的感官比较多。良好记忆力的秘诀，在于让大脑神经细胞的联结能力、联想能力更强。

二十年来，我走在路上常利用店家招牌进行自我锻炼。例如，"新光三越"对我来说就是百货公司，接着就从"百货公司"这个词语去联想。"抓出事物的特质"这种方式的好处是，你不会被表面的语词困住，让你更能进一步思考。

拿一张白纸，给自己一分钟，想想下列语词的特质是什么？不用想太多，不用分虚实，请把脑中出现的讯息通通写下来。以语词为主，不要写下句子。

台塑石油→	7-11→	华硕→	旺旺控股→
宏达电→	捷安特→	联强国际→	王品集团→
台积电→	台湾银行→	大润发→	微风广场→
麦当劳→	Nike→	Google→	Facebook→

我们"忘记"或是"没注意到",并不代表那些数据"不存在"在我们的大脑里。记忆力不好是因为我们大脑"整理信息"跟"截取信息"的能力很弱,才会无法把东西记起来,脑中记忆量越多的人在学习上越容易,更能轻松地举一反三、触类旁通。

思维导图,正是促发举一反三、触类旁通的思考工具。

四、爱用"思维导图"让你成为高手

曾有学员在上课前一再来电跟我确认:"很多国外思维导图的书籍,

都拿大企业的老板或大主管当例子,我觉得这些人本来能力就比一般人好,我只是一个很普通的人,我真的能学好思维导图吗?"我不想否认把大企业的老板或职员搬出来当例子,有名人推荐的极佳宣传效果。

虽然多年来我一再强调思维导图是小学四年级就能学会的独立思考工具,但我也相信很多学习者,在背地里暗暗担心自己不足以学会思维导图,于是我决定采用低调的思维导图运用者(Mind Mapper)当例子来鼓舞大家。

1 达成更远大的目标

《忍耐力》[①]的作者沃尔特·米歇尔(Wacter Mischel)告诉我们:高手正因为具备"意志力强、自我控制能力强"的心理特质,故社会成就较高。一般人抵抗诱惑之所以困难,是因为"当下"只想要得到立即的奖励,却忽略了未来可实现更大目标的可能性。

有时在成人课程中,不论老少,总有一两个学员会私下问我:"看完一本书后,还要画思维导图,很花时间,我能不能不要画?"

我一律回答:"近二十年来的教学经验告诉我,不管是男女老少,看完书一个月后,有画思维导图的人,总还能记得书中的多数内容;而不画思维导图的人,几乎全忘光了。因为画思维导图的过程,正是不断地动用与训练你多种感官的记忆能力。"

十年前,曾有连锁品牌企业的总经理对我说:"思维导图对我没有什么用,我不需要通过思维导图,就可以处理很多事情。"在那时,我不需要为了证明思维导图对他一定有帮助而跟他辩论,所以我什么都没说,仅回答他:"你不需要,但是有别人需要。"

过了几年,在咖啡厅还没有成为大家创业的第一选择时,我曾建议他赶紧卖下午茶和咖啡,这个提议被他嗤之以鼻;三年后,当满街都是咖

---

① 沃尔特·米歇尔著,陈重亨译:《忍耐力》,时报出版社2015年版。

啡厅时，他的店里才开始卖咖啡，但也已经失掉先机了，现在讲到"喝咖啡"，几乎不会有人想到他的连锁品牌。

我并不是在老王卖瓜，自吹自擂，而是要告诉你，当年给他的提议，是我综合比较了台湾饮料市场一整年后的心得，而非一时的灵感。

我平时就习惯把看到的各种事物，在脑海中联想，并建构成思维导图，若有不足之处，就暂时把这张思维导图放在脑海中，随时随地再来补齐我的想法。连看日剧都会画思维导图了，当然走路时也随时在动脑啊！

身为一家公司的领导者，==如果你想要建立洞悉先机的能力，更应该时常画思维导图。==

你别以为不当领导者就用不到思维导图噢！

网购甜点名店——菓××工作室，更直接在办公室的墙面上以思维导图标记工作计划，才能因应庞大的订单量。他们都运用了思维导图来让自己达成更远大的目标。

2 完成从没做过的任务

我的好友，也是我的同事——阮如玲讲师，本身也是一家鞋类贸易公司的董事，过去她也以为思维导图是休闲时的小玩具。

她不需要动脑筋进行企划工作，但常必须同时应付好几张订单，来即时反映不同客户的要求。自从改用思维导图后，不再限于直线思考，还多了水平思考的视野，每天收到 E-mail 时，在脑中构思出思维导图的样貌，有时用时间、有时用订单来分脉络，更容易分配一天的工作时间。

甚至有一次，南美洲的客户提出一项独特的要求，希望阮如玲能帮忙列出他的好兄弟要竞选总统的物品，当下阮如玲心想："我没有选举经验，怎么会知道要准备什么物品呢？"

于是阮如玲以"选举"为中心主题，开始用思维导图构思，一边画，一边思考，原本可能必须苦恼一整晚的艰难任务，很快在一两个小时内解决。最后，南美洲客户看到这张思维导图后，大力赞扬阮如玲的企划能力，因为连客户自己没有想到的部分，她也通通帮客户准备好了。

阮如玲老师也想借此告诉大家："对职场人士来说，使用思维导图以分析功能为优先，不必拘泥画图与绘画风格，只要自己能看懂，能够厘清思绪。解决工作上的问题，比什么都重要。"

3　整合片段破碎的事物

很多人都学了好几年的英文，但是英文还是讲不出口，文法常常搞不清楚，另外一个困扰是，背了英文单词没机会用，或是等到要用的时候，已经忘了那个单词怎么说。这是因为在我们学英文的过程中，同一个文法概念，可能是分成三段来学习，类似概念的单词，是分属在不同时间段中学习到的。

日本东京大学学生浅羽克彦，出版了一本书《东大生写的树枝概念英文法》[①]，里面正是使用思维导图，把初中英文文法整理成简单的一两张图，在日本大为风行。以前我也曾运用他这本书里的内容为例，用我自己的方式，重新整理了一遍初中英文文法。因为这张思维导图是我自己思考后所整理出来的，故我只要看这张文法思维导图，五到十分钟内就可把初中文法的观念串联起来。英文单词也可以用同样的方式来整理，如果你对整理文法跟单词有兴趣，可以参考我的另一本著作《思维导图：创意高手的超强思考工具》。

说到写书，很多朋友跟学员都会很好奇地问我："写书到底好不好赚钱啊？"趁这个机会回答一下大家好了。

坐下来很认真地一边思考一边打字，以一天八小时计算的话，大约只要花我一个月的时间就好，但是我必须为这本书先花一两年的准备时间。

通过这一两年的时间累积，我会先完成一张思维导图，这张思维导图就是书籍的大纲，等正式开工打字时就随兴喽，想从哪个章节开始打字就从那里开始。万一打字到一半时思绪卡住了，就先跳到别的章节写。有时也会遇到打字到一半，必须中断去做其他事情的时候，不用担心，因为书

[①] 浅羽克彦著，林键麟译：《东大生写的树枝概念英文法》，晨星出版社2010年版。

的骨架都定好了，打字只是让书长肉而已，回过头来继续写的时候稍微注意一下，不要脱离章节主题就好。

正因为有思维导图，在动手打字时，我不需要先看看前面的内容来让大脑暖机，就能随时接续该章节的内容，也不容易失去焦点。并且只要有灵感，我随时能任意地在不同的章节间流转来流转去，也不会有思绪中断的问题，因为思维导图能够有效地帮我进行整合。

4　简化看起来复杂的问题

我的另一位好友——谭宥宜讲师，她受过专业的口译训练，过去是资深的外电新闻记者。

担任口译员时，思维导图笔记术协助她在时间压力下，快速消化讲者的想法，厘清逻辑和段落结构。

担任记者时，不管是撰写专题新闻，或是采访写稿，她的脑袋经常在过滤和重新编排信息。有时候要处理的议题相当复杂，她最常用来整理思绪的方式，就是坐下来，拿出一张白纸，开始画思维导图。

她会将主题在纸张的中间写下来，然后开始勾勒第一个分支。神奇的是，通过这个纸笔作业，思绪会像一张网，不断地伸展开来。

谈到思维导图的优点，她这样告诉我："人家说，学习要能深化，除了 input（输入），也要有 output（输出）。我认为画思维导图，等于是给自己一个机会，将你以为你知道的知识，重新输出。在这个过程中，你会重新理解信息，或是发现，其实自己还有哪些地方，了解得并不透彻！"

后来，她成为一位教授文字表达的讲师，思维导图依然是她的好帮手。她会利用思维导图，发想和设计课程内容。受邀演讲时，会将内容浓缩成一张小小的思维导图，用这张思维导图当自己的小抄。她说：

说来也奇怪，把思维导图小抄带在身边，演讲的时候不用怕紧张忘词。因为所有的逻辑、脉络，都在这小小的一张图上。如果突然忘词，只要瞄一眼，就通通记起来了！

谭宥宜也会善用思维导图的概念，引导学生进行创意发想，将看似平凡无奇的点子，进行延伸和联想。

另外，当年她在美国接受口译训练时，经常要使用大量的符号和缩写来记笔记。在创造自己专属的符号系统时，发现看似复杂难懂的一大段文字，只要充分理解，就可以将抽象的文字"转译"成视觉图像。靠着这幅心理的视觉图像来记忆，速度更快。文字、图像同时用到，等于左右脑都用到了。正因思维导图结合了文字和图像的概念，因此不管是演讲、设计课程，或是文字创作，谭宥宜喜欢通过思维导图，让自己的脑子动起来，越用越灵活！

5　提升记忆力，丰富说话内涵

从事会计工作的许嘉芳跟我一样，在学生时代都不太爱背书，因为不爱背书，就很难把书读好，且一直觉得自己的记忆力很差。

许嘉芳是工作后才接触到思维导图，开始使用后大感惊喜，她是个即知即行的人，她说：

> 本来我抱着怀疑的态度，使用思维导图背着古老的文言文时，神奇的事情发生了。段落不会背错、篇幅不会错乱，而且有时骑车、坐车看到有人拿着书在背单词，我也可以随时拿出来背，只是我是看着"头脑里"的思维导图在背。
>
> 有了思维导图，我随时可以暂停背诵，骑车到下个路口再接着背；但是无法马上停下的人，千万别在骑车的时候背。甚至与朋友聚餐无聊时，都可以不断地复习。有时遇到相同的情境，还可以想起文言文，说上几句。身旁的朋友，都认为我好有深度，可以常说出文言文句子，还认为我语文造诣很好。但……谁知道我语文一直以来都是低空飞过，以前的我常感到愧对"中华文化"这个名词。

> 现在我才明白，我不是不会念书，是没有找对读书的方法。

许嘉芳经过几次练习后，故意找从小就很会背书的小妹来竞赛，看谁背书背得快又好，当她赢了小妹时，小妹感到惊讶，一直问："你是怎么办到的？"正因如此，小妹现在也好好地学习使用思维导图。

许嘉芳现正在准备证照考试，希望读完第一次之后，第二次只要花很少的时间去复习容易忘掉的部分。她说：

> 以前的我一定会有这样的疑惑："容易忘掉的部分，光要找出来就要花时间了，找出来之后再去复习它，其他记得的部分，下一次会不会也忘记了呢？"

> 现在的我没有这个问题了，因为用思维导图一定办得到。古语云："工欲善其事，必先利其器。"如果有人还是找不到念书的方式，可以试试看思维导图这个工具。现在只要遇到朋友说小孩不会读书时，我都会建议他们让小孩去学习思维导图。

我跟许嘉芳的心路历程很接近。当年我在电视上看到英国警政系统的思维导图介绍时，有种相见恨晚的悔恨，觉得自己怎么不是用这种思考方式，否则应该是轻轻松松就能考取高分，有了高分想要读什么科系就能读什么科系。这对记忆力也很有帮助，不会因为背不起来历史、地理、三民主义、语文、英文等科目，而在求学时代一直觉得自己就是比别人笨。

现在的工作也必须对教学内容熟稔，用思维导图来整理上课步骤很方便，同一套的上课步骤，我能因应不同的成人学生背景，而以不同的用字遣词表达和举例，这都是拜思维导图所赐，才让我说话的丰富性增强。

6　工作不再心有余而力不足

这十年来，我遇到很多来自桃园、新竹一带的电子科技业学员，其中有几位学员的上课精神与态度，十足展现出科技人的追根究底精神。来自凌巨科技 CELL 工程二部的主管黄聪贤正是其中一位，以下是他为了激励初学思维导图的人，或是看过很多本思维导图的书后却还是做不好的人，特别写下的一段话：

自从学会使用思维导图来面对工作，我变得能够更快且更有效地掌握重点！

在学习思维导图前，常常因为每天要面临大量的工作信息而心烦，总是感到心有余而力不足。为了希望能改善工作的效率，我开始研究不少种改善工作效率的书籍，只是很多时候都是看作者做很有道理，换成自己做就会卡住。

于是开始纳闷：为什么？到底是哪里出错？在上述自我探讨过程中，我开始发现原来是记忆术的方法错误所导致，所以吸收到一堆错误信息。其中我也自己购买过多本介绍思维导图的书籍，但还是出现一样的问题：有看、有懂、不会用。

就在感到学习胶着时，我努力上网搜寻是否有相关的训练机构，结果找到在台北的 ESI 广翰思惟教育机构，欣喜若狂的我赶快报名整个学习套餐，做完整的学习！通过胡老师的教学演练，还有耐心的分析教导，我知道了自己的学习盲点，也学到了有效的学习方法。

从以前对于学习记忆的惧怕,变成现在"只要有心记忆的事,就一定能记住"的自信,这都有赖于老师的细心调教。

当然,或许有人会说:"这是真的吗?"我可以很大声地回答说:"这是真的,但这是要花时间去演练才能拥有的,是必须不断演练的。"即所谓的"师傅领进门,修行在个人"。即使是再好的方法,有人会学得很好,也有人学不会,差别就在于是否愿意积极主动地发掘问题并改正。

我现在虽然已经过了需要不断考试的年纪,但仍希望拥有能够随时应对考试的智能,能利用图像及关键词来组合我所需要的信息。

学生念书运用思维导图,会在考试时呈现好效果,脑力跟体力一样都是越用越好,成年人若能持续运用思维导图,不管是工作或生活上的更进一步,都将变得越来越轻松。

7 安心准备考试,更有效率

大学毕业生芳瑜,正在准备公务员考试考试,在阅读了坊间书籍后跟黄聪贤一样"有看、有懂、不会用"。这个问题绝对不是因为你的头脑不好,这是很常见的情况,就跟学英文一样,台湾市面上有超过万本讲如何学英文的书,但还是有满街的英文补习班。

芳瑜看完书后,发现自己依然不会画思维导图,立刻就决定去上思维导图的课程,因为她没有时间再自我摸索下去了,需要快速精准地掌握思维导图技巧,才能赶紧运用在公务员考试准备上。

上完课后,她很开心地对大家分享这个经验。

为了准备考试，我想要学会思维导图，但是看完考试专用的思维导图参考书后，我依然不知道该怎么动手画出一张思维导图。于是我搜寻思维导图的课程，很幸运地立刻就让我找到了。

就像老师说的一样，我是那种要花很多时间念书才能拿到高分的人，念书很没有效率。

经过老师的讲解，我才知道应该如何抓重点，对于如何画出一张思维导图有很好的掌握，也明白自己该如何改进念书方法，我真的很感谢能遇到这么好的学习方法。现在也比较不会心慌茫然了。回去我会好好地准备公务员考试内容。

根据过去某公务员考试补习班的统计，平均要准备 3.5 年才能考上公务员考试，这不是因为题目困难，而是有很多人准备考试的读书方式错误，降低了平均标准。思维导图最重要的效果正是化繁为简，运用在考试方面相当适合，可以避开被考试大敌——心慌意乱——影响的概率。

第 3 章

手绘思维导图法，图解基本步骤

有些思维导图学员过去对"图像""图解"因误会而远离，上完思维导图课程后因了解而越来越爱进行图像思考或图解思考。

因此我要先告诉你：

（1）图像绝对不是比谁画得漂亮

我常在网络上看到美术功力了得，但是细看逻辑观念乱七八糟的思维导图。

（2）图像绝对不是比谁画得多

若无法精准地表达逻辑观念，或是画成最简化的图解，图像越多只是越杂乱。

（3）图像绝对不是某些人的专属条件

有些大人会说："只有中小学生才用得到思维导图。"
有些上班族会说："只有主管才用得到思维导图。"
有些主管会说："只有下属才用得到思维导图。"

将以上反过来看就可知道，思维导图是任何人都可以用、也都需要用的。

（4）图像绝对不是面对复杂问题时才派得上用场

即使是简单的生活中，你也能通过图像让生活更加轻松自在！

一、准备的东西只有 3+1 种

1　白纸一张

画思维导图时，请想象你是农夫，要先把土壤（纸张）准备好，才能全神贯注在你的土地上种出你的想法。

农夫种植要先把土壤中的杂质都清除，才能种出好作物。画思维导图也是一样，不能用一般常见的横条纹纸张或是有底图的纸张，最好是一张空白纸。

万用的尺寸就是 A4，如果你有高普考与证照考试类的需求，建议采用 A3 尺寸。一张 A3 等于是两张 A4，一张 A4 等于是两张 A5；一张 B4 等于是两张 B5。

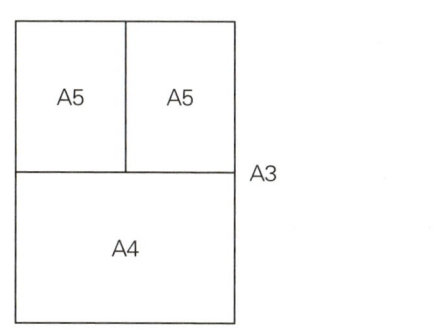

A5 × 2 = A4（210mm × 297mm）
A4 × 2 = A3

B5 × 2 = B4（250mm × 353mm）

可以装得下 A4 尺寸的女性包包种类很少，如果不方便携带 A4 纸张外出，你可以选择 25K 的笔记本，打开后的跨页尺寸就相当于 A4 大小。

尺寸不能小于 A5 或是 25K 的笔记本。画面太小，就缺乏延伸思考的空间。若是太小尺寸的笔记本，我会把整个摊开的画面当成一页来使用。详细用法请见第 7 章第二节。

⊕ 25K 笔记本摊开来差不多是 A4 尺寸

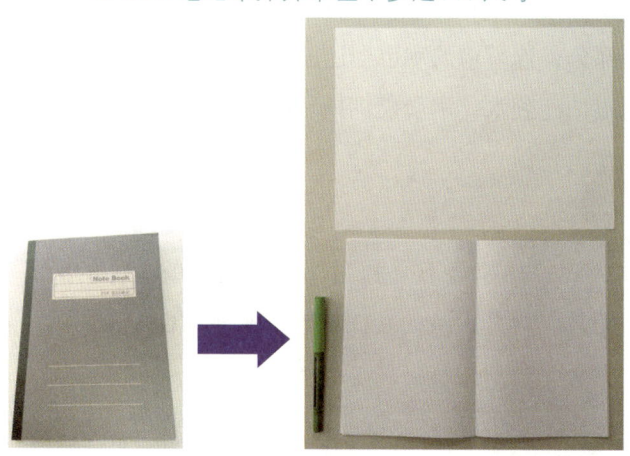

2 至少三种颜色以上的笔

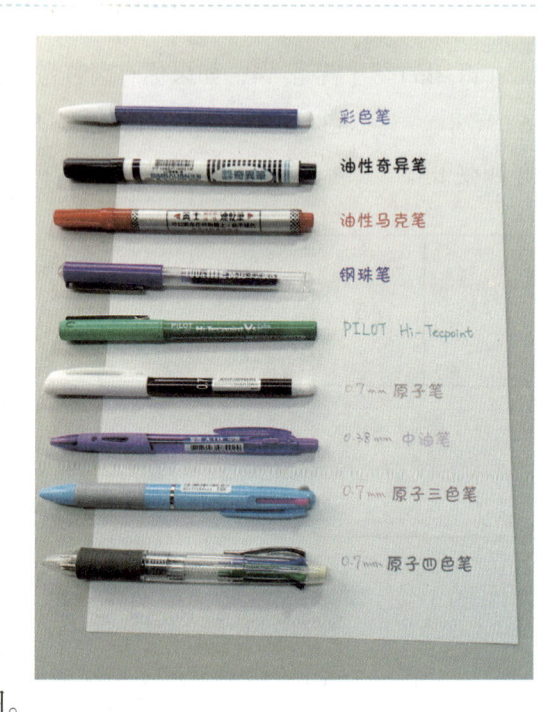

根据纸张的大小来选择色笔的粗细程度，笔头不能太细，太细的笔头无法显色，会无法利用色彩来强化脑中的印象。以 A3 尺寸来说，用细彩色笔、奇异笔和马克笔为佳。如果是四开以上的海报纸，用粗的彩色笔（大陆称之为水彩笔）、奇异笔和马克笔为佳。只有一个颜色不要用来写字，那就是黄色，因为写出来的字辨识度太低，会增加阅读上的困扰，但可以用黄色来画插图。

外出不方便携带彩色笔时，我比较喜欢用 0.7mm 以上的原子笔（亦称"圆珠笔"），依然要选色彩浓烈的，三色或四色原子笔是我最方便的选择。

我不喜欢用可以把字擦掉的擦擦笔或摩擦笔，因为它是利用摩擦生热的方式来让颜色退掉，台湾夏天很热，一旦气温超过 32℃，字的颜色就会渐渐消失。虽然可以放在冰箱冷冻库中让文字还原回来，不过只要是你曾经书写过的部分，连写错的字也会还原回来。

水性笔很怕碰到水，字会模糊掉。所以我都选择油性笔或中性笔。

3 网络

如果你跟我一样超级不会画图，那么网络就是你的必备工具，先上网搜寻相关图片，再把大致的画面描绘下来。"Google 图片"是很好用的功能。

- 2008 北京奥运运动项目图标——游泳。虽然当年我觉得这种抽象的图片很像溺水时求救的画面，不过也算是看得出是在水面上游泳。

- 2008 北京奥运运动项目图标——花式游泳。

游泳

花式游泳

- 2012 伦敦奥运运动项目图标——游泳，图像较为具体。

- 2012 伦敦奥运运动项目图标——花式游泳。我边看着计算机屏幕，边画这张图时，也觉得有点难画，但是画完后觉得挺有成就感的，反正熟能生巧嘛。不过，依照我的懒惰个性，以后还是会画北京奥运的图标。

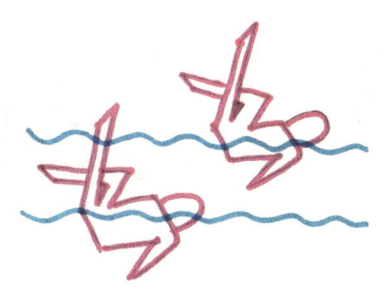

游泳

花式游泳

4　手写板

常听到学员问："我觉得 A4 白纸真的很好用，但是带出去时要怎么保持白纸的干净？遇到没有桌子的时候，我要怎么把纸摊开来画思维导图呢？"

其实，外出最好的思维导图画图工具，就是附有封面的手写板。

附封面的手写板摊开图　　　手写板合上图

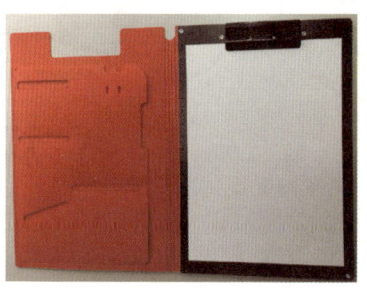

用没有封面的手写板也没有关系，写完内容后，就把纸张放入 L 夹或文件夹中，纸张就能得到保护。

如果买不到附封面的手写板，我们也可以自行加工制作。

下图左侧是一般的透明活页夹，我比较建议走环保路线，用旧的活页夹包上你喜欢的纸，或是塑料材质的壁贴纸。最后只要用手写板把活页夹跟纸张一起夹起来，你就可以获得像上一页那样附有封面的手写板啦！

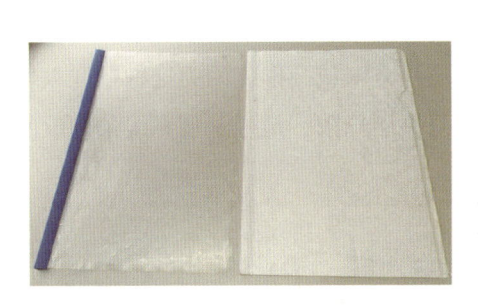

二、思维导图的"13个规则"

1 空白纸张横放，从中央开始写上主题，线条呈现放射状

纸张一定要横放，道理很简单，就像是家里的电视跟计算机屏幕都是横放一样，我们的眼睛长在左右两边，所以横向阅读是视觉吸收量最大的方式。

刚开始画思维导图，不是把主题画太小，就是画太大。画太小，小到某种程度，大脑对于整张图的内容会不容易记住。画太大，纸张便不能写下所有内容。我的建议是不论纸张大小，用手指头在整个版面上比一下，画出九宫格，中心主题就写在九宫格的正中央区块中，把整个区块填满，这种比例画出来的思维导图最好看。以 A3 来说，中间格子大约是 9cm×7cm 的大小，不要超过这个范围喔。但不用真的拿铅笔在纸张上画出九宫格，多用手指比个几次，你就能抓出那种尺寸的感觉。

主题要用关键词（keyword）或是关键句的方式来填写。切记！思维导图上绝对不可以写句子，写句子表示我们不会浓缩思绪，不会抓重点。

主题不可以太笼统，一定要越具体、越明确越好，这样才能让大脑聚焦。主题就像是一颗种子，主题定得好，这张类似大树树枝一样无限放射状延伸的思维导图就会长得好。例如："原住民的集村聚落形式"就会比"原住民聚落"来得更为聚焦。

主题可以写在一个框框中，最好不是方框或圆框，因为这种框框太死板了，请让你自己的思维不受过去的习惯所局限，最好是随意线条构成的框。主题也可以用一张图片来代表。

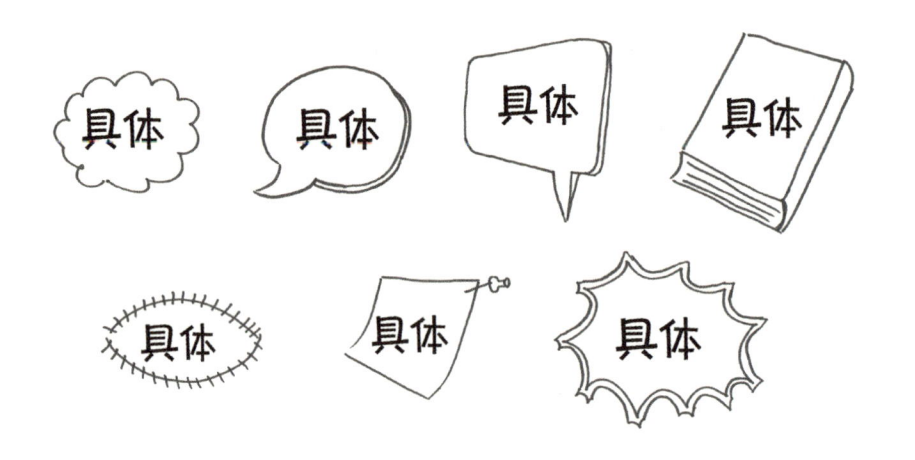

2　主脉由粗到细，关键词要写在线条的上方

种子（主题）有了，我们要像个农夫一样，不断地把水（思绪）浇灌在这颗种子上，让种子渐渐地成长，线条要像树枝般由粗到细地无限延伸出去。

想象一下，你搭着直升机，从空中俯视这株大树，从中心延伸出的主干称为"主脉"（main-branch）。从主脉延伸出去的树枝不管属于第几个层次，通通称为"支脉"（sub-branch）。

不管是主脉或支脉上方的文字，最好要一律保持水平，所有的文字维持同一方向，不要有些脉络文字是横的，有些脉络文字是直的，这样才能方便眼睛快速阅读，头或是纸张也不必转来转去。

关键词的长度有多长，线条长度最好就跟它一样长。每一个关键词就像是每一颗种子，请好好思考一下你的关键词要写什么。请要求自己不要写长长的句子，否则就又回到了线性思考的文字处理方式。

初学者一定要养成一个新习惯：先写字再画线，才不会画出线条杂乱无序的思维导图，文字与线条间的布局与比例也会很工整漂亮。

因为"眼脑直映"的视觉效果，关键词一定要写在线条的上方，不可以写在线条的末端，或是线条的下方，这样才有提升记忆力的效果。

以下是大家都读过的初中语文经典课文——梁实秋《鸟》，阅读后试着用思维导图来写心得笔记。

（1）因为整篇文章都在描述梁实秋有多喜欢鸟类，故中心主题写上"我爱鸟"，并加注这是个人的"心得笔记"。

（2）梁实秋欣赏在乡间自由自在的鸟类，每种鸟类都有其独特吸引人的特点。先写上"乡间鸟"，文字底下再画线，这样就能保持文字一定在线上，且整个版面会是工整的。

主脉线条要像大树伸展出枝条一样由粗到细。如果有时间的话,可以在主脉上做一些美化。

依序写上第二个层次的文字,一律是先写字再于下方画上线条。记得线条要连接好,不可中断。

"自由自在"跟"风姿各异"都是用来说明"乡间鸟"的特色,所以都要放在"乡间鸟"文字的后面。分支只能有一个点。

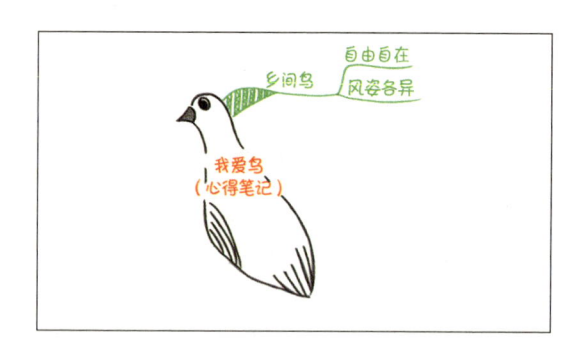

（3）依照梁实秋写作的顺序，再写上"人"的"悠闲"。

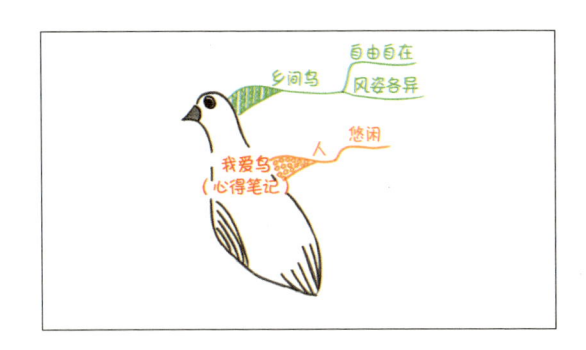

（4）作者接着描述"城市鸟"有些是不具美感的，有些是被关在笼子里的。"笼中鸟"部分更是与"人"形成对比。

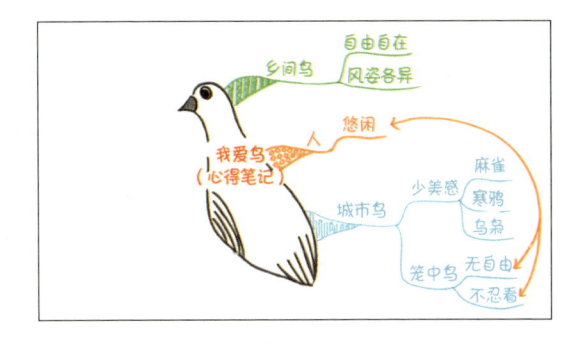

（5）最后此脉为个人的读后想法。拥有"自由"时，一切都会觉得"顺心"，脸上也会"神采好"，同时能够尽情地"发挥天生优势"。

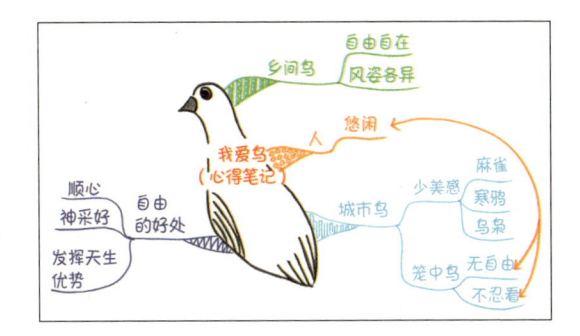

下图则是常见的思维导图的错误画法，绝对不可以像这样直接写上一整句话在思维导图上，因为这表示你可能不是真的理解内容，所以无法抓到正确的关键词，只好把一整句话放上去。

这张思维导图还有第二个严重的问题。我们只能用"人、事、时、地、物"这样的概念去抓关键词，但绝不可以直接用"人、事、时、地、物"当主脉（这是小学低年级生程度的思维导图画法）。这种画法无法呈现出人与每一件事情之间的关系，或是事情与时间之间的关系。关于如何挑选关键词，详细说明请见本章第六节。

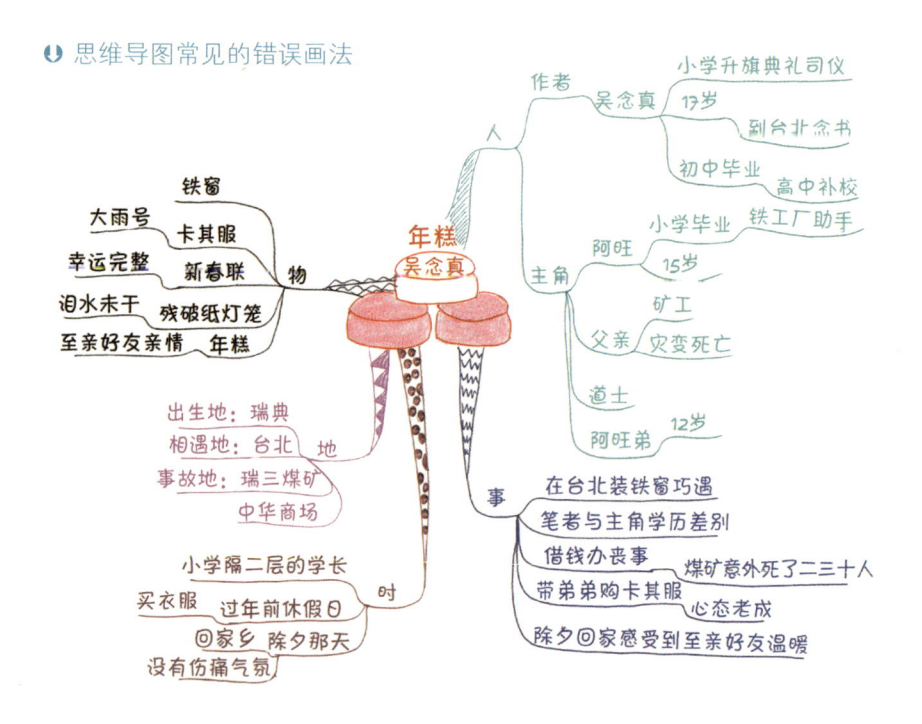

◐ 思维导图常见的错误画法

3 同一主题脉络，从头到尾都只能用同一种颜色

颜色不仅是一种美化，还有提升记忆力的效果！

心理学的研究表示，心情愉快时，吸收效果就会更好。教课时我爱拿着一张用黑笔画的思维导图，跟一张至少有四五种颜色以上的思维导图给同学票选，100%学员都选择要看丰富多彩的思维导图，理由是看起来比较有趣好玩，如果你想要提升自己的记忆力，从今天开始，请用各种不同颜色的笔来做笔记吧！

下面的错误示范犯了最容易出现的一种错误：所有的主脉都用 A 色，第一层次的所有支脉用 B 色，第二层次的所有支脉用 C 色。记住！思维导图是用"脉络"（或是说概念）分颜色，不是用"层次"分颜色。

◐ 错误的画法

◐ 正确的画法

有些人写字用的笔有自己的偏好，于是使用惯用笔来书写所有的文字，最后再用色笔把每条脉络圈起来。下图我刻意在左右两半部画出不同的圈法，让你理解不管是哪种圈法，对大脑来说这些彩色线条反而把整个版面切割成一块块的，会削弱大脑对文字的印象深刻度。

◑ 错误的画法

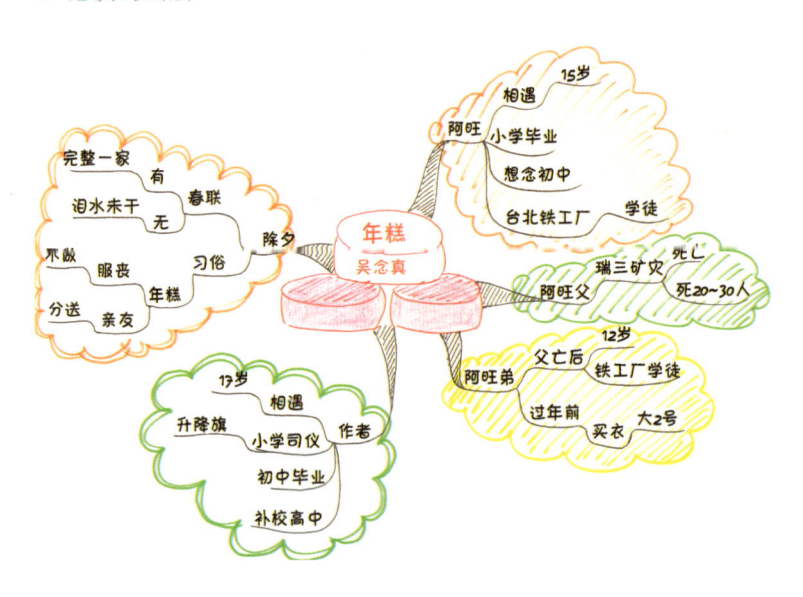

在这里我要讲一件非常好笑的糗事。告诉大家这件糗事，是要让各位知道，初学者犯错是正常的，是应该的。不管你觉得自己的智商高不高，每个人都会有脑筋一时卡住，走错路的时候。犯错并不可耻，因为犯错会教我们非常多的东西，也让我们知道自己思考的盲点在哪里。犯错不要死要面子，只要承认自己错了，马上修正回来就好，至少你不会一错再错下去。

刚开始在学习绘制思维导图时，跟我同班的有多位电子科技业大公司的大主管，我们这群理工人十足发挥理工人的"死毛病"，因为教育背景的关系，理工人很爱找出规则，很希望能建立 SOP（标准作业流程），希望能通过颜色给人的感觉，建立一套用色标准，例如，红色有热情的感觉，以后只要是跟热情有关的内容，就用红色来写字跟画线条。

当年，我们都看过《六顶思考帽》和《六双行动鞋》，这是意大利人爱德华·狄波诺在 Tony Buzan 发明思维导图后所提出来的创意思考角度，强调通过颜色来引导我们六种激发创意的思考角度，与六种行动策略的思考角度。认知心理学研究出短期记忆的宽度是 7±2，这是指在我们不使用任何记忆技巧时，大脑的短期记忆一次能记住的数量不超过 5~9 个组块。[1]

当时我们这群理工人决定采用大自然的彩虹七色，加上黑白两色来作为分类的标准。花了一小时的时间讨论，集思广益下终于把彩虹的七种颜色都下了定义，大家都相当开心，觉得这下子万无一失了：

白色：纯洁，延伸出"简洁"的角度；
黑色：死亡，延伸出负面"悲观"的角度；
红色：热情，延伸出"情绪"感觉的角度；
橙色：收成、收获，延伸出最后"结论"的角度；
黄色：阳光，延伸出正面"乐观"的角度；
绿色：生意盎然，延伸出"创意"自由的角度；
蓝色：忧郁、海洋，延伸出负面"预防"的角度；
靛色：冰冷色调，延伸出冷静沉淀"理性分析"的角度；
紫色：皇家的颜色，延伸出位高权重"专业知识"专家的角度。

后来老师拿了一篇文章让大家练习画成思维导图，大家相当兴奋，因为我们的分类可以立刻派上用场。但是一看到文章后，大家就傻住了，霎时发现我们刚刚一同做了一件很蠢的事情。

我用这篇文章让各位理解，当时我们有多蠢。你也可以一起想想共有七节的徐志摩《再别康桥》，每一节应该要用什么颜色呢？

---

[1] 以下摘录自李贤辉于"多媒体艺术导论"课程中所述："心智历程"和"心智结构"是认知心理学所探讨的两大内容。"心智结构"是探讨知识在我们的记忆中是如何贮存的，以及贮存什么的记忆内容问题。"心智历程"是探讨知识是如何被使用或处理的历程问题。早期，有许多关于视觉讯息处理的研究，想要了解人类一次可看多少。一般受试者能正确报告 3 到 5 项，最多 9 项。这种短暂的视像储存又称视像记忆（iconic memory）。

1. 轻轻的我走了，正如我轻轻的来；我轻轻的招手，作别西天的云彩。（红色、橙色或黑色）

2. 那河畔的金柳，是夕阳中的新娘；波光里的艳影，在我的心头荡漾。（红色或绿色）

3. 软泥上的青荇，油油的在水底招摇；在康河的柔波里，我甘心做一条水草！（红色或绿色）

4. 那榆荫下的一潭，不是清泉，是天上虹，揉碎在浮藻间，沉淀着彩虹似的梦。（红色或绿色）

5. 寻梦？撑一支长篙，向青草更青处漫溯，满载一船星辉，在星辉斑斓里放歌。（红色）

6. 但我不能放歌，悄悄是别离的笙箫；夏虫也为我沉默，沉默是今晚的康桥！（红色、黑色、靛色或绿色）

7. 悄悄的我走了，正如我悄悄的来；我挥一挥衣袖，不带走一片云彩。（红色、橙色或黑色）

你发现了吗？整首诗有七节，正确做法应该是七条脉，但是这七条脉的用色，很难做到"相邻的两条脉颜色不要一样"这个原则。整首诗都在讲离愁，如果只从情绪角度出发，也可以从头到尾只能用红色来画。

再举一个例子，"时间管理的最佳方法"这句话，你觉得应该是用靛色、紫色还是橙色？

通过这两个例子，我就是要直接告诉各位，当年我们这群初学思维导图的人通通出现了两个思考上的盲点：

1. 画思维导图的目标之一正是要抛掉各种思考框架，结果我们这群"思考上的迷途羔羊"，居然拼命去建立了自己的思考框架。
2. 所有的思考都是有"前提"的，前提是错的，即使中间的思考过程吻合所有逻辑思考的规则，最后得到的结果还是错的。我们当时这么做的思考前提是"建立思考的SOP"，这个念头就违背了上面的第1点。

总之，画思维导图时，你爱用什么颜色，就用什么颜色，不要被某些用色角度把你给框住了。

4　主要概念离主题越近，次要概念离主题越远

也就是说，越靠近主题的关键词是越大范围的概念，后面的关键词是这个观念中的局部细节，是用来补充说明前面的关键词。

以下图为例，主脉上的"经济作物"是大范围概念的集合名词，其中有四种世界最主要的经济作物：甘蔗、咖啡、可可、橡胶。换个方式来说，"经济作物"这个词汇包含甘蔗、咖啡、可可、橡胶四个名词。

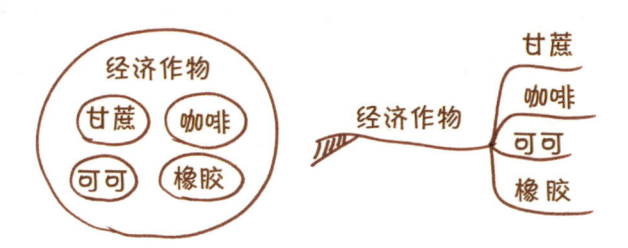

5　一个线段上只能放一个关键词或关键图

思维导图上绝对不可以放上一整句话，如果这么做，就表示我们对于这段语词的理解力不够，或是根本就不会抓关键词。

以中文来说，除了专有名词外，一般关键词不会超过四到五个字，超过的话就会形成句子。以英文来说，只能放单词或词组。

如果你没有办法把对方表达的内容，换成自己的用语表达出来，那就表示你还是一知半解的状态，并非彻底懂了。下图是不好的画法，虽无逻辑上的错误，但等于是用一整句话的方式呈现。

经济作物——甘蔗、咖啡、可可、橡胶

6　线条是用来呈现关键词间的逻辑关系

来自宜兰的学员，在上完思维导图课程后，私下告诉我这个故事。某位思维导图老师到他所参加的扶轮社去演讲，演讲结束后已退休的教育局长跟这个学员说："如果照他这样教小孩，小孩应该会变笨吧。"

原来是那位思维导图老师只教了一半，他教的正是下面的错误画法。文章内容是："经济作物有甘蔗、咖啡、可可、橡胶。"这个老师就教大家，直接把书上的"一个句子"拆开"一个个的语词"，照书上出现的顺序，写下来就好。

关键词的摆放为前后关系的话，表示两者之间是绝对的"因果关系"，或是绝对的"顺序关系"。因此这样的画法，会产生逻辑上的错误，变成"咖啡"跟"甘蔗"两者间有绝对的因果关系。这里若解释成咖啡跟甘蔗两者本身有绝对的顺序关系，也是无法说得通的。

▶ 错误画法

经济作物——甘蔗——咖啡——可可——橡胶

有时会遇到一些很线性思考的学员问:"这些抓关键词的方法[①],可以用在英文上吗?"

呵呵呵,思维导图本来就是从英国传来的学习方法,当然可以用在英文上。

教英文阅读的老师都会说要先找出主词,再找出动词,中文也是一样。其实你只要用中文意义来思考,就能抓出英文中的关键词了。

【例1】She works hard for the money.

她为钱而努力工作。

↻ 不会抓关键词的画法。等于只是把整句话拆解成一个个的单字后,再放上思维导图

↻ 正确画法

【例2】She didn't spend enough time with her children.

她没有足够时间跟孩子相处。

↻ 正确画法

↻ 把例1和例2两句英文合并起来

---

① 最基础的抓关键词技巧是 5W2H,见本章第六节。

【例3】I went for fishing yesterday.
我昨天去钓鱼。

- 错误画法

  错 I went for fishing yesterday
  　 我 昨天 去 钓鱼

- 正确画法

  对 I went fishing yesterday
  　 我 昨天 钓鱼

【例4】I went for fishing, drinking, and window shopping yesterday.
我昨天去钓鱼、喝酒、逛街。

- 强调这三件事情的发生顺序，依序是钓鱼、喝酒、逛街。

  错 I went fishing drinking window shopping yesterday
  　 我 昨天 钓鱼 喝酒 逛街

- 这里仅陈述做了三件事，并非表达做这三件事情的顺序。"我"放主脉，强调的是由谁来做；"昨天"放主脉，强调发生的时间。

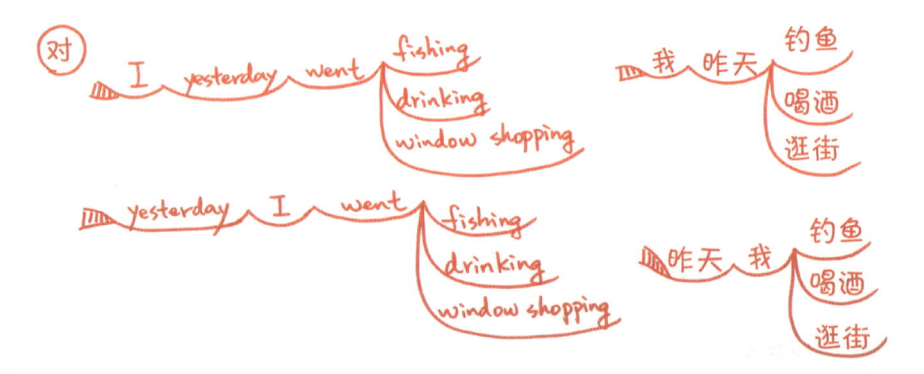

  对 I yesterday went fishing / drinking / window shopping　　我 昨天 钓鱼 / 喝酒 / 逛街

  　 yesterday I went fishing / drinking / window shopping　　昨天 我 钓鱼 / 喝酒 / 逛街

7 如果没有办法浓缩成关键词，请放"关键句"，而不是照抄整句话。

注意！确定你的句子没有办法以"关键词"呈现时，才使用关键句！

曾经有学员听过了其他的思维导图课程后，觉得有所不足，经过别人的推荐后才来上我的课程。当她学习到这里时卡住了，她说："以前我以为思维导图很简单，但是就是觉得缺少了什么。上了课程后，我觉得思维导图是要思考很多逻辑观念才行，不是随便画画就好，我觉得你教的思维导图好难！"

当时，我笑笑地反问她："那你觉得你要怎么做比较好呢？"

她说："我要好好地想想，应该是要画出正确逻辑的思维导图才对，不然画得很快，逻辑却有问题，这样是不对的。我回家要好好地练习怎么浓缩关键词。老师，你建议我应该怎么练习呢？"

第一步，我教大家一个超简单的方法，我叫它"缩句"。顾名思义，在句子意思不能改变的前提下，把句子浓缩到不能再浓缩为止。

我建议用删除法最快，你想想看把哪些字删掉，句子的意思并不会改变，就尽量把哪些字删掉。

第二步，用"换句话说"。用你自己的习惯用语与说话方式，把作者的意思表达出来。

【例 1】阅读对自己来说"轻松、简单"的书籍，只会让阅读理解力越来越差。

→阅读轻松、简单的书，只会让理解力变差。

→轻松简单的书，让理解力变差。

→书轻松简单，让理解力差。

书轻松简单 　　理解力↓

【例 2】阅读的终极目的，是能自由运用在自己身上，对自己的需求有所帮助。

→阅读的目的，是能自由运用在己身，对自己的需求有帮助。

→阅读的目的在能自由运用，有助自己需求。

→阅读目的在能自由运用与有助需求。

```
                        能自由运用
          阅读目的
                        有助需求
```

上述两例，浓缩成"缩句"后，你应该就能发现，我们再把它浓缩成关键词就不难了。

8　放射状排列较易刺激水平思考

在第 1 章第四节"一张纸让联想无限延伸"中已经说明了水平思考强调的是"思考的广度"，垂直思考强调的是"思考的深度"，而思维导图是同步结合水平思考与垂直思考的最佳思考工具。以下用两张图片来说明水平思考在思维导图上是如何呈现的。

> 第一条脉是单词的中文解释与英文例句。第二到第四条脉都是延伸出的单词与中文解释。

```
                        放弃    to leave a place, thing or
                                person forever
        退让    abandons
                  abandon
                                            被抛弃的
        放弃                      abandoned   自弃的
        自暴自弃  abandonment                  自甘堕落的
        放纵
```

⊙ 这个单词有三种词性，故利用颜色的区分，第一到第三条脉是单词的词性与中文解释。第四到第五条脉都是延伸出的单词与中文解释。

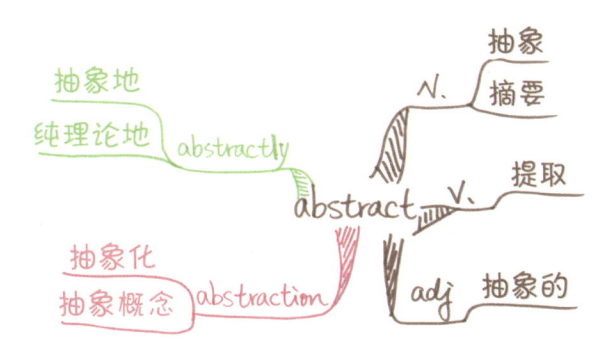

9 多彩多姿的颜色可提升 60% 的记忆效果

人眼对于颜色的敏感度比对文字的敏感度大。

Color for Impact 的作者 Jan V.White 提出颜色可以缩短 82% 的搜寻信息时间，提升 70% 的理解度，提升 60% 的记忆效果。

⊙ 错误的画法：文字和线条不同颜色

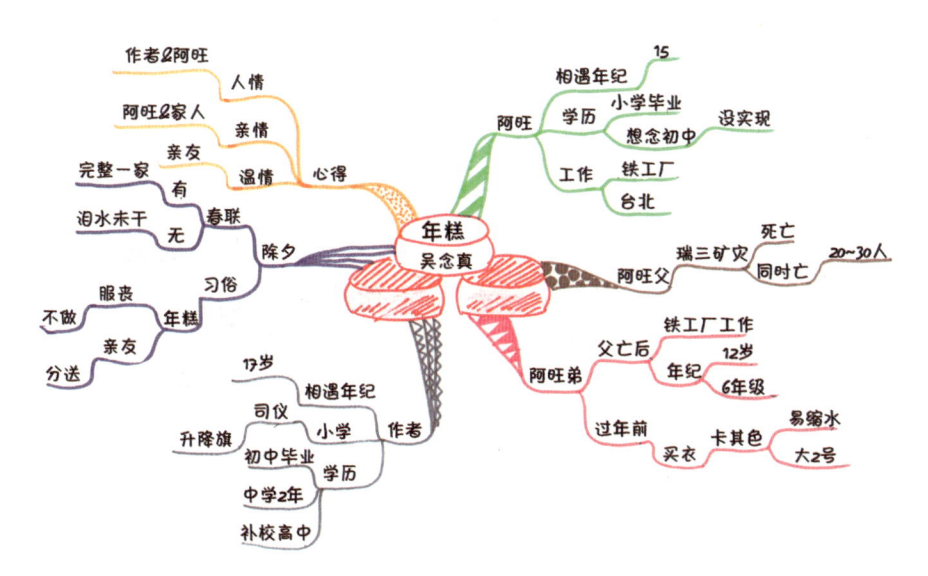

◐ 正确的画法：文字和线条同颜色，加强记忆效果

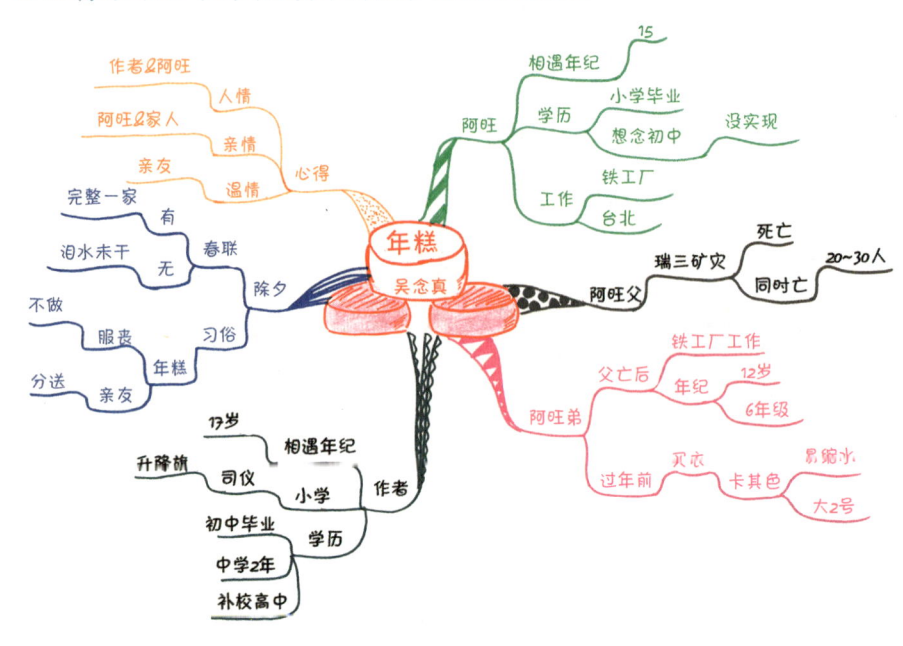

（思维导图：年糕 吴念真）

10 条列式排列

若要画给没学过思维导图的人看，请使用所有支脉都统一画在右边的方式比较好，对方比较容易知道该"从何下眼"看图。

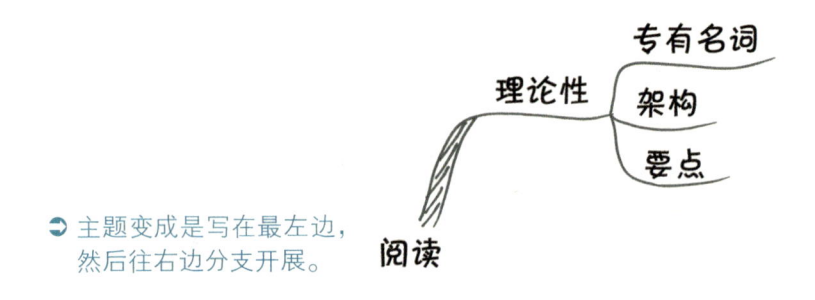

◐ 主题变成是写在最左边，然后往右边分支开展。

ⓘ 因为是条列式排列，第二条主脉的文字要跟第一条主脉的文字齐头，依此类推下去。

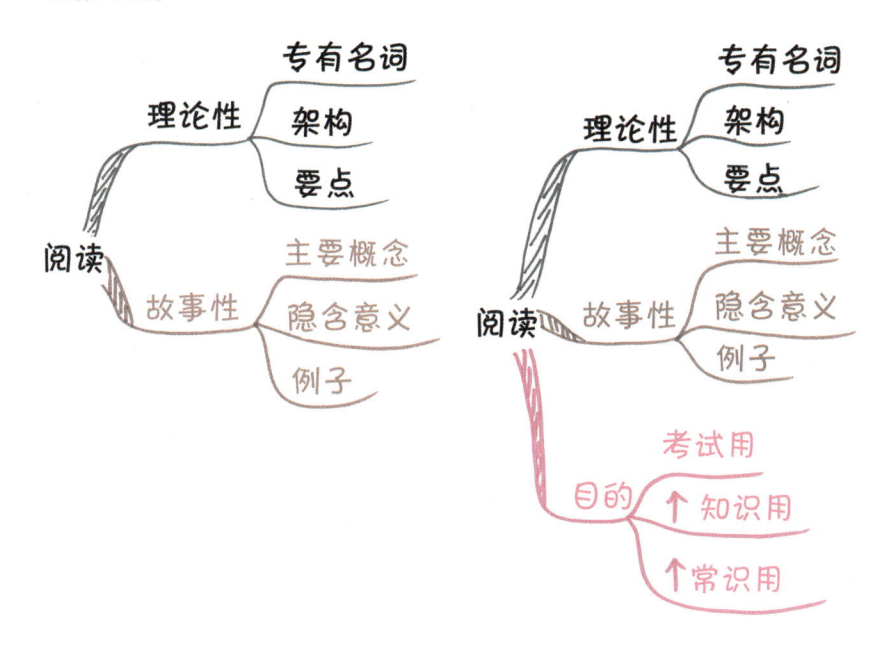

11　不要把关键词圈起来

把关键词圈起来不容易刺激大脑延伸思考，反而容易造成思考上的局限，也会长得很像一般性的概念图。①

画思维导图的核心要素是"化繁为简"，版面越简洁越好。以视觉角度来看，这个版面直线与弧线的线条太多，如果你把书拿远一点来看，会发觉眼睛都被一圈圈的线条吸引住了，相较之下，反而不是文字在吸引你，但是思维导图上的关键词才是画思维导图的重点啊！

---

① 将事物中抽象的概念或关系，以线条或符号绘制成简单图形，使其具像化呈现，即称为"概念图"。这个过程就是图解，简单说就是"用图来解说"。思维导图与曼陀罗正是属于图解的两种方式，也包含在"概念图"这个名称之中。

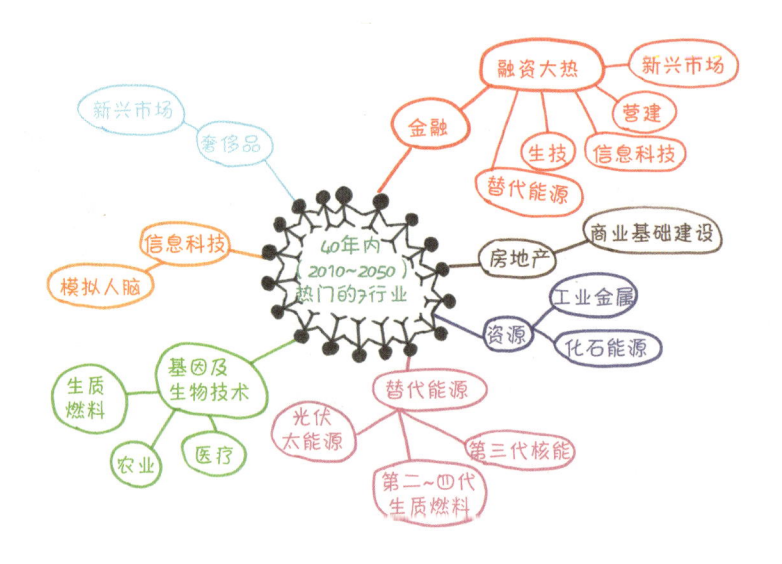

[思维导图:40年内(2010~2050)热门的7行业——金融(融资大热、新兴市场、营建、生技、信息科技)、替代能源、房地产、商业基础建设、资源(工业金属、化石能源)、基因及生物技术(生质燃料、农业、医疗)、替代能源(光伏太能源、第三代核能、第二~四代生质燃料)、信息科技(模拟人脑)、奢侈品(新兴市场)]

有些学员发现上图的形式，让整个版面看不出来哪些关键词是第一层次，哪些是第二层次，于是就会再花一点时间把第一层次的线条加粗。请看错误画法1，这真是一步错，步步错，他花了更多的时间在相对起来较为不重要的线条上。有些学员则会画成错误画法2，好强调出最重要的第一层次的关键词。

◑ 错误的画法 1

[思维导图:累积财富——意外之财(定期买乐透、认真对发票、走路看地上捡钱)、增加收入(拜托老板加薪、下班后兼差、出书赚外快、当部落客写业配文)、减少开支(剪掉信用卡、减少冲动型购物、戒掉一天一杯饮料)、投资理财(买卖股票、操作基金、投资不动产、投资保险)]

❌ 错误的画法 2

12 同一条主脉上线条要连续不中断

线条中断，不容易刺激大脑延伸思考，反而容易造成思考上的停顿。也不要使用箭头，否则看起来会很像是箭线图的样式。

以视觉角度来看，下图整个版面上的关键词相当分散。别忘了，==大脑有"眼脑直映"的思维效果，眼睛看到什么，大脑思维就会产生相同的反应。文字看起来分散，在回忆思维导图的内容时，就不容易把同一条脉络的文字一起联想起来。==

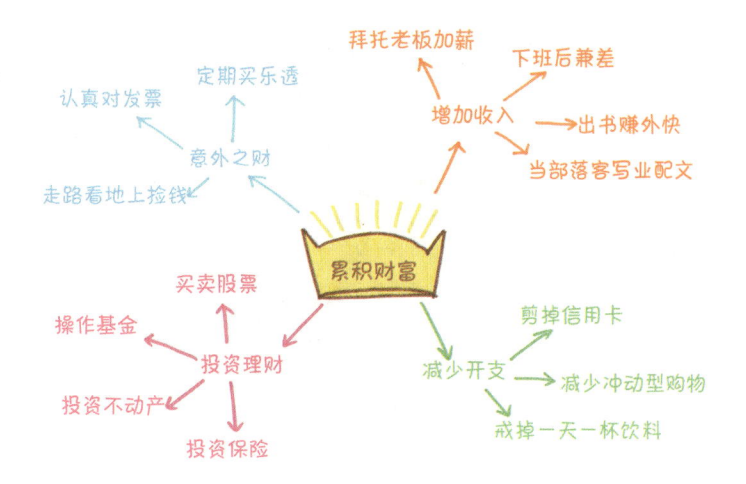

主脉线条要由粗到细，少数时候会在网络上发现有些思维导图不管是主脉或支脉通通画成由粗到细。其实，只要主脉由粗到细就好，之后都是细线就可以，才不会喧宾夺主抢了文字的风采。

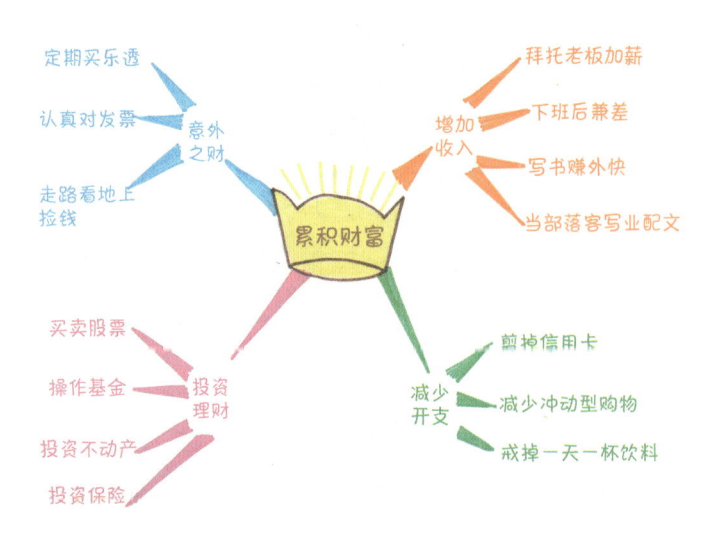

思维导图（累积财富）：
- 意外之财：定期买乐透、认真对发票、走路看地上捡钱
- 增加收入：拜托老板加薪、下班后兼差、写书赚外快、当部落客写业配文
- 减少开支：剪掉信用卡、减少冲动型购物、戒掉一天一杯饮料
- 投资理财：买卖股票、操作基金、投资不动产、投资保险

　　以视觉角度来看，只有主脉由粗到细是有意义的，因为这样可以强调出最重要的第一层次关键词。类似上图的概念，有些学员会画成下图，变成是由细到粗。

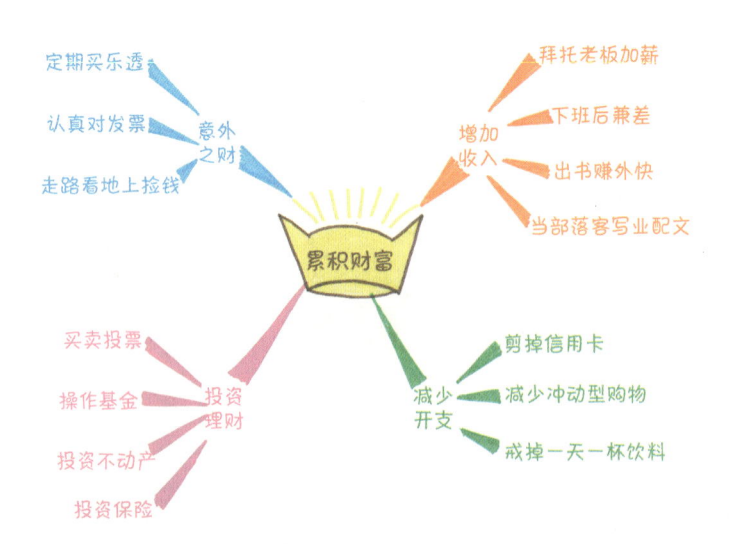

思维导图（累积财富）：
- 意外之财：定期买乐透、认真对发票、走路看地上捡钱
- 增加收入：拜托老板加薪、下班后兼差、出书赚外快、当部落客写业配文
- 减少开支：剪掉信用卡、减少冲动型购物、戒掉一天一杯饮料
- 投资理财：买卖投票、操作基金、投资不动产、投资保险

13　不管主脉或支脉，分支都要简洁不杂乱

思维导图的目标是化繁为简，线条画法会影响回忆时脑中记忆的正确性。

- 错误画法 1：视觉效果上，支脉与主脉之间分支点太多，会削弱两者间的关联性。需要强调分支只能有一个点。

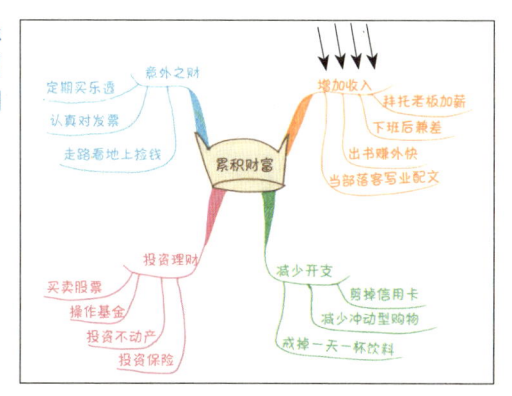

- 错误画法 2：视觉效果上会容易让回忆出问题，错记成有四个层次以上。再次强调，分支只能有一个点。

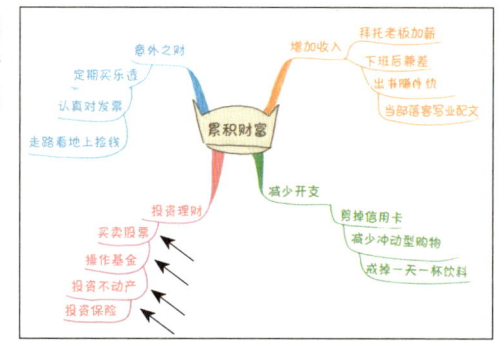

- 错误画法 3：分支点从关键词的前方延伸，这样容易产生回忆错误，层次不够清楚。应该在文字结束处后方才延伸出分支。

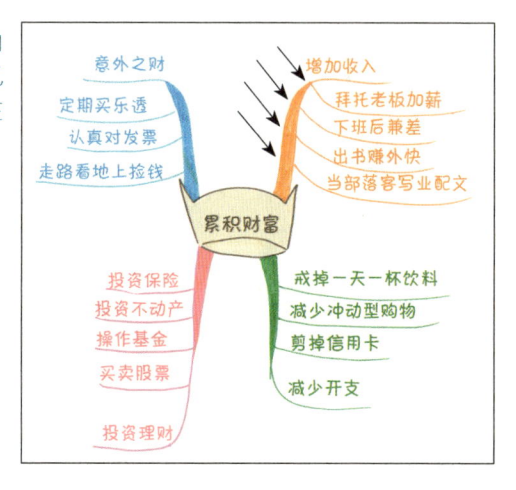

◐ 错误画法 4：每线段的尾端不要刻意翘起来。除了会让版面混乱，越混乱越容易回忆错误，也会让视觉不容易快速掌握到有几条支脉。

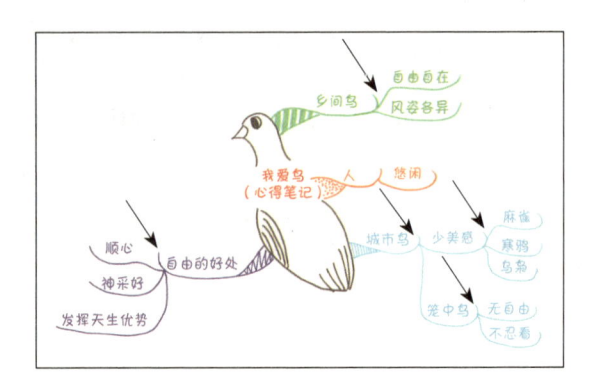

【注意】这些画法不是思维导图

我常在网络上看到一些好心人分享他所画的思维导图，偏偏好心坏了事，以下是在网站上常见的错误画法，东西方皆有。

◐ 只有用颜色来分类，所有内容仍是条列式笔记的写法。

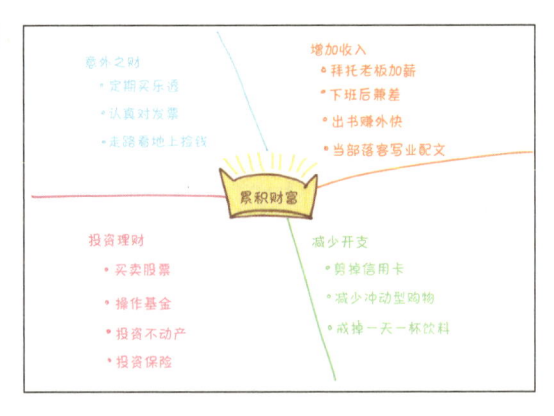

- 只有用颜色来分类，所有内容仍是条列式笔记的写法。另外还有一个缺点，是文字内容缺乏与中心主题的关联性。

- 算是上图的变形版，但是越改越错。除了有上图的所有缺点外，又多了一项分类不清楚的问题。

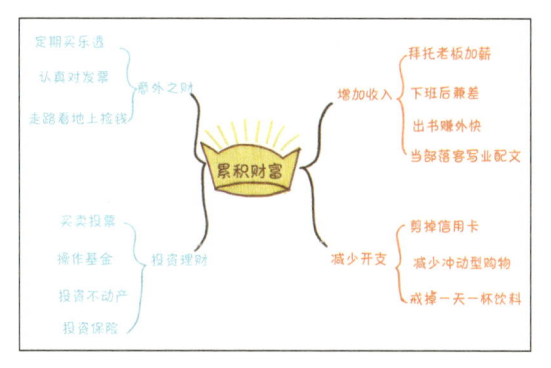

- 这张图算是第109页上图的变形版，第一个错误是用层次分颜色，而且第二层次的内容依旧是条列式笔记。

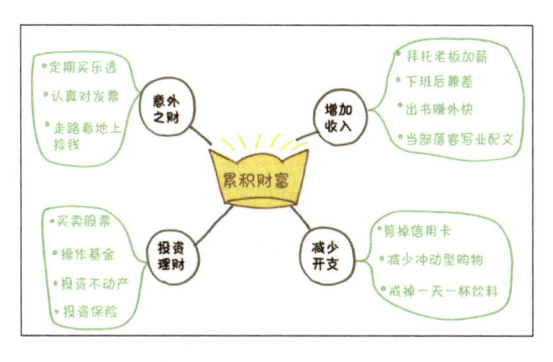

- 这张图也是第108页上的变形版，第一个错误是层次分颜色，第二层次的内容依旧是条列式笔记。

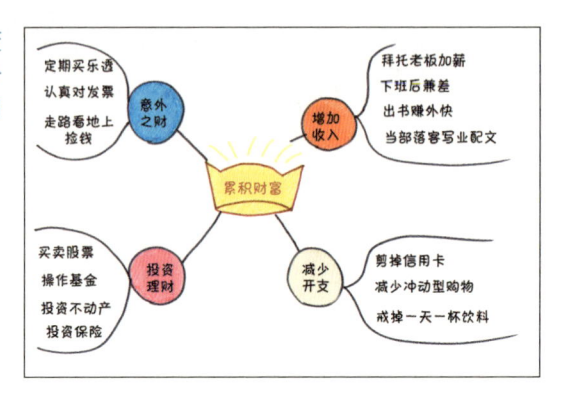

- 从头到尾只有一条脉，代表没有完成分类。虽有用颜色做区分，但是线条呈现的逻辑概念并非正确。

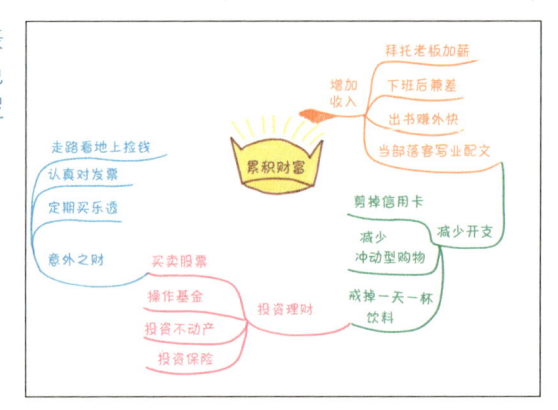

最后，我引述下面这段话来告诉你，依照本书的规则去画思维导图，才能把思维导图变成最有力量的思考工具。《有钱人想的和你不一样》①的作者说：

---

① T.哈福·艾克著，陈佳伶译：《有钱人想的和你不一样》，大块文化2005年版。

习惯分成两种：习惯了"去做"，跟习惯了"不去做"。一切你现在没有在做的事，都是你习惯了不去做的事。要把不去做的习惯改掉，变成去做的习惯，唯一的方法就是去做它。阅读跟实际行动是两回事，如果你真的渴望成功，那么就用行动来证明你的决心，把本书上所建议的行动都实现。

三、建立从中心放射延伸的"主题"

当你面对的问题，正处于信息不足、情势混沌未明、复杂纠结到连线索都还找不到的状态时，建议你一定要画一张思维导图，有助于分析、厘清问题并找出对策。

有学员问我："我现在脑中一团乱，不知道该怎么画思维导图。"

我的回答是："正因为不知道该怎么办，所以更需要一边想，一边动手画思维导图，借由整个身心投入的绘制过程，一点点地就能厘清思绪脉络，同时也能产生一些新的创意。"

脑中一团乱时，千万不要期望自己一次就画出工整完美的思维导图，这是不切实际的期待。

【练习】将开会的决议画在主题上

正常情况下，我们是先有想要讨论的主题，才会召开会议，这时只要把讨论的主题直接放在思维导图的正中央就好。

但极少数时候，我们针对 A 进行讨论，随着时间过去，渐渐发现中央主题似乎该更改成 B。这种情况非常少见，但是你遇到时，千万不要灰心，这是正常的，就大胆地把中央主题改成 B 吧！

思维导图笔记整理术

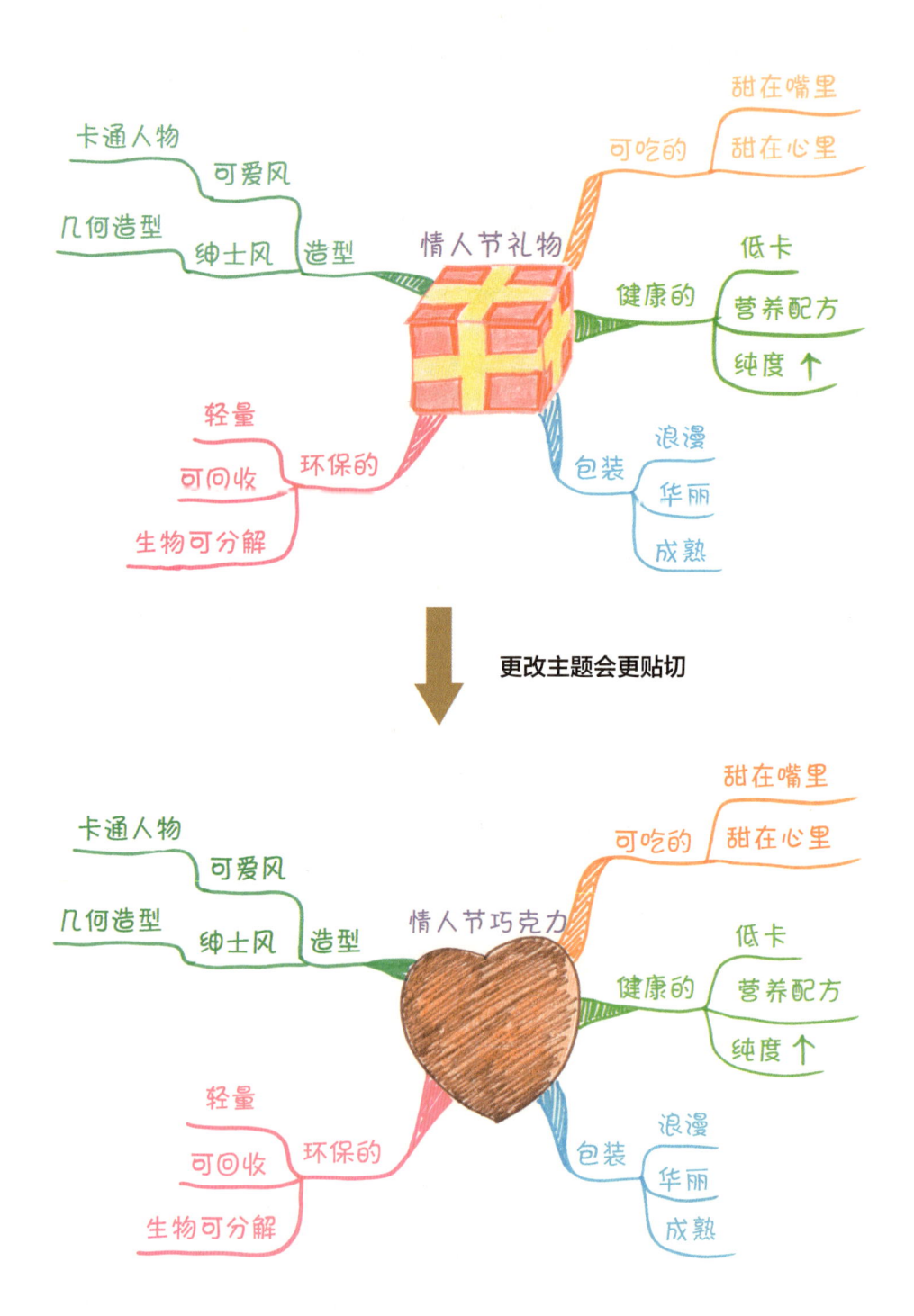

上图：情人节礼物
- 造型
  - 可爱风
    - 卡通人物
  - 绅士风
    - 几何造型
- 可吃的
  - 甜在嘴里
  - 甜在心里
- 健康的
  - 低卡
  - 营养配方
  - 纯度↑
- 环保的
  - 轻量
  - 可回收
  - 生物可分解
- 包装
  - 浪漫
  - 华丽
  - 成熟

↓ 更改主题会更贴切

下图：情人节巧克力
- 造型
  - 可爱风
    - 卡通人物
  - 绅士风
    - 几何造型
- 可吃的
  - 甜在嘴里
  - 甜在心里
- 健康的
  - 低卡
  - 营养配方
  - 纯度↑
- 环保的
  - 轻量
  - 可回收
  - 生物可分解
- 包装
  - 浪漫
  - 华丽
  - 成熟

首先，先写下中心主题，看着这个词语，把脑中的想法一一写下来。不论你想到什么都先写下来，记得要快速写下来，就算是完全不分类，画出十多条脉也没有关系，若你想顺便分类也可以。

操作步骤图，可以参考本章后面第126页到128页的"台湾在地特色"思维导图。

四、让联想越来越宽广的"关键词"

世界的词语，我们可以分成两大类：抽象与具象。[①]

具象，简言之，指的是眼睛看得到的。不一定是物品，也可能是你曾经见过的事件。具象词语如：车子、船、飞机，你可以很明确地想象出它们的模样。车祸、船难、空难，你应该也能想象出两辆车子相撞、船身倾斜一半在海中、飞机断成两截落在草地上等画面，大家想象的画面大同小异，不会相去太远。

大体来说，眼睛能够看得到的名词跟动词，比较属于这一类，大脑会比较聚焦在较窄的范围上。当我们在整理数据、浓缩一本书的内容时，尽量选择这一类的关键词，比较能帮助我们正确还原回原本的文意。

抽象就是眼睛看不到的。例如，交通、灾难，大家想象的画面差异度就会变得很大了。也就是说，抽象词语的意涵涵盖范围比较大。大脑有着自由联想的能力，见到这一类的词语，很容易启动联想力，刺激产生天马行空、无限制的想象力，发挥出文字的多向性。

[①]（日）细谷功著，黄玉宁译：《具体与抽象》，晨星出版社2016年版。

◐ 图解说明抽象与具象的概念

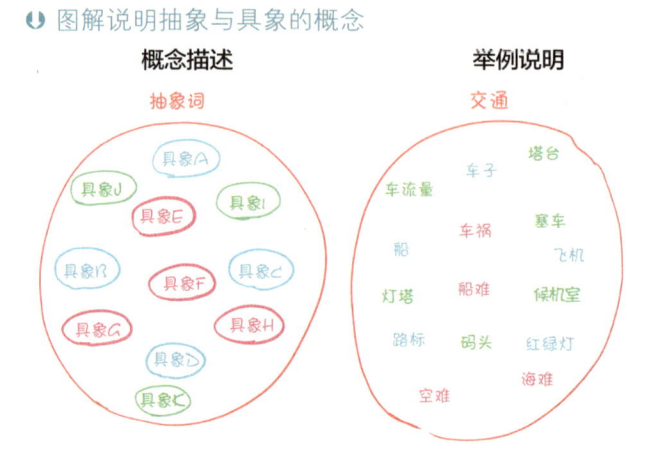

概念描述：抽象词（具象A、具象J、具象I、具象E、具象B、具象F、具象C、具象G、具象H、具象D、具象C）

举例说明：交通（车子、塔台、车流量、车祸、塞车、船、飞机、灯塔、船难、候机室、路标、码头、红绿灯、空难、海难）

思考的方式可以是开放式或封闭式。"提问"可以帮助大脑更容易发挥联想力。

例如，开放式的思考方式是问问自己："平埔族的集村聚落有什么特色？"

封闭式的思考方式是问问自己："要不要继续维持平埔族集村聚落的形式？"开放性思考时我们可以先从五种感官角度联想一些广泛且抽象的字词，如材质、样式、密集度、现存数量、时代的演变、风情、时代的意义、时代的价值、实用性、共同特色、大同小异之处等。这时我们尽量使用抽象的语词，避免让自己被具象语词局限住了。

认知心理学中的"远距联想"（remote associations）指出，创意是把不寻常、原创的想法相互联结的过程，越有创造力的人，越能够将看似不相关的事物联结在一块。思维导图上不写一整句话的原因是"不把话说死"，也就是避免引导自己的大脑思绪仅局限在某一个狭隘的范围内。

◯ 图解说明封闭式问题与开放式问题

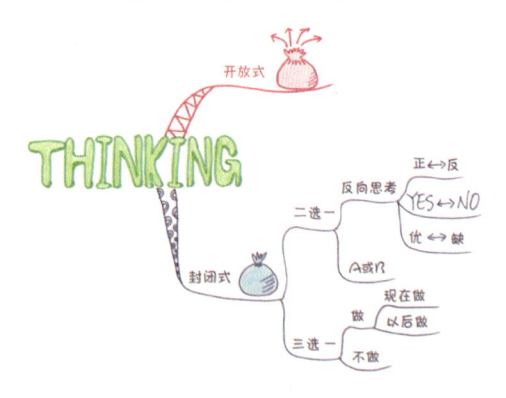

THINKING
开放式
封闭式
- 二选一
  - 反向思考：正↔反、YES↔NO、优↔缺
  - A或B
- 三选一
  - 现在做、以后做、不做

封闭式思考通常是二选一或是三选一的答案，选项有限，例如，"要不要维持平埔族集村聚落形式？"这个例子，就可以分成两条主脉：赞同、不赞同。赞同的这条主脉分别可再延伸出两条支脉：优点、缺点，不赞同的主脉也是一样做法。范例请见第5章166页。

五、拓展联想的提示：关键词阶层化

"关键词阶层化"指的是，让一个关键词成为另一个关键词的联想起点。Tony Buzan 在他的第一本著作《头脑使用手册》中，写出一般人对写笔记有着几种错误的做法：

1. 浪费 80% 的时间抄写下无法帮助回忆的文字。
2. 浪费 80% 的时间重读没有必要抄写下来的文字。
3. 浪费时间在笔记上搜寻帮助记忆的"关键词"。
4. 关键词与关键词之间充满许多不必要的文字，反而妨碍大脑去链接两个关键词中间的逻辑关系。

前面的内容已经说过，从小学四年级开始就可以自行独立制作出一张思维导图。绘制思维导图时会运用到多种感官，感官用得越多，大脑被活化的部位也越多。不管是 9 岁还是 99 岁的人，只要觉得不需要死记硬背，也不必费尽千辛万苦就能轻松地把知识记住并回忆出来，大家的学习动力都会自然而然地提升起来。

我们常常听到 9~99 岁的学员告诉我们，画思维导图不仅好玩，最令人讶异的是，没想到自己能在画完思维导图后，把书中的内容也全部记起来了。这是因为：

1. 学会用正确方法画思维导图，同时越常画思维导图的人，逻辑理解能力越好，理解记忆能力也会随之日益精进。
2. 关键词是自己选择的，不是被老师硬塞进头脑中的，所以当你看着关键词，就很容易通过自己的自由联想能力，把完整内容回忆起来。

【练习】将听到的演讲内容记忆在一张纸上

来自竹科的学员鹭在上完课后向我表示：

> 上次听讲做笔记的练习对我来说非常重要，这些观念改变了我很多。在开会时，照老师书说的观念去做，我立刻就能掌握清楚老板内心真正表达的讯息。用老师教导的方式去听客户说什么，果然很快就抓到对方表达的重点了，跟同期进公司的人比起来，我这方面的能力比他们优秀很多。

学员这类的回馈对我就是最大的鼓励。

思维导图初学者刚开始进行听讲做笔记时，可能会手忙脚乱，这很正常。这项能力是要经过一些时间练习的，我建议你先从阅读笔记开始，等思维导图的绘制技巧与抓关键词技巧比较熟练了，再开始进行听讲做笔记的练习。

以下的思维导图整理自 TED Talk 的演讲内容，你可以在 TED 网站上搜寻到这段影音。[1]

如同前面说过的，我习惯一边听着演讲，一边动手画思维导图，你可以一边看着这张图，一边上网看影片，就能掌握当时我脑中的想法。

---

[1] https://goo.gl/fwGM3W，或在 TED 网站搜寻"Angela Lee Duckworth"和"Grit"。此研究已出版成书：（美）安杰拉·达克沃斯著，洪慧芳译：《恒毅力：人生成功的究极能力》，天下杂志 2016 年版。

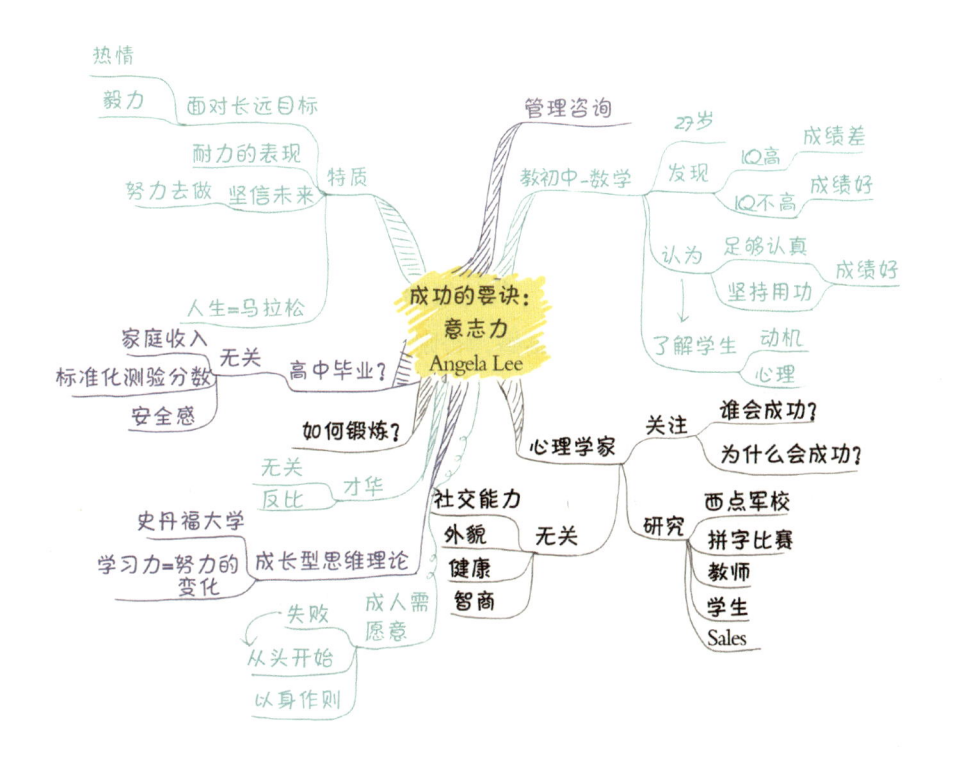

[思维导图：成功的要诀：意志力 Angela Lee]

- 特质
  - 热情
  - 毅力
    - 面对长远目标
    - 耐力的表现
    - 努力去做
    - 坚信未来
  - 人生=马拉松
- 无关
  - 家庭收入
  - 标准化测验分数
  - 安全感
- 高中毕业？
- 如何锻炼？
  - 无关
  - 反比 才华
- 史丹福大学
  - 学习力=努力的变化
  - 成长型思维理论
- 成人需愿意
  - 失败
  - 从头开始
  - 以身作则
- 社交能力
- 外貌
- 健康
- 智商
- 无关
- 心理学家
  - 管理咨询
  - 教初中-数学
  - 27岁
  - 发现
    - IQ高 成绩差
    - IQ不高 成绩好
  - 认为
    - 足够认真
    - 坚持用功 成绩好
  - 了解学生
    - 动机
    - 心理
- 关注
  - 谁会成功？
  - 为什么会成功？
- 研究
  - 西点军校
  - 拼字比赛
  - 教师
  - 学生
  - Sales

六、如何挑选关键词

曾有学生问我："我觉得自己不太会抓关键词，我是不是比较笨？"

我给他的答案是："跟你的智力无关，我曾经教过很多台清交成（台湾大学、台湾清华大学、台湾交通大学、台湾成功大学）等级的学生，他们很多人也不太会抓重点，他们会念台清交成是因为过去依靠现代养猪场的老师才获得好成绩。你不会抓重点表示你的练习不够，或是你看的书太少。"

《每一次挫折，都是成功的练习》[①]书中提到：

判断自己的知识、技巧、思想历程、思想层次的能力，称为

[①]（美）洁西卡·雷希著，郭贞伶译：《每一次挫折，都是成功的练习》，天下文化2016年版。

"后设认知",这种能力让我们可以掌握自己在某个主题的准备与理解够不够充分。后设认知好的人,更能掌握自我效能,或是相信自己的能力可以成功。这样的信心是建立在某种技巧的经验与反复练习之上来的。

大学刚毕业是 22 岁,那个年代的氛围是"每10岁就是截止日期",例如,听别人说 30 岁前最好能结婚,否则女人就显得太老了,于是 29 岁左右就有一堆人在赶进度地相亲、联谊、结婚。22 岁的我看 35 岁还没结婚的女人,完全不能理解这些人怎么还没结婚。10年后 32 岁的我,看 45 岁还没结婚的女人,已经不觉得 45 岁还没结婚的女人有什么不能理解的。以前不懂的,现在通通懂了,这就是进步,就是经验的累积,让我不再大惊小怪,不再少不更事,而阅读是加速我比同龄人具备更为成熟思维的重要方法。

中正大学历史系杨维真系主任说:

量变带动质变,当你读的量够多的时候,你对书的见解跟看法就会改变,你看不懂,其实是因为你看的不够多。

历史补教老师吕捷解释杨维真老师的说法,其实就是朱熹的治学方法"格物致知"。

在我自己的工作经验,与十多年来推广阅读的过程中,我跟名家朱熹与杨维真老师有一样的想法:阅读确实可以让人少走点冤枉路。

看书领域越广泛,脑中的背景知识量越多。通过思维导图,就能加速达成整合脑中背景知识。台湾少数会写鸟虫体书法的赵慕鹤爷爷,95 岁考上南华大学哲学研究所,98 岁硕士毕业,因此被列入吉尼斯世界纪录。赵慕鹤爷爷在 2015 年 105 岁时,在清大念中文系博士先修班,当《苹果日报》记者采访他时,赵慕鹤爷爷说:"多学一点,才不容易被骗。"赵爷爷不以年龄当阻力或是借口，真正落实了"学无止境"。①

> 阅读让你立足点提升，视野大开。

十多年的全脑式速读课程教学经验也告诉我，越杂学，阅读领域越广泛，速读进步越快，而累积杂学所得知识的重要工具就是思维导图。运用杂学得来的知识能做到跨领域的运用，也能通过思维导图来协助达成此项目标：挑选关键词。

关键词是浓缩后的结果，挑选关键词要符合自己的需要，不要直接抄写老师或是他人的关键词，因为不同的目的性下，选择的关键词不一定是一样的。你要自己去选择，才能做出有效的脑力训练。

从我阅读经验累积下来的心得，我用思维导图的方式分享给各位，告诉大家一般来说关键词都会出现在哪里。

---

① 赵慕鹤口述，方雅惠撰稿：《悠游 100 年：赵爷爷和你分享五颗欢喜心》，商周 2012 年版。

KEYWORD

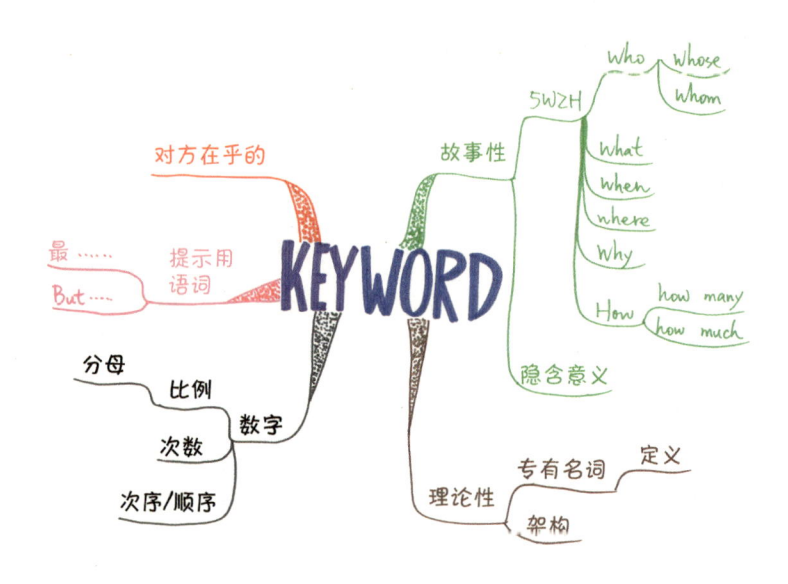

- 提示用语词
  - 最……
  - But……
- 对方在乎的
- 故事性
- 5W2H
  - Who / Whose / Whom
  - What
  - when
  - where
  - Why
  - How / how many / how much
- 隐含意义
- 理论性
  - 专有名词 — 定义
  - 架构
- 数字
  - 比例 — 分母
  - 次数
  - 次序/顺序

我们也可以用一些缩写或符号来代替语词。

商用英文常用这类的缩写：

语词	缩写或符号	语词	缩写或符号
Thank you	THX（商用英文） TKS	Confirm	CFM
For your information	FYI		

我自己的用法：

语词	缩写或符号	语词	缩写或符号
雅婷（人名）	婷	俊兴（人名）	俊
Monica（人名）	M	营销	销
业务	业	行政	行
疑问	?	惊讶	!
向上 越来越好 增多	↑	向下 越来越差 减少	↓

七、联想不可只往单一方向发展

2015年神经科学家库尼欧斯说明，当潜意识的"远距联想"突然闪进表意识时，同时大脑右颞叶会突然活跃起来，就会产生洞见，故"远距联想"多数是在右脑进行处理。换言之，当潜意识中，文字逻辑概念突然与右脑图像合作时，你就能产生洞见。

绘制思维导图的过程中，正是强迫大脑此时此刻要不断取舍思考，去组合文字并做可视化的呈现，跟产生洞见的过程是相当类似的。

"见多识广"是两个步骤，先"见多"了，加上自己的用心思考，就能知"识广"博。中间最重要的环节就是用心思考。

运用大脑联想力时，千万不要自我设限，要避免自我批判，你有什么样的想法就写下来，不要去批判这样好不好，那样好不好，我们要先写下来，最后再看着思维导图去想，关键词是否需要调整？关键词是否仅偏向某一个方向、角度？

在发想的过程中，不要太在意涂涂改改思维导图这个动作，这是自然且一定会发生的事情。通过思维导图的绘制过程，你会更加明白自己的想法，同时也会逐步组织你的想法。

通过思维导图的可视化呈现，你会更加明白自己的想法是否有所偏废，或是有所缺口，你才能够发现自己思考上的盲点。毕竟我们是人不是神，有盲点也是必然会发生的事情，知道自己的盲点，你就能开始往外寻求解答。

以下用台湾在地特色为例，一边想一边写下你能想到的念头，本图以顺时针方向阅读，写到十几个答案后，看着自己的思维导图，你会发现自己的想法可以做一些分类。

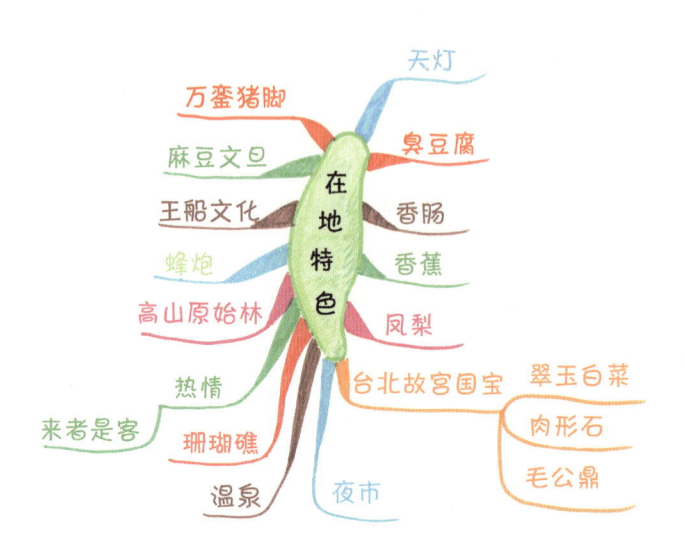

（思维导图图示：中心"在地特色"，分支包括：天灯、臭豆腐、香肠、香蕉、凤梨、台北故宫国宝（翠玉白菜、肉形石、毛公鼎）、夜市、温泉、珊瑚礁、来者是客、热情、高山原始林、蜂炮、王船文化、麻豆文旦、万銮猪脚）

我们重新开始，再画一张思维导图，以刚刚想到的分类为主脉，本图以顺时针方向阅读，这时又有一些新想法就直接添加上去。看着自己的思维导图，你应该又发现自己的想法偏重在第四条脉络：饮食方面。这时我们除了可以再细分第二层次的答案外，我希望你能尽量补齐另外三条脉络，让你的想法更加全面且完整。

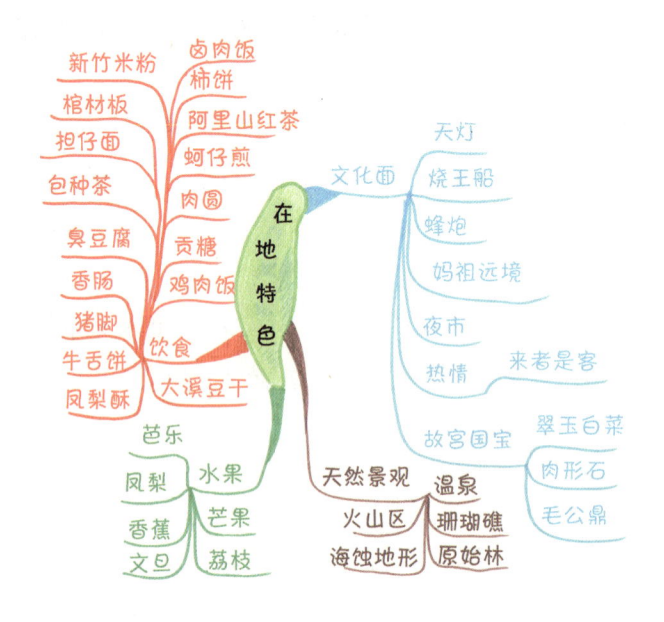

（第二张思维导图：中心"在地特色"，分支：
- 文化面：天灯、烧王船、蜂炮、妈祖远境、夜市、热情、来者是客
- 故宫国宝：翠玉白菜、肉形石、毛公鼎
- 天然景观：温泉、珊瑚礁、原始林、火山区、海蚀地形
- 水果：凤梨、香蕉、文旦、芒果、荔枝
- 饮食：新竹米粉、卤肉饭、柿饼、棺材板、阿里山红茶、担仔面、蚵仔煎、包种茶、肉圆、臭豆腐、贡糖、香肠、鸡肉饭、猪脚、牛舌饼、大溪豆干、凤梨酥、芭乐）

第 3 章 | 手绘思维导图法，图解基本步骤

有时，你会决定要换一下主题，干脆把主题由"台湾在地特色"换成"台湾在地饮食"，让你的思维导图主题不要写那么广的范围，而是更聚焦一点。

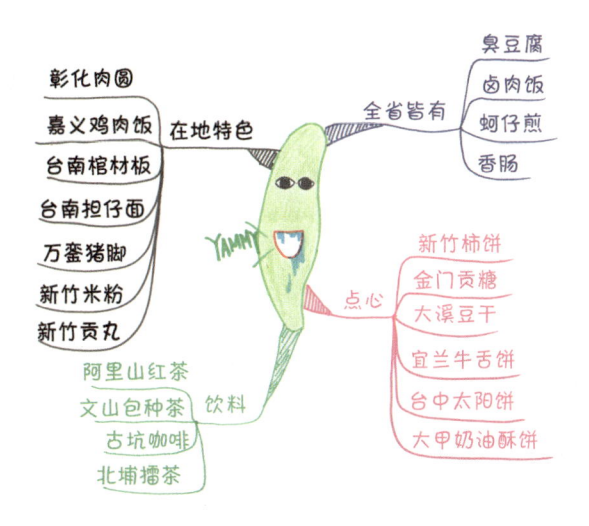

有时，你会决定把"台湾在地饮食"从"台湾在地特色"思维导图中抽离出来，作为一种补充说明。可另外形成另一个 Mini Mindmap，我称之为"思维导图中的思维导图"。

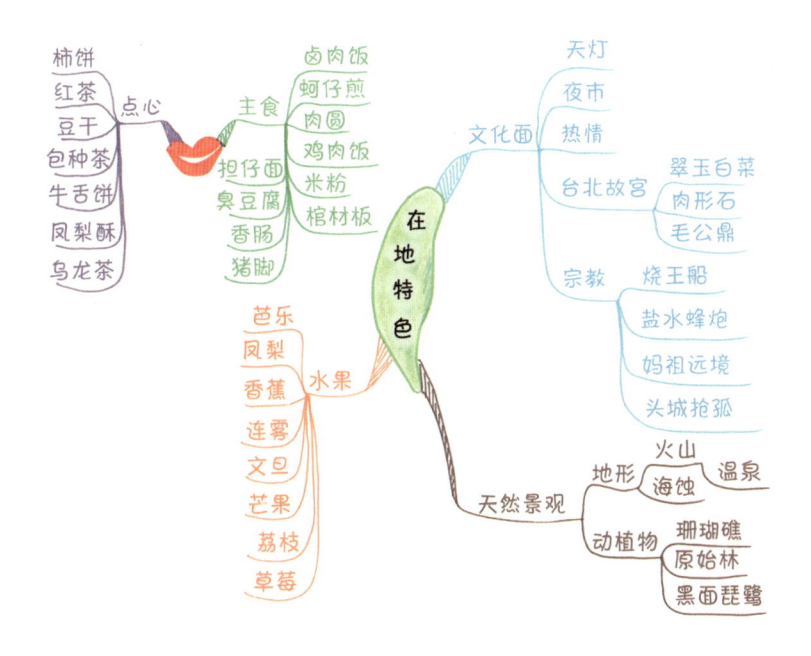

八、活用思维导图来进行脑力激荡，更快产生新创意

"脑力激荡"（brain storming），或称"头脑风暴"，是20世纪30年代由广告公司提出来的方法。谈脑力激荡的书很多，尤其是教你如何发挥创意的书都会提到脑力激荡，无非就是用各种团体活动的方式，让大家讲出自己的想法。因此脑力激荡的基本原则就是：

1. 写出越多想法越好；
2. 不要用左脑的逻辑去思考：这个想法好不好？
3. 追求想法的数量＞追求想法的质量。

进行脑力激荡的过程，就如同进行讨论型的会议一样，大家你一言我一语的，要如何让讨论不失焦？要如何快速把大同小异、同中求异、异中求同的想法汇整起来？要如何快速浓缩长篇大论的意见？这些困难点都可以运用思维导图来快速改善。但本书不细谈脑力激荡，会将重点放在如何运用思维导图去呈现脑力激荡的结果。

【应用】思维导图实时活用法

利用思维导图的视觉图像思考（视觉构图）的特性，可以让你很轻松地感受到这三大好处：

1. 提升聆听能力

当你将大家互动沟通的过程以图像记录下来，对方自然能感受到自己的意见受到重视与注意，大家对讨论沟通的投入程度也会大大提高。

2. 协助整体思考

通过视觉图像的呈现，大家更容易地比较不同意见，找出聚焦与交集

点，能引导大家不断地用整体角度来看事情。

3. 提升团体记忆

图像对记忆力的提升原因，应该不用再赘述了，讨论后，大家都会对今天的内容有深刻的印象，提升记忆力也是提升团体效能的关键因素。

在解决问题与讨论规划的讨论型会议中，有时会有参加者心不在焉，没有专心听别人发言，心急地等着别人赶紧讲完，好让自己赶紧提出意见。这种缺少聆听能力的情况，就让许多好意见被大家忽略了，也无法达成"借由别人的嘴巴来刺激自己的想法"的效果。最糟糕的情况是最后我们选择了声音最大的意见，而不是最好的意见。讨论的进行方式可以参考第 6 章第八节"思维导图大幅缩短会议时间"。

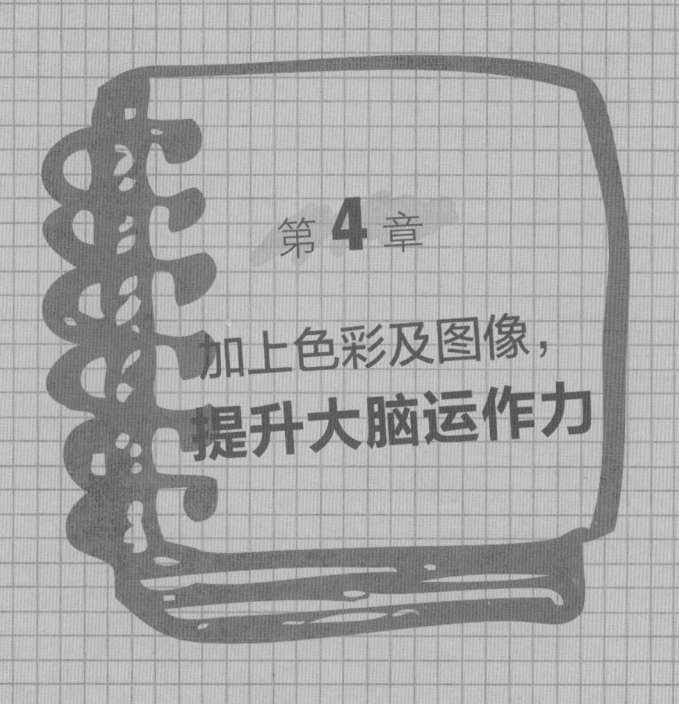

第4章

加上色彩及图像，
提升大脑运作力

你写笔记的习惯是什么呢？

- 一支铅笔从头写到尾。
- 一种颜色的笔从头写到尾（不管是什么颜色）。
- 用不同颜色的笔来写不同类型或领域的内容。
- 在文字旁边，画上与内容相关的插图或图解、图表。
- 在文字空白处，画上自己喜欢的插图（插图与笔记内容可能毫无关联）。

有些初学思维导图的人会沿用过去写笔记的习惯，画成这几种思维导图：

1. 用铅笔画一遍文字型思维导图后，再用色笔描绘一遍，形成多彩的思维导图。
2. 整张文字型的思维导图只有一种颜色。
3. 整张文字型的思维导图至少有三种以上的颜色。
4. 思维导图的文字旁有相关的插图或图解、图表。
5. 思维导图的空白处有与内容不相关的插图。

第1种做法，整体画面是漂亮了，但太耗费时间，适合空闲时间比较多的人。

第5种做法只是为了画图好玩，插图与文字内容无关有时会有反效果，对某些人的大脑来说是一种干扰。

以活化大脑的效果排序：第4种＞第3种、第1种＞第2种、第5种。

以提升记忆力的效果排序：第4种＞第3种、第1种＞第2种、第5种。

下面就以各种不同的角度来探讨为什么"帮思维导图加上色彩及图像"，是很重要的观念。

一、加强使用大脑回路的视觉效果

随着年纪增长，开始学习认识文字、运用文字，我们就越来越习惯看文字书。我们不习惯看图画书，因为会被笑，加上疏于常常画图，自觉画出来的图像见不得人，于是我们就开始倾向于不用图像来思考了。

同时你应该早就发现了，我们喜欢看影像或图片，较不喜欢看文字，这个道理很简单，问问你周围的人，看过好几部《哈利·波特》电影的人，绝对比看完一整本《哈利·波特》小说的人数要多非常多。

视觉是大脑与外界接触的第一重要感官，也是我们最为倾向的做法。甚至有学员说："很奇怪，有时光听电话中的人说话，会觉得比较不容易理解他在讲什么，但是同样的内容变成了电子邮件或是见面当面说，就觉得比较容易理解。"

你可以站在马路边做个小实验，看着对面方向来车的车牌，你会发现"看车牌"比"默读车牌"的速度要快，也比较容易回忆车牌号码。

光是在课本上用各种不同的颜色画线，或是用各种不同的颜色写笔记，就足以让学习读书的过程变得比较快乐。

这些生活中的小事都在告诉我们，==视觉是强化大脑思考回路的重要方式==。

初高中时，==班上很会念书的同学们==，至少都会用两种颜色以上的原==子笔来画重点跟写笔记，大家都不会只用一种颜色==，同学们都有自己独==创的一套用色的定义==。有人是读第一次用蓝色画线、读第二次用绿色、读第三次用红色；有人是自己抓的重点用绿色画线、老师强调的重点用红色画线，写笔记时大标题用红色写、内容用蓝色写、补充说明的讯息用黑色写；有人是上课老师讲的重点用红色画线、补习班老师讲的重点用荧光笔；有人是课本永远只用黄色荧光笔画线，参考书上用橘色荧光笔画线。

==班上同学几乎没有人是用同样的用色原则，大家会参考一下别人的想==
==法，然后再改成自己喜欢的用色原则。==

你也可以参考一下这些书籍：

1　《6色学习法：6支荧光笔，轻松学好经济学》[1]

作者提出关于定义（或人名、书名）用粉红色荧光笔注记；假设（或条件）用蓝色荧光笔；分析（或其他）用黄色荧光笔；结论（或重点）用橘色荧光笔；优点用绿色荧光笔；缺点用紫色荧光笔。

2　《Google时代一定要会的整理术》[2]

作者的用色定义是先在感兴趣的地方用原子笔画上星号；新名词的定义与原理用黄色荧光笔；公式与算式用粉红色荧光笔；看不懂的部分用蓝色荧光笔；例题解答用绿色荧光笔。

3　《一写就成真！神奇高效手账笔记术》[3]

作者的用色定义是：工作方面的用蓝色原子笔；私人预定行程用绿色原子笔；健康、保险方面用红色原子笔；生活琐事用黑色原子笔。

思维导图是一种结合左脑逻辑语言跟右脑图像创意的笔记工具，也是一种思考工具，若想要加速提升并加速活化大脑的各项能力，千万记得"手绘思维导图"与"思维导图一定要有色彩跟图像"这两大重点。

二、色彩对思维导图的重要性？

色彩除了让学习读书过程变得愉快外，色彩还可让你比较能在某件事情上持续下去。道理很简单，我若要求你这辈子天天都只能看某一种电视

---

[1]（日）石川秀树著，杨洁译，晨星出版社2005年版。
[2]（美）梅瑞尔、马丁著，胡琦君译，天下文化2010年版。
[3]（日）佐藤惠著，蔡丽蓉译，核果文化2014年版。

机，但是你可以选择一台黑白电视，或是一台彩色电视，你绝对会选彩色电视。

这是鸡生蛋、蛋生鸡的问题。因为某事的过程有乐趣，所以你更能持续做下去，因为持续做下去，会自动发掘出乐趣所在。

如果你爱购物的话，也会在街道上的店家里发现这个道理。我毕业于辅仁大学织品服装学系，主修布料设计，虽然离开纺织业已经十多年，现在走在街头上时，不管是服装、饰品、装潢，这些依然都是我的观察领域。我本人不爱跟随流行，但是我爱观察流行。二十多年的观察下来，几乎没有一家店或是服饰公司品牌可以维持超过三年的纯黑与纯白的设计。视觉一直只有黑与白，人生多无趣啊！

思维导图正是善用这个大脑的特点。色彩可以带来乐趣！色彩带来的感官刺激让人印象深刻！换句话说，就是记忆印象会更加深刻。

色彩的彩度会影响记忆的深刻度[1]，彩度越高，就是颜色越鲜艳，记忆越深刻。你若打开儿童卡通频道看个十分钟，绝对会发现，所有画面几乎都是高彩度用色，大红、深蓝、亮黄、翠绿鲜绿、艳橘、深紫等颜色。鲜艳色调（vivid）会给人亮丽、鲜艳、醒目、耀眼、活泼的感觉。

三、色彩可以缩短 82% 的信息搜寻时间

美国畅销书 *Color for Impact* 提出使用颜色可以缩短 82% 的信息搜寻时间、提升 70% 的理解力、60% 的记忆力。3M 与 Xerox 全录公司的简报通通都是彩色的。

---

[1] 明度（Value），是色彩明暗的程度，明度越高颜色越亮，明度越低颜色越暗沉。彩度（Chroma），是色彩的纯粹度或饱和度，亦可说是区分色彩鲜浊的程度。彩度越高则越鲜艳，越低则呈沉稳暗浊的颜色，彩度最高者为纯色。混入无彩色则会使彩度降低：混入白色，明度越高，彩度越低；混入黑色，则明度、彩度均降低。可依彩度和明度的组合，产生各种色调（Tone）。

智能型手机吸引人的地方非常多，其中有一点是智能型手机通通都是彩色画面，我们都被它迷住了，就跟过去我们被电视迷住了一样。

五年前有个在金融业工作的学员告诉我，她现在买书都只买有图像跟彩色印刷的书。只要是纯黑白印刷，或是整本书都是满满的字，她一点都不想买。当时我跟出版界的朋友分享这个学生的意见时，出版界朋友告诉我，台湾很极端，还是有一群人是喜欢看厚厚的、密密麻麻都是字的人。

近三年来，台湾脸书上的信息，图片量远远大于文字量，写太多字的文章没什么人想看下去，也不太有人点赞。只要有一张图片加个两三句话，就能轻松获得好多个赞。你肯定想到那句老话：一张图片胜过千言万语。

我举以上的例子，并非告诉各位以上这些人的想法跟做法一定是对的。只是单纯地告诉你，现在的世界就是有这种没办法看很多文字的人，这跟当年《苹果日报》带来的报纸版面设计改变的道理一样。

我们如果能够具备双重能力，既能写满满的文字笔记，也能画出彩色的图像笔记，这不是很好吗？不管对方喜欢什么方式，我们都能满足他。

四、轻松赋予思维导图色彩的5个方法

色彩带给我们丰富的视觉飨宴。

1. 至少三色以上的浓烈色彩的色笔。已经养成平时画思维导图习惯的人，一定会在包包内放置至少三色以上的色笔。我对笔的要求只有一点，色彩越浓烈越好。

现在有可以擦掉文字的色笔与荧光笔，在修改思维导图时更加方便。但我个人不使用这类的色笔，因为会养成思考上的惰性。当年我对自己的要求是锻炼到"一次画到好，不用涂改"的水平，只要你下定这种决心，

你也可以跟我们的学员一样，大概画 20 张，就能达成这个目标。

2. 白纸最好，有底色的纸会吃掉色笔的颜色。

3. 若有八条主脉，能用八种颜色最好。不能的话，也无妨，别降低标准去使用色彩不浓烈的色笔。我最喜欢用 12 色的细彩色笔，每一种色彩浓度都够强。其中的黄色跟灰色，我一般是不用来写字跟画线的，原因就是色彩浓烈度不够，辨识上会比较吃力，增加阅读上的困扰，但你可以用黄色跟灰色来画插图。

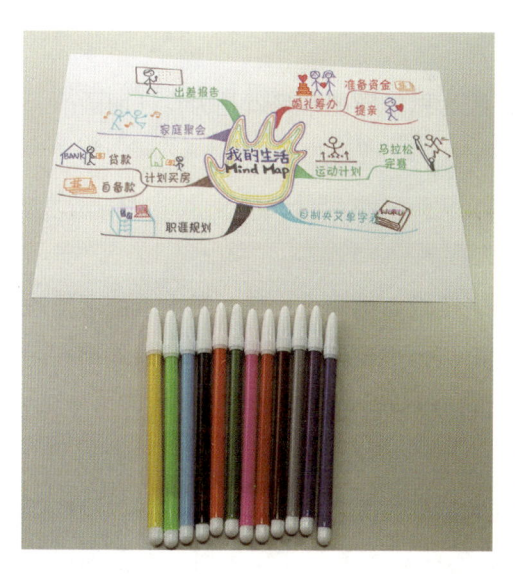

4. 思维导图是要呈现逻辑用的，不管你想要用多丰富的色彩来让整张图美美的，都不能忽略逻辑。

5. 同一脉络中，想要特别强调的关键词可以适度地换一下颜色，但是不能滥用这个方法。否则当处处都是强调的重点时，就会显得通通都不是重点了。

- 每一个字都是不同颜色，虽然色彩丰富，但是这些色彩并无辅助逻辑理解的效果。
- 每一段分支都是不同颜色。

五、调和色彩的 5 大重点

喜欢用什么颜色，你就用吧，因为思维导图本来就是为自己而画的。用得开心，你才会画得开心。

但是，我要提醒你以下重点：

1. 千万不可用荧光笔来写字！因为明度太高或彩度太低，写出来的字很难辨认，会增加阅读上的困扰，对记忆力也毫无帮助。荧光笔只能用在图案填色使用。以此类推，亮黄色或浅绿色色笔也不用。

2. 相邻的两条脉络，颜色差异度越大越好。颜色差异度拉大，对大脑的刺激强度会加大，最好的方式是暖色系与冷色系交错运用。即使你出门时，身上只带着蓝色与黑色两支笔，只要两色交错使用，就能达到色彩对大脑的刺激效果。

3. 不能只用一种颜色来画整张思维导图。不管你用什么颜色，效果就跟黑白印刷效果一样。整个版面最少使用三种以上的颜色，版面的色彩越丰富，乐趣与记忆效果就越强。

4. 脉络上的文字跟线条的颜色一定要一样。否则颜色非但无助于加强理解与记忆"两个关键词之间的逻辑关系",颜色还会让整个版面看起来杂乱,更不利于记忆内容。

5. 插图或图像的颜色可以跟线条的颜色不一样。(见137页的图片)

六、基本配色原则

思维导图的颜色可以加强对大脑的活化效果,但是也没必要在配色上花太多的研究时间,毕竟我们不是在上美术课啊!我个人推荐前三种配色原则:

1 互补色

以暖色系与冷色系的两种颜色,来强调对比度以及提升鲜艳、突出的效果。我最推荐这种配色。色相环上,180°角的两种颜色,如绿配紫,红配蓝。

2 三等配色

色相环上 120° 隔开的三种颜色，虽然整体色彩的饱和度不会太高，但一样给人生气勃勃之感。

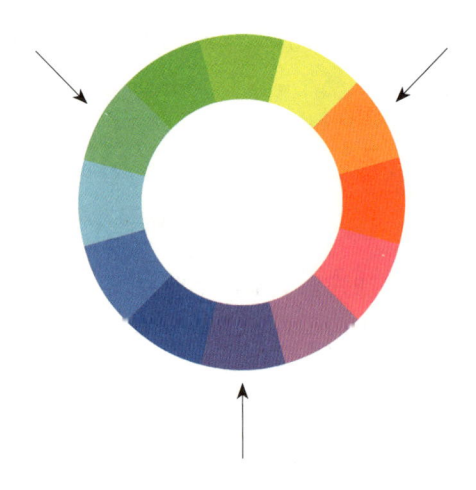

3 矩形配色

用两组互补色，通常具有五光十色之缤纷感。

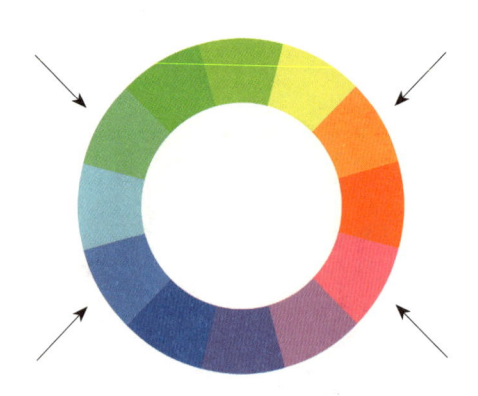

4 相似色

色相环上邻近的颜色。思维导图发明人 Tony Buzan 在日本的分公司名为"Buzan Japan"，Buzan Japan 负责人 William Reed 强调用色要和谐，正是色彩学中所说的相似色。我是不同意他的配色看法的，我要的是思维导图用色带给大脑的刺激效果。相似色的配色并不会表现出像互补色那样强烈张力的效果，张力不够，记忆效果不强。

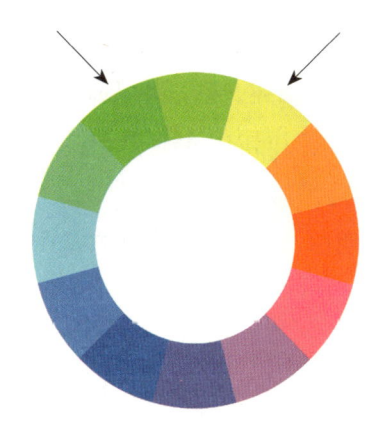

色相环会因为印刷关系而产生色差，若你对颜色要求严格的话，请自行上网查询色相环的标准色。①

---

① 也可以参考色彩学网站提供的这三种配色范例。
http://bit.ly/2mzMjud 夏的色系
http://bit.ly/2nsSLAN 快乐的、热闹的色系
http://bit.ly/2mzHpNE 充满活力的色系

七、图像让联想进入大脑

2016年加拿大滑铁卢大学研究发现，如果用画图的方式将重要的事情记录下来，事后将更容易回想（recall）起来。就算只花短短 4 秒的时间来画图记录东西，都能够提升记忆力。

因为在画图时，能够创造出一个记忆痕迹（memory trace），将视觉和文字语意链接起来，因此更容易让人回忆。

2015年英国也有类似的研究出炉，萨塞克斯大学的柏德研究出，只须将重要事情用自己的方式描述一遍，并且有意识地选出当中最生动的细节，就可以在1周或更长的时间内大幅提升记住这件事的概率。

Mary Liao 正在研读边沁的"功利主义"，这是她最近写给我的信件，我用她的信件内容让你明白"什么是用自己的方式描述一遍"。

> 最近两个多月一直使用思维导图做笔记，虽无法如同老师一样熟练，也还是有问题存在，但在思考及记忆上却有大进步。
>
> 若以考试结果论来看，个人占成败的大部分因素，失败的话，个人认为是自己努力不够，但同时是否也会去否定老师之前的教导帮忙呢？
>
> 功利主义的人是会这样做的，即便此课程对他真有实质上的帮助，但是从结果上来看，他确实没有达成他想要的目标，功利主义者认为行为的结果能增加最大快乐值的，即是善；反之即为恶。意即行为的结果没有带给他快乐，这中间的行为过程会被功利主义者一同否定掉。
>
> 在我们用自己的方式描述一遍时，大脑会想象出很多细节，并且能通

过自由联想的能力,把这次的讯息与其他记忆链接起来,这样就成为很难忘掉的回忆。换言之,这些描述画面,就是一种图像的创造。创造图像的过程,正是联想力的发挥结果。有了图像,就能够提升记忆力。

现在网络科技很发达,你可以直接上网使用 Google 图片的功能。输入关键词后,就能挑一张你喜欢的图片,看着图片简单描绘一下就好。

如果找不到你喜欢的图片,要懂得运用"换句话说"的方式来转换成具体图像。例如:吵架,让我联想到有人怒气冲冲、大吼大叫、指责对方、泼妇骂街、抓狂的词汇。你可以上网输入关键词:怒气冲冲、大吼大叫、指责对方、泼妇骂街、抓狂,就能找到很多画面。

符号也算是一种图像喔,口译者的笔记中也常使用符号来代替文字。常见的有:Ɵ代表世界(圆圈+横线=地球+赤道)。口代表国家。口→代表出口。口←进口。

一切事物在刚开始做的时候都是不顺手的,但如果你坚持下去,最后你会穿越不顺手的领域,达到精熟,然后就会拥有一项更专业的能力。也就是说,你会变成一个能力更强的人。

每当你做得不顺手的时候,反而要对自己说:"我现在一定是在成长。"然后继续照我说的方法做下去。

八、给大脑刺激,从画图开始

常有A学员问:"我不会画图,是不是我就不适合学思维导图了?"

B学员问:"我真的不会画图,所以我的思维导图画得很不好耶!"

C学员问:"我不会画图,思维导图一定要画图吗?"

以上学员提出的三个问题，皆是表面的问题。通通是源自同一个核心问题："思维导图一定要画图吗？"

我的回答是："==思维导图本身就是一张图像，不论是插图、图表、图解，都是额外加分的。=="

我常在网络上看到一些擅长画图的好心人分享的思维导图，美术功力一流，但画出来的是无意义或是无效果的思维导图。只要缺乏思维导图的核心能力：逻辑力，这张思维导图就是不及格的思维导图，例如：

1. 写的根本不是关键词：不会抓重点。
2. 逻辑关系呈现错误：理解力不好。
3. 分类庞杂：不会浓缩、不会化繁为简，表示不会抓重点。
4. 层次繁杂：不会浓缩、不会化繁为简、不会分类。

抽象词汇具有很大的自由解释空间，根据每个人的理解认知不同、背景知识不同、生活经验不同，对某个抽象词汇所做出的解释可能会有很大的差异性。不过，这正是抽象词汇带来的优势，因为自由解释的空间越大，我们看着这个词汇所延伸应用的可能性越高。因为抽象词汇没有标准化的图像，只要你自己看着这张图像，能理解背后代表的抽象词汇是什么，那么这张图像对你而言，就是最好的图像。

这里让我来献丑一下。例如，我想呈现"俏皮"这个字眼，"俏皮"让我联想到"吐舌头"。大家要善用网络这个工具，只要你输入关键词，就可以在网络上找到很多别人的图像供你参考。

于是我上网搜寻了爱因斯坦吐舌头的画面，看着计算机，把模样大概画出来。我没学过画画，画得好不好不是重点，重点是我已经把"俏皮"图像化了。

国内外有些美术技巧很好的人，会用"把文字变立体"的涂鸦文字来展现。像美国 SOHO 区街头就有很多墙面涂鸦。

你只要上网到 Google 图片中输入"涂鸦"这两个字，就能找到一大堆的英文字母范例。但请切记，<u>涂鸦很花时间，涂鸦文字看久了，你的大脑会习惯这种长相的文字，反而会把这些涂鸦文字当成纯文本看待。</u>

◐ 英文涂鸦文字　　　　　　　　　　　◐ 中文涂鸦文字

"一张图胜过千言万语"，这些插图和文字同等重要，它本身也是一种提示。

看到文字，脑中出现了画面，运用到视觉记忆能力；思考文字或是思考用什么样的图像时，我们会在内心出现一些自我对话的声音，运用到听觉记忆能力；动手写字跟画图，运用到动觉记忆能力。<u>画思维导图时需要用到我们的情绪和感官，越多种感官加入，辅助记忆的效果越好。</u>

工作记忆是短期记忆之一。是为了采取行动所使用的记忆。例如，为了找剪刀，我们会先在心中出现"剪刀……剪刀……"的声音，称之为心读或默读，这个声音就是工作记忆的功能。

工作记忆的功用是暂时储存"外在信息""预定记忆""过去记忆"等

信息，经由"选择性注意"，会挑选出对目前有意义的信息，然后组合，再适度调整行为与情绪。

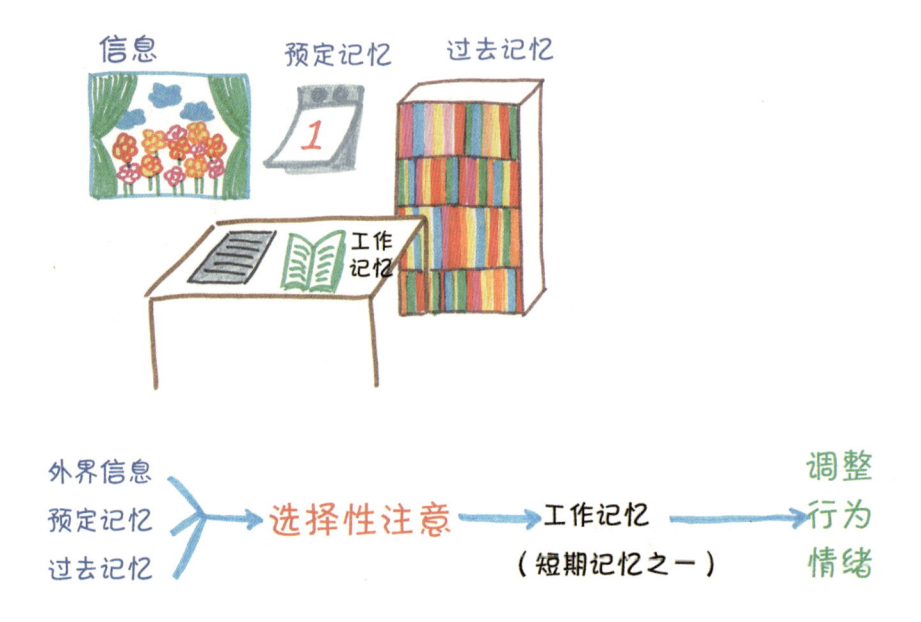

画图前，要先想清楚，这些图像是自己看懂就好，还是要画给别人也能看懂的？

如果是希望别人看到这个图像也能跟我们一样，大家都能联想出相同的关键词意义，那么图像本身要符合一般人的共同想法才行。平时我会观察街头上的图标或是标志 icon，因为这些图标的设计原则正是"可以让人一眼就懂"，这一点正是思维导图的图像要求。多用心留意观察且思考一下："为什么设计师要这么画？"你就会产生源源不绝的丰富灵感。

但我们没必要像美术家或是插画家那么厉害，只要画一些符合关键词意义的简单小图示就，能让我们轻松联想起这个关键词即可。

右图从左到右来看，是绘图步骤。即使我画得如此这般抽象，省略了部分五官，仅画出头跟四肢，我相信你也能看懂第一排是人，中间排是男人，最下排是女人。同时我用蓝笔画短发男人，红笔画短发女人，就跟公厕上的男女标志用色是一样的。

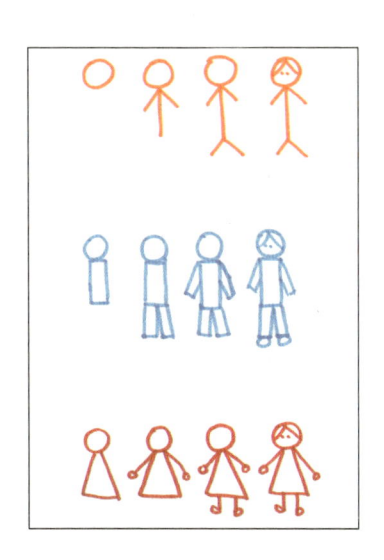

把线条再精简一下，画得更加抽象，即使没有五官，我相信你仍然可以分出来男人跟女人。右上角省略了脚，但你应该能发现男人用肩膀较宽的倒三角形符号，女人用穿裙子的概念来呈现。右下角的图形是以男人短发，女人长发表示。

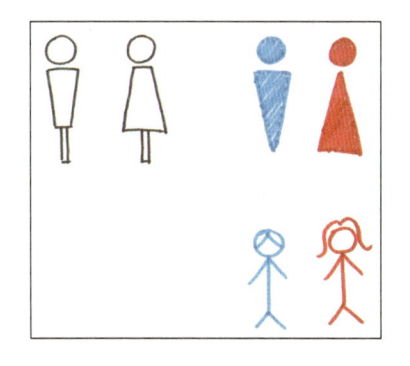

你应该能看出这是一个矮个子的女人，两边各牵一位高个子的男人，你猜他们是什么关系？是母子还是朋友，哪一种可能性最大，那个就是答案了。左侧还用了颜色来强调男女性别。

千万不要为了画插图而画插图，在思维导图上画一些不相干的图像。插图是要辅助文字记忆用的，并不只是为了美化版面。

只有吻合文字内容或是文字意义的图画，才是有效的思维导图图像。这个图像，你也可以称之为"关键图"或"关键画"。有了有效的思维导图图像，甚至不写字只画图，你也照常能理解并记忆图像所代表的文字意义。

初学转图像者，遇到一些比较复杂的事物，可能还不太熟悉如何简化图像（简笔画法），可以直接用剪贴的方式来解决。

我用图解的方式来说明 2015 年台北红点设计展的得奖作品，其中有三项特别引起我的注意，分别是可以从出生使用到 6 岁的儿童安全椅、运用宋代美学概念设计出来的床、使用回收的水泥袋来制作的后背包。

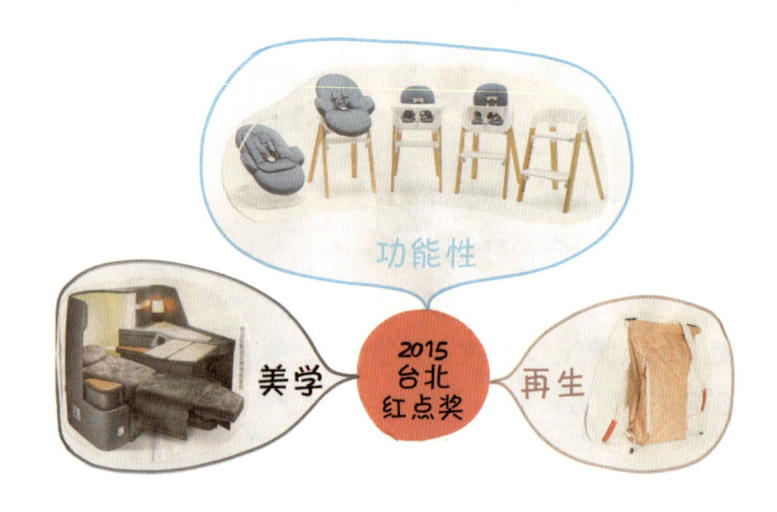

● 把想法转成图像的步骤

理解
↓
関鍵字
↓
轉圖像

九、视觉性思考的 9 个方法

大家千万不要被"图像"这个字词把你的想法限制住了,若你认为图像就是画插图的话,表示思考已经被固定了,可说是已经僵化了。

你有没有想过,为什么上了学校的美术课后,你就不再画图了呢?那是因为你的思考内容是:"图,一定要画得美美的。"如果画不漂亮,你会害怕丢脸,不想把图拿出去给人看后被人家笑、被别人说丑,所以你不再画图了。换句话说,你不再于画图技巧上精进了。

经过这么多年来,你都没有动手画过图,突然被要求开始动手画图,一定觉得很害怕,不敢下笔,因为你依然觉得自己的图一定很丑,画出来会很丢脸。你的心态我完全了解,因为初学思维导图时的我,也跟你有着相同的念头。

即使我先画出我那幼儿园水平的插图给学员看了,在课堂练习中,我一走到他的旁边,他还是会用手或东西立刻把自己的思维导图遮起来,不想让我看见他画的图像。

拜托!我才不在乎你的插图漂不漂亮,像不像样哩!==思维导图本身就是一种图像了,不管你有没有画插图,整张思维导图就已经是视觉性思考的结果了==。相反地,我常跟学员说,==别浪费你的时间在美化插图上==,因为画图很耗费时间。

以下这四点,比有没有画插图、插图美不美还要重要:

1. 是否抓到正确的关键词?
2. 是否用线条去呈现正确的逻辑?
3. 是否整张思维导图的内容吻合你画思维导图的目的性?
4. 是否整张思维导图已经浓缩到不能再浓缩;是否你可以看着最精简的思维导图内容,然后回忆起最大量的信息?

我非常在乎来上课的学员能不能正确做到这四点,"要不要画插图"

是相对次要的问题！但我并不是在告诉你画插图不重要，如果你能画图像，你就启动了更多的感官刺激，越多的感官刺激，就越能让你的大脑整体活化起来。

课程中，偶尔会有稍微知道我的学习背景，但不太懂我专业背景的学员对我说："你是学设计的，当然会画图喽。"

虽然我大学主修布料设计，但我很清楚自己在视觉美感上的设计能力是超弱的，我也没什么耐心素描一个对象。我喜欢把东西东加加、西减减的，所以我选择走的是功能性布种的研发与设计。

初学思维导图时，在画图方面，我遇到的挫折感跟你一模一样。反正大脑能力本来就是用进废退的，你就告诉自己："多练几次就好了，不要急于求成。"

观察力是建立图像力的基础，在我的第一本书《超强学习力训练法》中提到很多方法。在此列出一部分我曾经用过的，或是我发明用来训练自己的方法，你每一种都可以试试看，应该会找到你喜欢的方法。

1　多看插画、漫画、涂鸦

初学思维导图者，常会忘了该怎么下笔画插图。去翻书或是上网查都可以，借鉴一下别人的插图是最简单的方法，但别忘了，思维导图的核心精神是"化繁为简"，用"减法思考"试着再想想可不可以再少个几笔画，简化到你依然能看懂为止。

这样也可以锻炼你的手眼协调能力，这个步骤可以大量刺激与活化大脑。

我个人刚开始时会用铅笔先描绘一下，再涂上颜色，后来我觉得这样做很笨，因为我又掉回"追求插图美不美的陷阱"中，同时也掉入另一个陷阱：用两倍的时间只完成一张图像。

我现在都是试着用色笔，一边看一边画，这样几次下来，手眼协调能力就会增强，很快地做到"一次画到好，不用修改"的程度了。偶有学员会跟我说画得挺好的，目前为止还没有学员当面批评我的图画得很丑，但若真有人当面这么做，我会在心中默默跟他说："你不懂思维导图的精髓,所以你的批评对我来说一点建设性都没有。"

2 多观察周遭小东西与闭眼回忆

一开始时,我是每天找一个小东西,仔细观察它十秒钟,这十秒钟就要赶紧找特征,然后闭眼,看看能不能在眼前重现这件物品的画面。

后来,我是在观察后,试着不看东西,看看能不能把这个物品的样子简单画出来。因为画得出来,就已经表示我们脑中的图像清晰度是足够的。

再说一次,即使是只有简单几笔画的图像,对大脑的记忆效果都很有帮助。

3 看看一些造成视觉错觉的作品

右图你看到的是鸭子还是兔子?你可以在网络上找到很多这一类的图片。

这跟测验你的左脑好还是右脑好一点关系都没有!工作累的时候,我就把这类运用完形心理学所发展出来的图片,当成是转换观察视角,来放松一下心情的小游戏。

4 用背景环境来描述

有时我会自己发明一些小游戏,来锻炼一下自己把文字转换成图像的能力。刚刚的方法都是先有对象,再找特征。反向思考一下,先想特征,再想对象如何?

猜猜看有一种四只脚的无生命的东西,有各种不同材质与样式,在家里、办公室、室内、室外都可以看得到的,是什么东西呢?

可能是桌子,可能是椅子,也可能是架子,还可能是什么呢?

5　用五感来描述

刚说过，越多种感官刺激，大脑活化程度越大，试着不要使用视觉来描述形状，改用其他感官，例如，固体、柔软、平滑、冰凉、可以吃、易破碎的、扎实、没有孔洞。你猜得出来我在形容什么吗？

可能是豆花，可能是豆腐，还可能是什么呢？

6　把图片折成九宫格，一格格地描绘

这个方法是英国 Tony Buzan 教的方法。如下图，你可以任意把一张图片折成四个格状或是九宫格的样式，再拿另一张白纸也折成同样的样子。白纸是长方形，图片是正方形，难度比较高，可以练习你的空间感。①

然后只看图片其中一格中的图案线条，在白纸的对应位置上把线条描绘出来，切记，只能把你的注意力放在线条上，不要去想你正在画什么。逐一把四个格子或九个格子都如法炮制完成。

---

① 此示范图片原刊登于 2016 年 3 月出版的《周刊王》。

完成后，打开你的白纸，看看你的图像长得如何？

这时就发现，原来你的画图技巧不错啊！至少也有七分像了。此范例中只有一个小缺失，下方正中间的格子，在画图时没有注意到纸张与图片间的相对位置关系，中间下方的线条无法与其他格子线条连接起来，所以猫咪的脚不成型。

7　玩玩大家来找茬的游戏

看两张图，再仔细比较一下这两张图不同之处在哪里。很多儿童书籍跟网络上都有这一类的游戏图片，你只要用"大家来找碴"当关键词搜寻一下，就会发现很多图片跟游戏。

8　玩玩找特定形状的游戏

每天出门前，设定一项你要观察的图形，如三角形，然后一整天随时留意一下周遭环境，哪些物品的整体或是局部有三角形在里面。

9　看马路上的招牌，画出品牌的商标 Logo

我喜欢走在路上顺便练习我自己的脑力，你可以特意观察品牌商标，回家后再画画看，看能不能画得完整。现在网络发达，如果你很宅，就在网络上搜寻品牌商标，先观察后再试着不看计算机屏幕把商标画出来。

十、图画是锻炼大脑的工具

曾有学员问我:"我可以教我家的幼儿园的小孩画思维导图吗?因为我的小孩很喜欢画图,学思维导图应该很适合吧?"

这个问题要分成两个部分来回答。

第一点,除非是资优生,否则小学四年级以下的孩子,因为文字逻辑建构还不是很完善,同时很多文字也还不太会写,让他们独自制作思维导图一定会出现逻辑怪怪的地方,或是根本不会抓重点的问题。

所以家长一定要通过一些语言先去引导孩子抓重点,再引导孩子如何建构各个语词中的逻辑关系。换句话说,家长要跟孩子一起画思维导图才对。

第二点,识字不多的孩子,思维导图上一定会出现大量的图像,家长千万不要勉强他们一定要写字,只要孩子能看着自己的图像说出完整的意思就够了。

根据我二十年教学与管理老师的经验,思维导图老师的教学功力好的话,四年级以上的孩子就能自己独立完成正确逻辑的思维导图了。

识字不多的年龄,孩子都很喜欢画图,我们可以善用这个特点,让他们通过画图来学习知识。[1]

【练习】利用色彩和图画来完成思维导图

过去曾有学生向我反映说:"很多成语知道如何运用,但就是背不起来,或是把四个字的顺序背错,该怎么办才好?"

我的最佳建议就是:"来画带有丰富色彩图像的思维导图!"

例如,利用思维导图来整理出字眼中有"木"的成语。关于木的成语

---

[1] 家有小学四年级以下孩子的家长或是小学老师,建议可以参考《法式翻转教养:拯救无数法国妈妈、孩子和老师的"全脑思维导图"学习法》(野人出版社2016年版)。书中有教导家长如何从旁协助孩子绘制思维导图。

相当多，最好是全部整理成一张思维导图，只要看一眼，就能全部吸收所有的成语。在此仅列出六个成语作为范例。

> 所有图像皆由西松高中高淇同学所创造。

心如木石
移花接木
枯木逢春
草衣木食
草木皆兵
大兴土木

第 5 章

思维导图帮你打开思考僵局

一、解决问题的流程

我猜想你我小时候应该都有这样的经验,老师问:"书看完了吗?"我们说:"看完了。"但是考试出来成绩并不怎么样。换句话说,我们不会抓重点。

长大后,老板问:"报告资料整理完了吗?"我们说:"整理好了。"但是整理出来的信息依旧繁杂。核心问题都是我们只是看,但不是"理解"内容,换句话说就是我们不会抓重点,不会去芜存菁,不会化繁为简。

曾有学员问我:"我不会抓重点,能学会思维导图吗?"这个问题当场就令我心中的天使与恶魔打架了。

天使用一贯正面积极态度说:"来上课的人,大家都是从不会做到会做的。总之,大脑所有的能力都是练来的,只是大家的起跑点不一样,每个人的用功程度不一样,所以大家达标的时间长短不一样。只要你肯努力,你绝对能跟大家一样都能学会的。"

恶魔用轻蔑态度酸酸地说:"如果你已经很厉害了,那还来上课做什么?就是因为你不会,所以才需要来上课学习啊!"

读者啊,我看不到你,我不知道你的抗压性高不高,看你是要听天使的还是恶魔的,随你选。

很多时候,工作与生活上的问题,像是俄罗斯娃娃一样被层层包裹起来的,你必须用逻辑分析力来打开"问题内的内容",才能"问对问题",进而才会"找对思考方向",最后才能"解决问题"。

这正是问题分析与解决的流程:

分析问题 → 问对问题 → 找对方向 → 解决问题

二、逻辑思考的方法

《具体与抽象》这本书中写着：

"具体化"与"抽象化"是一种人类独有的脑部活动的基础。具体对应的是一个个的个别事物现象，而抽象则是挑选出这些个别事物现象的共同特征，再加以普遍概念化之后的结果。

通过将平常、复数的事物现象普遍化并抽象化，学者及理论家们将事物现象转化为理论与法则，变成任何人都可以使用、具有广泛用途的形式；另一方面，经过系统化的理论由于难以直接运用，所以必须先具体化之后才能实践，而这种重视具体层面的实践行为，就是实务家的工作了。

学者与理论家擅长抽象化层次，实务家擅长具体化层次。通过常常画思维导图，能让我们站在学者及理论家的层次思考，也能让我们站在实务家的层次思考，并且随时任意转换两种身份。

以下就用这张思维导图说明逻辑思考的方法。思维导图本身就是一种图像，很容易把复杂的内容用可视化的方式呈现在我们眼前，让我们更容易理解逻辑关系。同时也先让你了解一下逻辑思考有哪些专有名词与概念，这样你会比较好阅读后面的内容。我想通过思维导图，让你既可以掌握大方向，还能清楚小细节。

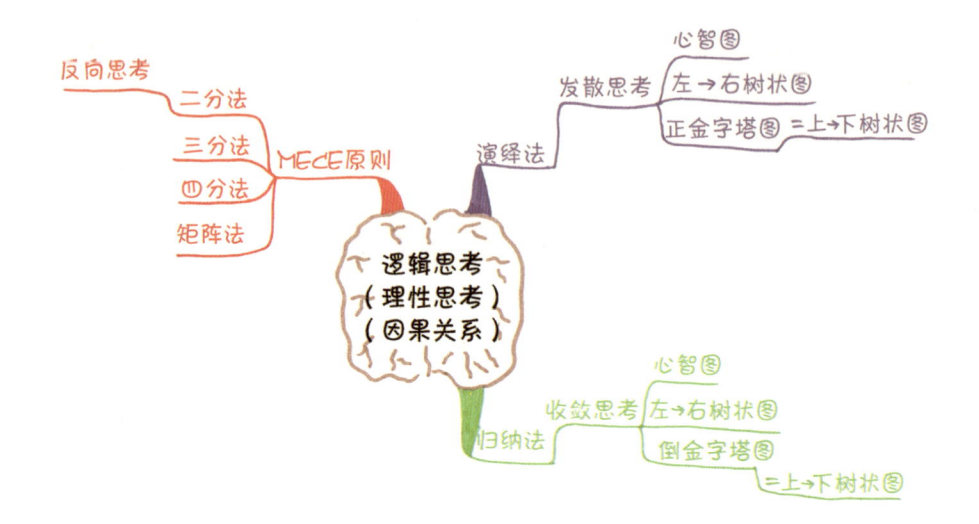

[思维导图:逻辑思考(理性思考)(因果关系) - MECE原则(反向思考、二分法、三分法、四分法、矩阵法)、演绎法(发散思考:心智图、左→右树状图、正金字塔图=上→下树状图)、归纳法(收敛思考:心智图、左→右树状图、倒金字塔图=上→下树状图)]

"逻辑思考"就是"理性思考",可以再细分成两大思考的方式:演绎法、归纳法,另外再加上一个 MECE 原则。

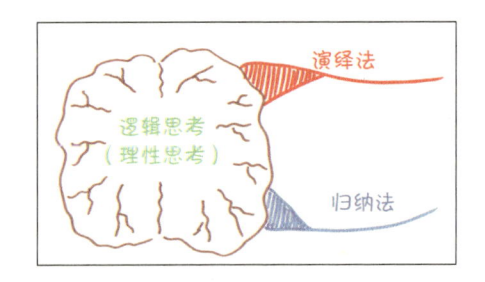

1 演绎法

"因为……所以……结论是……",从某结果推演原因 A、B、C,或是从某原因推演出可能会得到什么结果 A、B、C。也就是"发散式思考",也可称之为"水平思考法"。

(1) 思维导图

如果面对的问题是信息不足、情势混沌未明、复杂纠结到连线索都还找不到,可以把想解决的问题当成是中心主题,开始分析可能造成这个问题的原因,每个原因就是一条脉络,把原因写在第一层次的主脉上。然后看着主脉上的文字,再思考一下这个原因的细节,一一把细节写在第二层次的支脉上,有助分析、厘清问题、找出对策。

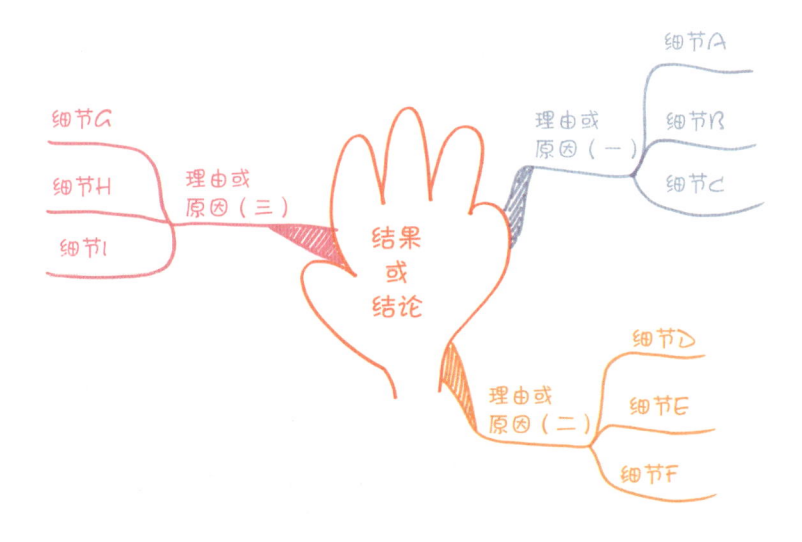

"重视分析、善用图表"正是日本趋势大师大前研一建立洞察力的主要方法。而麦肯锡顾问公司将这样的思考过程称之为会"议题树"或"问题树"。这张"思维导图"目前只有画出一条脉络，故乍看之下你应该会觉得很像树形图。这也是为什么很多网友误把树形图误以为是思维导图的原因。但思维导图有个好处，就是"放射状"的阅读，这样的好处就是随意从哪个方向阅读都说得通，视线从左到右阅读是演绎法（发散思考），从右到左的阅读是归纳法（收敛思考）。

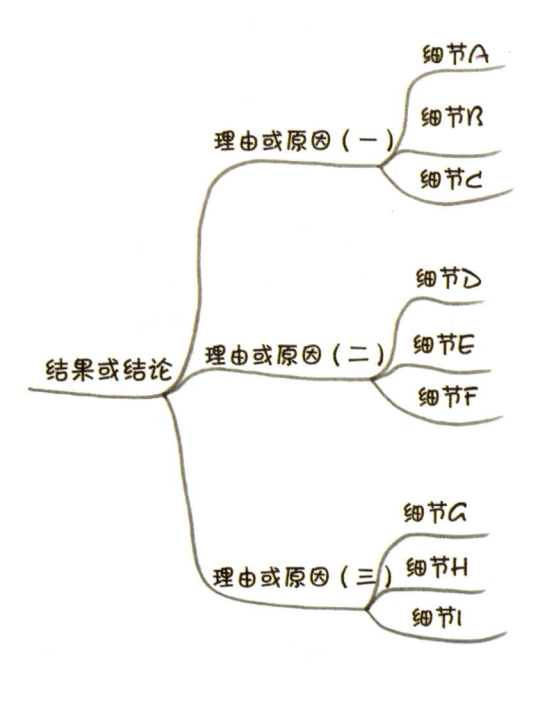

（2）从左到右型树形图

演绎法可用"从左到右型树形图"呈现，有些人的树形图会把文字框起来。这时的树形图是演绎法（发散思考）的运用，但是在阅读时形成一种从左到右的"线性思考"，会削弱发散思考的效果。

💡 演绎法：从左到右型树形图　　💡 从左到右型树形图：累积财富的方法

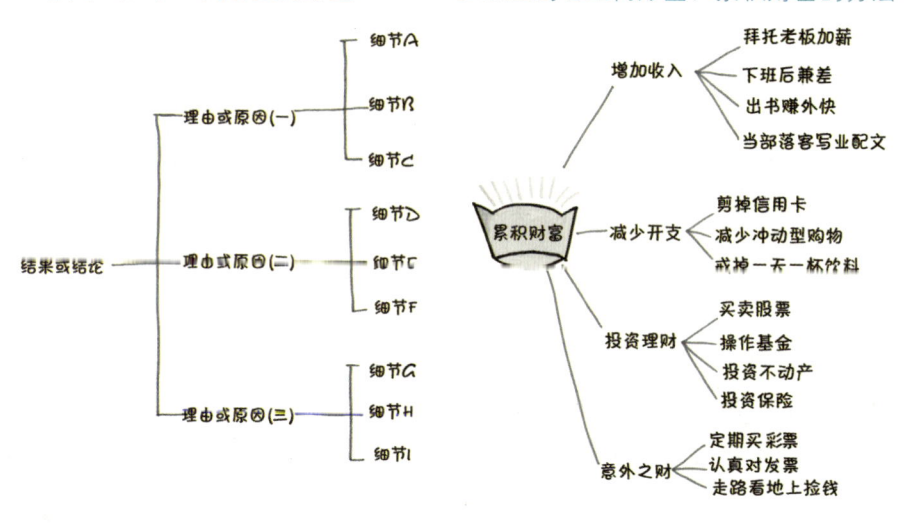

（3）正金字塔图

演绎法的发散思考运用，还可用"正金字塔图"来呈现，有人称之为"由上到下树形图"。当然，金字塔图也有人会把文字框起来。但视觉上仍是从上到下的"线性思考"，一样会削弱发散思考的效果。

若是用在表达公司管理架构上，就会被称为"组织结构"，这时强调由上到下的意念会更加强烈。

2　归纳法

综观所有的事实，找出共同点，这个共同点就是结论，也可说是"收敛思考"。就像刚刚的演绎法，归纳法也可以用"从左到右型树形图"和"倒金字塔图"呈现。

第 5 章 | 思维导图帮你打开思考僵局

○ 演绎法：正金字塔图

○ 正金字塔图：累积财富的方法

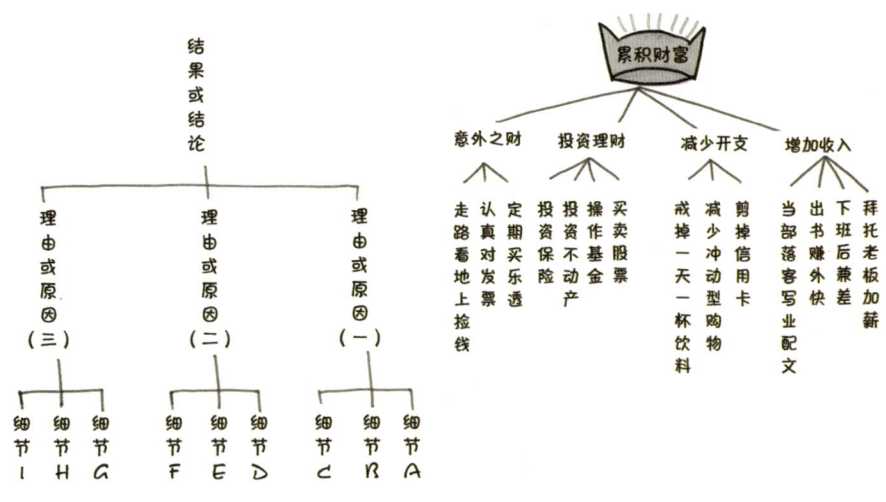

结果或结论
├── 理由或原因（三）
│   ├── 细节 I
│   ├── 细节 H
│   └── 细节 G
├── 理由或原因（二）
│   ├── 细节 F
│   ├── 细节 E
│   └── 细节 D
└── 理由或原因（一）
    ├── 细节 C
    ├── 细节 B
    └── 细节 A

累积财富
- 意外之财
  - 走路看地上捡钱
  - 认真对发票
- 投资理财
  - 定期买乐透
  - 投资保险
  - 操作基金
  - 投资不动产
  - 买卖股票
- 减少开支
  - 剪掉信用卡
  - 减少冲动型购物
  - 戒掉一天一杯饮料
- 增加收入
  - 拜托老板加薪
  - 下班后兼差
  - 出书赚外快
  - 当部落客写业配文

○ 归纳法：从左到右型树形图，有些人会把文字框起来。

○ 归纳法：倒金字塔图，又被称为"由上到下型树形图"。有些人会把文字框起来。

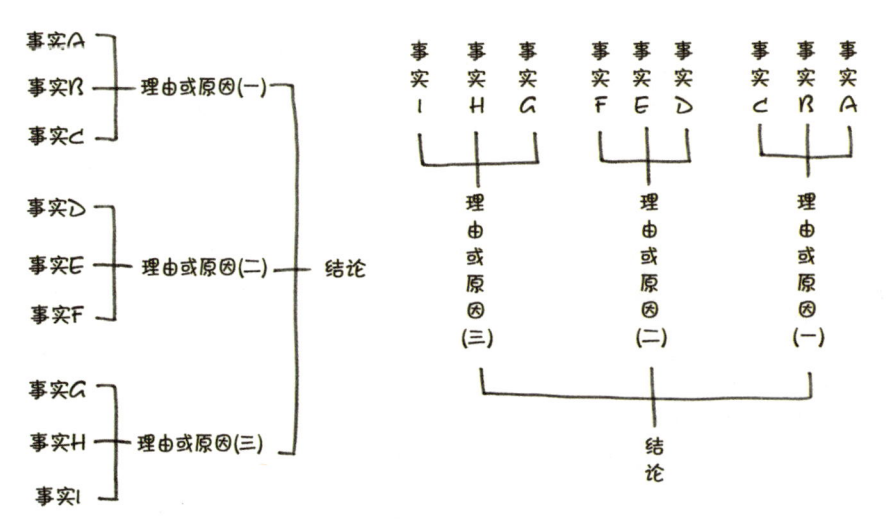

事实A ┐
事实B ├─ 理由或原因（一）┐
事实C ┘   │
事实D ┐   │
事实E ├─ 理由或原因（二）├─ 结论
事实F ┘   │
事实G ┐   │
事实H ├─ 理由或原因（三）┘
事实I ┘

事实I 事实H 事实G   事实F 事实E 事实D   事实C 事实B 事实A
    └──┬──┘   └──┬──┘   └──┬──┘
   理由或原因（三）   理由或原因（二）   理由或原因（一）
       └──────────────────┬──────────────────┘
                        结论

　　另外再以"思维导图"为例，下图原文内容是："平埔族的聚落形式，因为饮水、土地公有制度与防御等因素，故采用集村。""平埔族"与"饮水、土地公有制度、防御"这三个词语之间的关系，从左到右是演绎法

（发散思考），从右到左的阅读是归纳法（收敛思考）。"饮水、土地公有制度、防御"这三个词语与"集村"之间的关系，从左到右是归纳法（收敛思考），从右到左的阅读是演绎法（发散思考）。

若你没有记忆上的需求，只是整理一下数据，那么画成下图是没有什么问题的。

> 原文："平埔族的聚落形式，因为饮水、土地公有制度与防御等因素，故采用集村。"

（图：平埔族 — 饮水／土地公有制度／防御 — 集村；因 → 果）

我比较倾向于实务上的考虑来决定要怎么画思维导图，对有记忆需求的人来说，这样的画法还不够好，因为发散后又收敛的画法，事后要回忆本段内容时，比较容易漏掉部分内容，改用下图维持固定方向放射出去会对记忆效果比较好，视觉是从左到右是演绎法（发散思考），从右到左的阅读是归纳法（收敛思考）。

你应该已经发现了，我只是把原文的表达方式换一下顺序而已，也就是"换句话说"的手法，从"平埔族"开始，由左至右到最后一个层次，阅读方向皆维持一贯的发散思考。

> 换句话说："平埔族的聚落形式，采用集村，是基于饮水、土地公有制度与防御等因素。"

（图：平埔族 — 集村 — 饮水／土地公有制度／防御；果 ← 因）

3　MECE 原则

归纳法不是推测。归纳法得到的共同点必须是"百分之百肯定"的结论或原因。推测是可能会发生的结论或原因。要提高归纳法的合理性，要用 MECE 原则（Mutually Exclusive and Collectively Exhaustive），白话解说就是"没有遗漏，也不会重复"。

我们可以直接采用一些别人通过"MECE 原则"已经发展出来的分类方式。你看，阅读是多重要啊，多看一点书就能直接让你站在巨人的肩膀上。

符合 MECE 原则

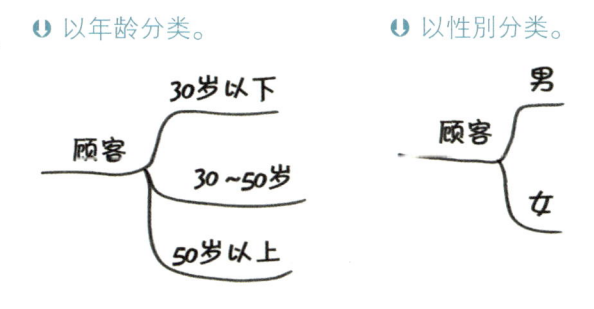

- 以年龄分类。
- 以性别分类。

不符合 MECE 原则

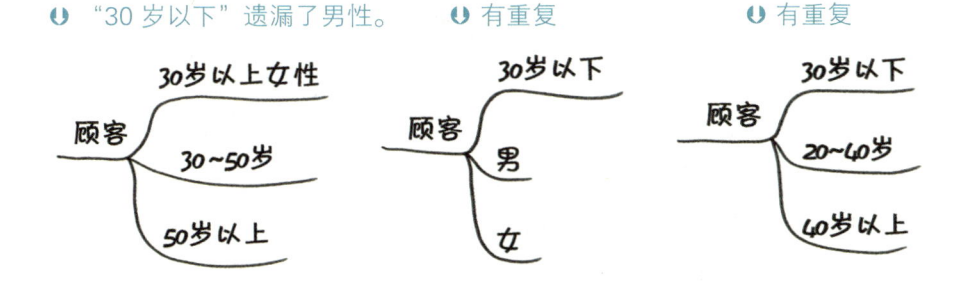

- "30 岁以下"遗漏了男性。
- 有重复
- 有重复

符合 MECE 原则

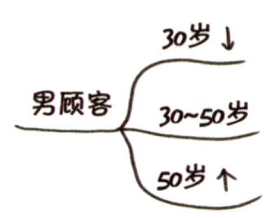

男顾客 ── 30岁↓
         ── 30~50岁
         ── 50岁↑

↻ 有多余的层次，不够精简。

顾客 ── 男 ── 30岁↓
              ── 30~50岁
              ── 50岁↑
         ↑
      多余的层次

↻ 有多余的废话，不够精简。

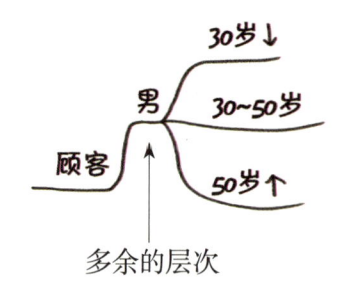

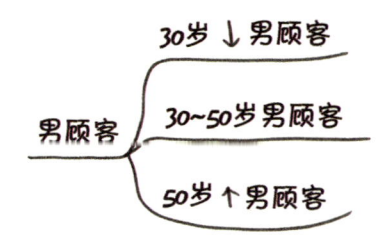

男顾客 ── 30岁↓男顾客
         ── 30~50岁男顾客
         ── 50岁↑男顾客

（1）二分法

就是"反向思考"，例如，男与女、优点与缺点、做与不做、竞争力高与竞争力低、内部分析与外部分析。有些教授思维导图的老师把"优点与缺点的比较"称之为"双值分析"。

↻ 二分法（反向思考）

反向思考：
做的理由	不做的理由
A优点	B优点
竞争力高	竞争力低
内部分析	外部分析

（2）三分法

企管业在进行分析工作时常用这种方式，例如，3C 模型是由日本战略顾问大前研一提出的，也被称为战略三角。例如，顾客（customer）、公司（company）、

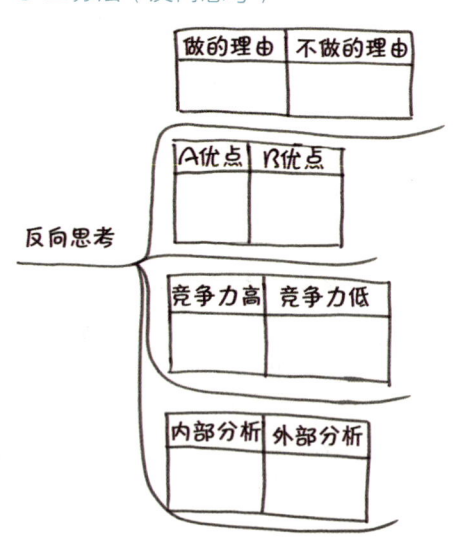

竞争对手（competitor）；高、中、低；过程前、过程中、过程后。

（3）四分法

例如，营销 4P 为产品（product）、价格（price）、通路（place）、推广（promotion）；营销 4C 为消费者（consumer）、成本（cost）、方便性（convenience）、沟通（communication）。

（4）矩阵法

把两个二分法的概念组合起来，例如，1986 年旧金山大学的管理学教授为了解决策略管理的问题，而提出了 SWOT 分析，正是组合了内与外、机会与威胁，形成单层次 SWOT 分析矩阵法。另有双层次 SWOT 分析矩阵法：内部的优势、内部的劣势、外部的机会、外部的威胁。

或是把二分法的概念加上三分法的概念，例如，奇异公司的 GE 模式，是组合了企业优势与产业吸引力高、中、低。

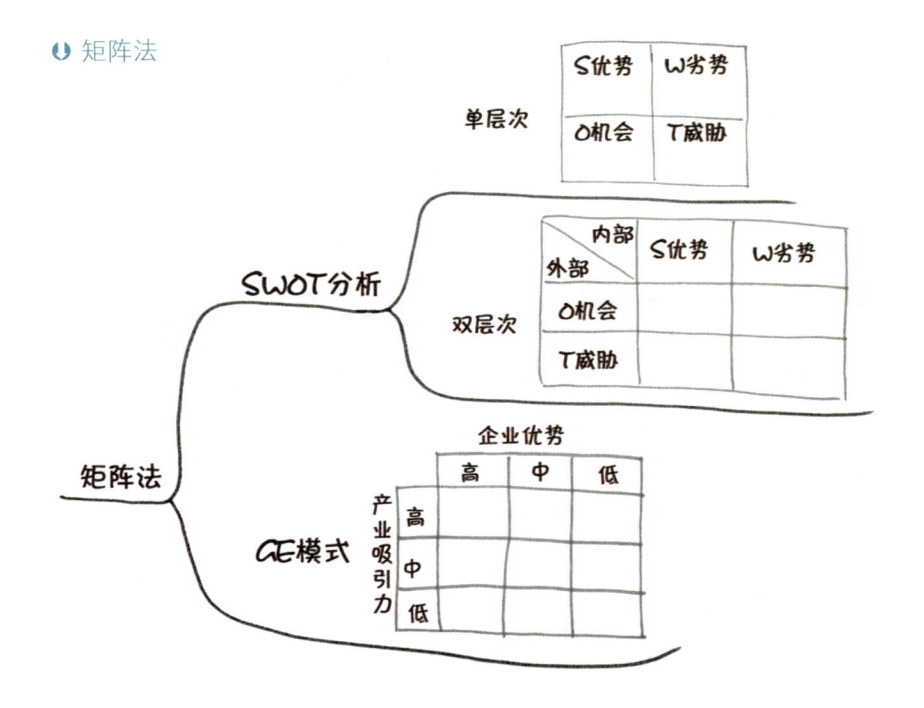

▶ 矩阵法

矩阵法——用思维导图呈现

◯ 强调"性别的重要性"大于年龄。　　◯ 强调"年龄的重要性"大于性别。

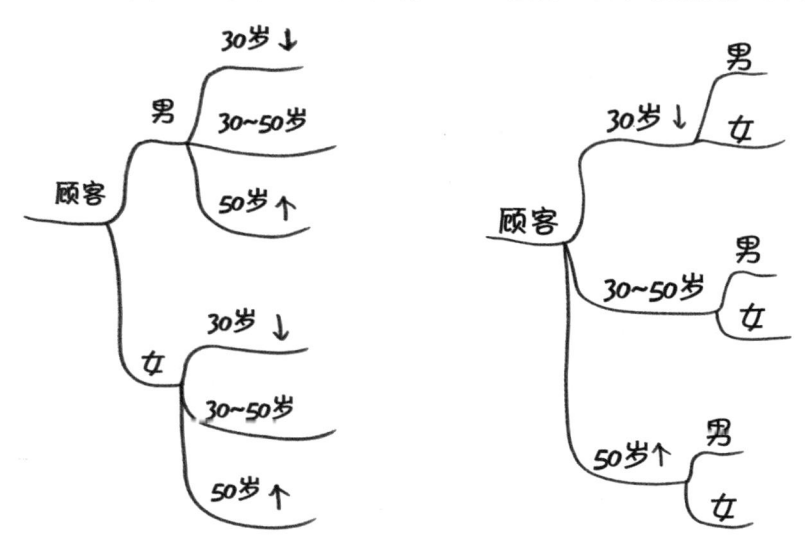

```
                30岁↓
           男 ── 30~50岁
          /     50岁↑
     顾客
          \     30岁↓
           女 ── 30~50岁
                50岁↑
```

```
              男
     30岁↓ ──
              女
    /
顾客 ── 30~50岁 ── 男
    \              女
     50岁↑ ── 男
              女
```

曾有台大硕士毕业的学员告诉我，通过思维导图的绘制过程，运用水平思考法想出三个答案，这三个答案常引导他发现矩阵式思考的 X 轴跟 Y 轴应该要列出什么。

		公司要求		公司符合趋势		职位符合趋势	
		高	低	高	低	高	低
个人能力	能达到	发展好	没成就	发展好	没成就	发展好	没成就
	达不到	挫折					

三、用一张纸处理难搞复杂的问题

处理问题有以下四个阶段：1.了解现况。2.找出成因。3.找出方案。4.彻底执行。图示如下：

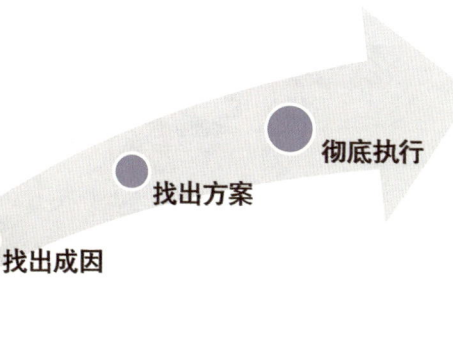

了解现况 → 找出成因 → 找出方案 → 彻底执行

▸ 面对问题的不良心态

1. **不干我事**：逃避是自然反应，但问题不会自动消失。会逃避问题表示不愿意"当责"，当责的人不仅会把事情做完，还会更进一步把事情做对、做好，绝对不问"这个问题我该怪谁"，而是自问"怎么让事情变成这样"，甚至是"我能多做什么事情，才能把事情做对又做好，交出符合期待的成果"。
2. **不求甚解**：你看见的现况，未必是问题本质。如果没有足够的经验值，我们对于事物的解读就很容易流于表面。
3. **不想协调**：预留出妥协空间，就有机会建立共识。
4. **不经大脑**：搞错问题非但无法解决问题，反而会制造问题。

你应该从上面文章的标题就能猜测出文章重点是在"了解现状"。仔细往下看后，应该发现内文已经说到"找出成因"。所以思维导图可以这么画：

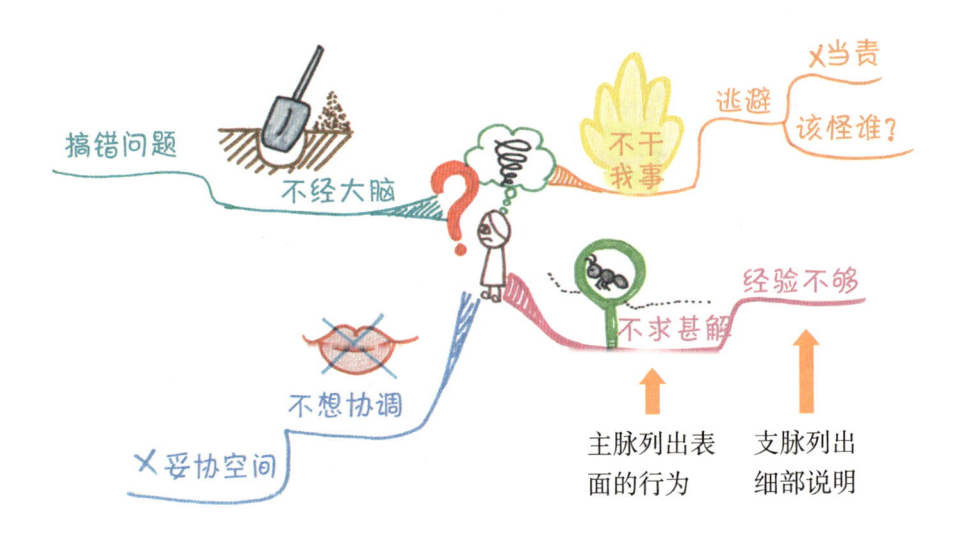

主脉列出表面的行为
支脉列出细部说明

如果想要达到第三阶段"找出方案"，那么就必须发挥创造力。创造力＝创意＋可用方法，企划过程是个人或是团体创造力的具体展现，只要依循上述四个步骤就可达成创造力。

脑力激荡（团体创造力）的步骤：

第一阶段：列清单。
第二阶段：分类。
第三阶段：依重要性去增减／延伸。
第四阶段：依优先级去增减。

💡 脑力激荡的步骤。顺时针方向阅读。

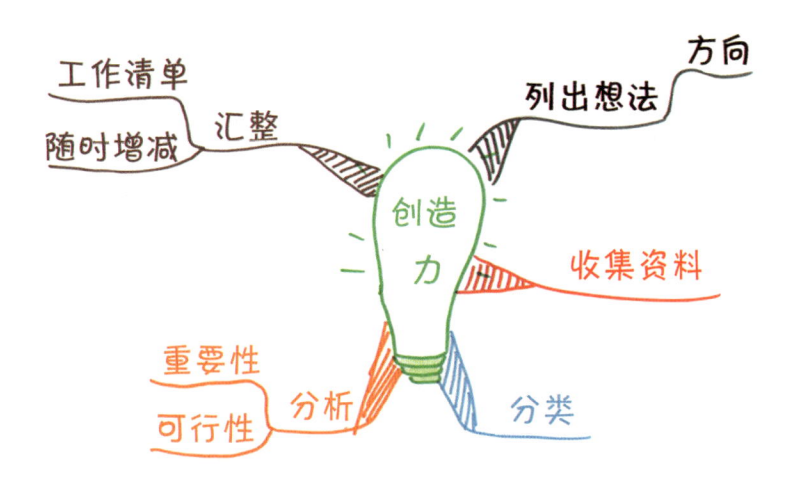

运用思维导图来进行时，很容易发挥自己的水平思考（发散思考）的思考广度、垂直思考（逻辑思考）的思考深度、分析能力的抽丝剥茧、归纳思考（收敛思考）的聚焦，进而从过程中不断地发现与弥补思考上的盲点。[①]

【练习1】阅读

1.阅读的步骤

（1）浏览一遍，圈出关键词。

（2）思考关键词间的逻辑关系。

（3）相似概念的关键词合并为同一脉（分类/用自己话表达）。

（4）用线条呈现逻辑关系。

[①] 也可以参考我的著作《思维导图：创意高手的超强思考工具》，里面有提到以各种生活上与工作中的思维导图实例，讲解如何发挥你解决问题的思考能力。

2.注意

（1）不同的阅读目的，分类方式就不相同。

（2）不同背景知识，抓的关键词都不一样。

（3）几个主要概念、几个主要分类，就有几条主脉。

（4）越后面关键词越是旁枝末节。

（5）要化繁为简，能省略的关键词尽量省略。

（6）能看着越少的关键词，回想起越多的内容，这张思维导图对个人而言，就是最好的思维导图。

以《如何下决定》[①]一书为例，依序画成六张思维导图。

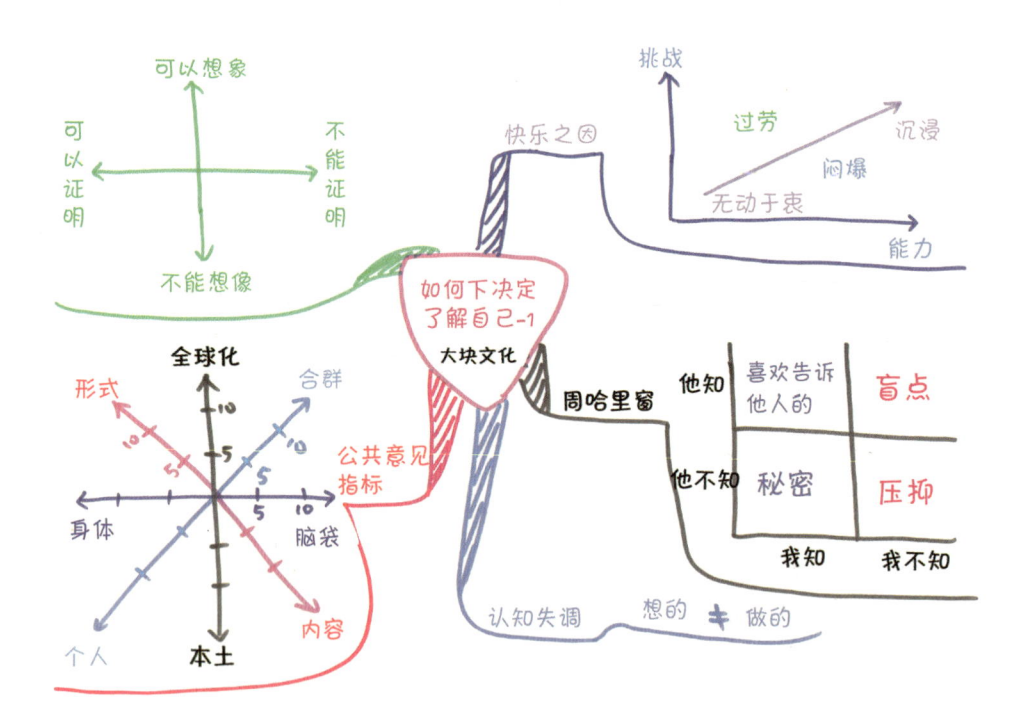

[①]（美）麦克·克罗格鲁斯、罗曼·塞普勒著，胡玮珊译：《如何下决定》，大块文化2012年版。

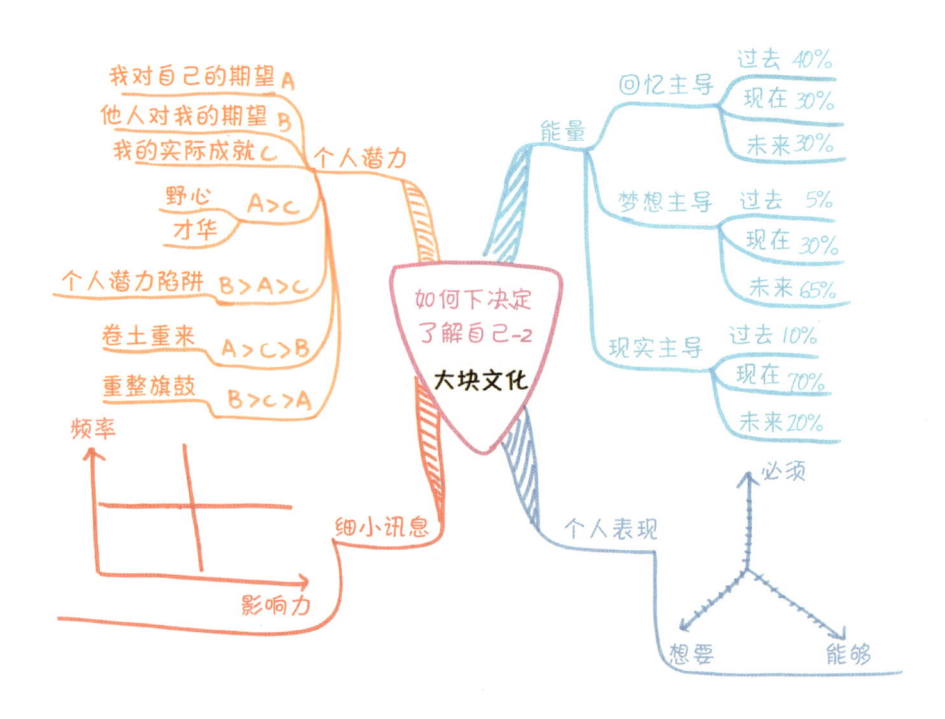

第 5 章 思维导图帮你打开思考僵局

如何下决定 了解自己-2 大块文化

- 个人潜力
  - 我对自己的期望 A
  - 他人对我的期望 B
  - 我的实际成就 C
  - 野心 A>C
  - 才华
  - 个人潜力陷阱 B>A>C
  - 卷土重来 A>C>B
  - 重整旗鼓 B>C>A
- 细小讯息
  - 频率 / 影响力
- 能量
  - 回忆主导：过去 40%、现在 30%、未来 30%
  - 梦想主导：过去 5%、现在 30%、未来 65%
  - 现实主导：过去 10%、现在 70%、未来 20%
- 个人表现
  - 必须 / 想要 / 能够

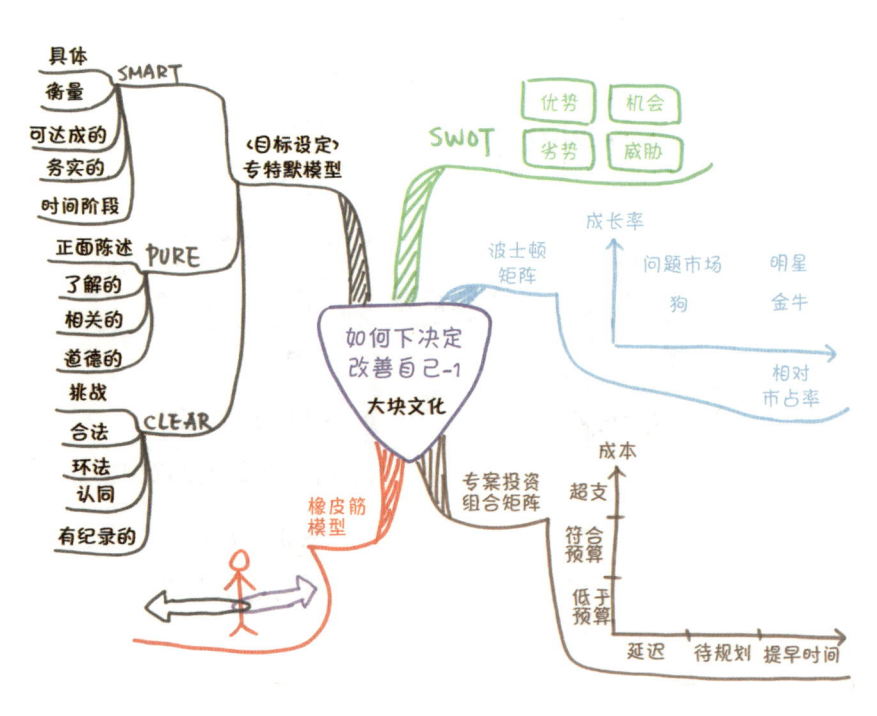

如何下决定 改善自己-1 大块文化

- 〈目标设定〉专特默模型
  - SMART
    - 具体
    - 衡量
    - 可达成的
    - 务实的
    - 时间阶段
  - PURE
    - 正面陈述
    - 了解的
    - 相关的
    - 道德的
    - 挑战
  - CLEAR
    - 合法
    - 环法
    - 认同
    - 有纪录的
- SWOT：优势、机会、劣势、威胁
- 波士顿矩阵
  - 成长率 / 相对市占率
  - 问题市场、明星、狗、金牛
- 专案投资组合矩阵
  - 成本：超支、符合预算、低于预算
  - 延迟、待规划、提早时间
- 橡皮筋模型

173

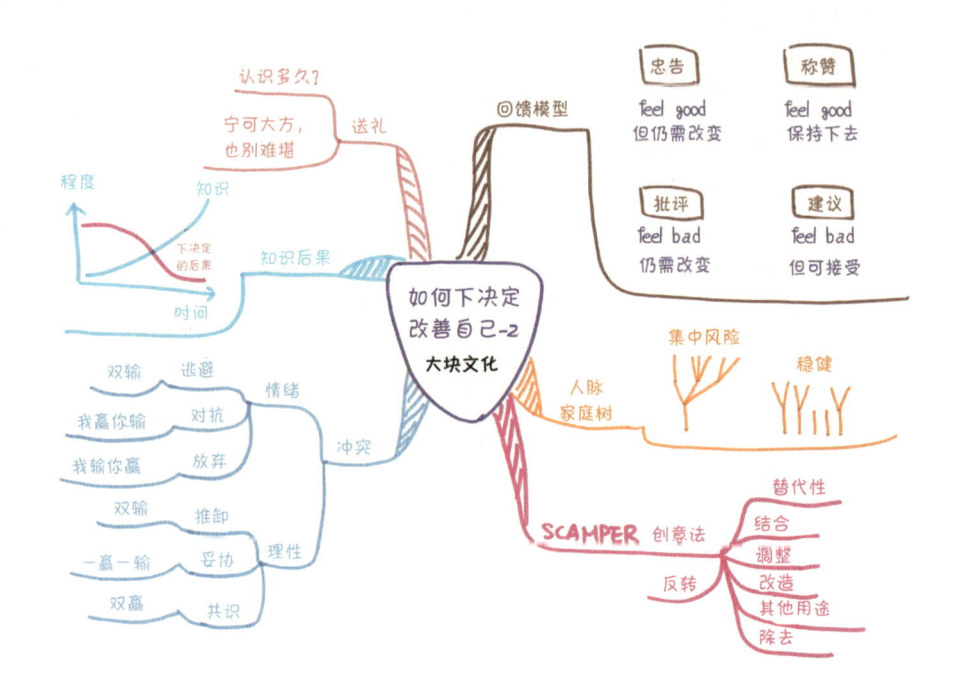

如何下决定改善自己-2 大块文化

- 送礼
  - 认识多久？
  - 宁可大方，也别难堪
- 回馈模型
  - 忠告 feel good 但仍需改变
  - 称赞 feel good 保持下去
  - 批评 feel bad 仍需改变
  - 建议 feel bad 但可接受
- 知识
  - 程度 / 时间（下决定的后果）
  - 知识后果
- 情绪
  - 逃避 — 双输
  - 对抗 — 我赢你输
  - 放弃 — 我输你赢
- 冲突
- 理性
  - 推卸 — 双输
  - 妥协 — 一赢一输
  - 共识 — 双赢
- 人脉家庭树
  - 集中风险
  - 稳健
- SCAMPER 创意法
  - 替代性
  - 结合
  - 调整
  - 改造
  - 其他用途
  - 除去
  - 反转

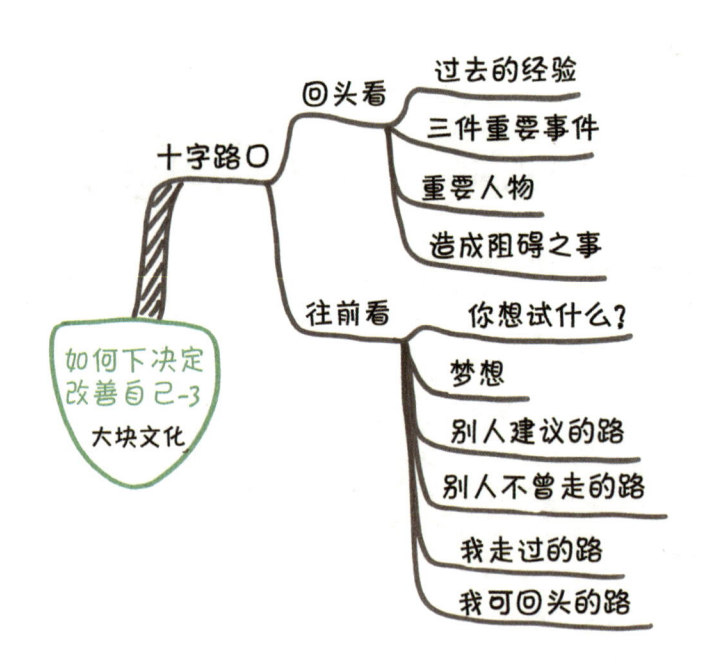

如何下决定改善自己-3 大块文化

- 十字路口
  - 回头看
    - 过去的经验
    - 三件重要事件
    - 重要人物
    - 造成阻碍之事
  - 往前看
    - 你想试什么？
    - 梦想
    - 别人建议的路
    - 别人不曾走的路
    - 我走过的路
    - 我可回头的路

[手绘思维导图区域:]

回答形态
- 建设性的
  - 学校老师型 思考者 — 不行,因为 / 好,那么……
- 负面的 ←→ 正面的
  - 独裁型 吹毛求疵者 — 不行! / 好,可是……
- 毁灭的

如何下决定 了解他人-1
大块文化

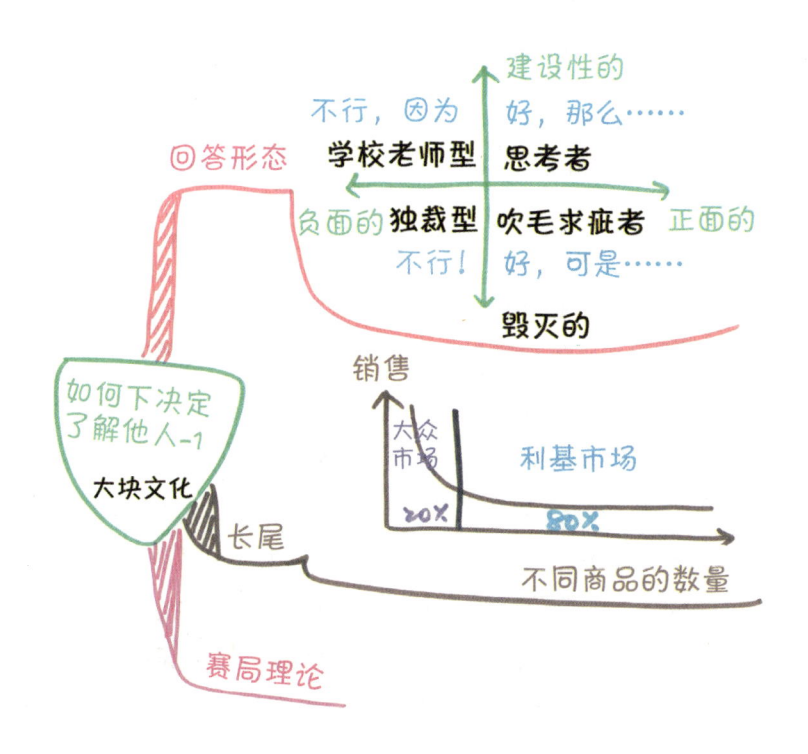

销售 ↑
大众市场 20% / 利基市场 80%
长尾
不同商品的数量 →

赛局理论

【练习2】写作

某个很认真的高中语文老师问我:"你早年用思维导图教学生写作文,学生作文分数突飞猛进,于是我也学你改用思维导图教学生作文,但我遇到一个问题,就是学生不会画思维导图,所以没有办法自行开展,该怎么办?"

当时我有点为难,毕竟我是教授思维导图近二十年的人,学生在画思维导图时会遇到什么样的问题我很清楚。常常学员表现出 A 困难,但导致 A 现象的根本原因可能有甲、乙、丙三种,我习惯从学生画思维导图的过程中去了解核心原因到底是甲、乙、丙哪一种。

现在这老师是转述高中生的情况,而且不是详尽的描述。我最快速、最简单的答案就是:"老师只要专心教怎么写作文,请学生直接来上我的课,以后他自己就能做得很好,老师您上课就会很轻松了。"专业的事情,就交给专家来处理,这不是最简单、最快的方法吗?

不过这样的回答大概会让这个老师觉得我是在敷衍他吧，所以我当时并没有这样回答。

写作，是一种意见的表达，是一种脑力的输出。写作者只要管好"输出"时的这两件事情："说什么？""怎么说？"

多年前，曾有学员问我："你工作那么忙，又有北中南演讲要跑，怎么有办法集中精神好好地写书呢？"

我先用思维导图拟好要"说什么"，一边想一边动手画思维导图，在发想的过程中肯定是会修修改改的。这张思维导图，就是本书的整体观，只要写下每个章节的标题即可。

若你是要准备高普考类考试的学生，看到这里时，千万不要故意来个反向思考，想把考试书里的目录画成思维导图，因为这样是浪费你的时间。一般高考的书籍，书的目录都已经整理得很好了，除非你的时间很充分，你才动手把目录改成思维导图，否则你只要常常翻阅书本目录就好。

当你看着这张思维导图时，很确定你"没有见树不见林""整体布局完整"后，你就可以开始思考"怎么说"了。

"怎么说"就是用字遣词的优美，这部分牵涉到语文的修辞格，还是交由语文老师来处理。

说话的目的在于沟通，写作的目的也在于沟通。能达到"沟通效果"是最重要的。

别忘"说什么"大于"怎么说"！要先有丰富的思考架构，即使用字遣词不够优美，别人依然能明白你要表达的意思。

更接近文学等级的文章，要能借由丰富的词汇表达出内心情感的变化，但写作如果是内容空洞，光有华丽的辞藻，只会让人觉得腻烦，就像八股文一样，这就是"怎么说"大于"说什么"了。

再次强调，各位看不懂以下这些思维导图的内容是正常的。要用什么样的图像来表达自己的想法，本来就是很个人化的。我也不允许这些学生抄袭别人的图像。

第 5 章 | 思维导图帮你打开思考僵局

● 高二生品谕的创意作文，主题：手与脚

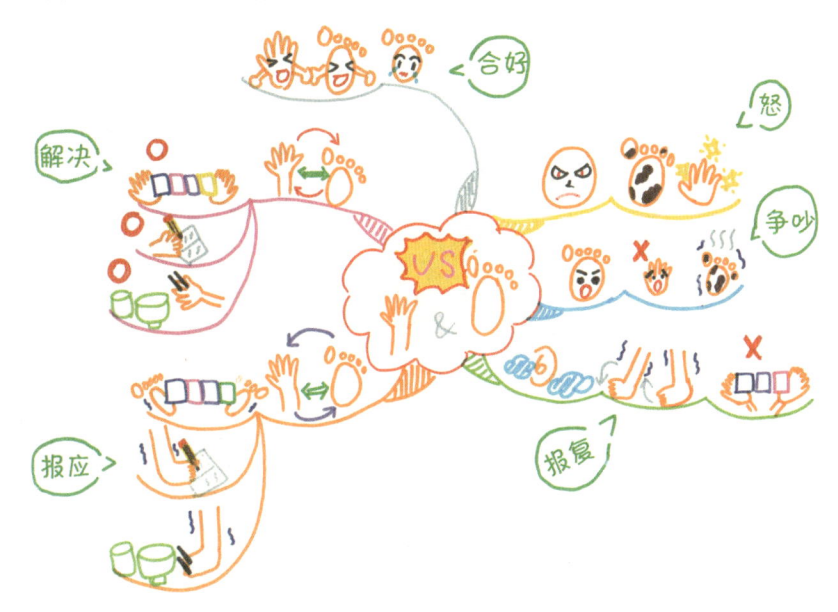

● 高一生品凡的创意作文，主题：针与仙人掌

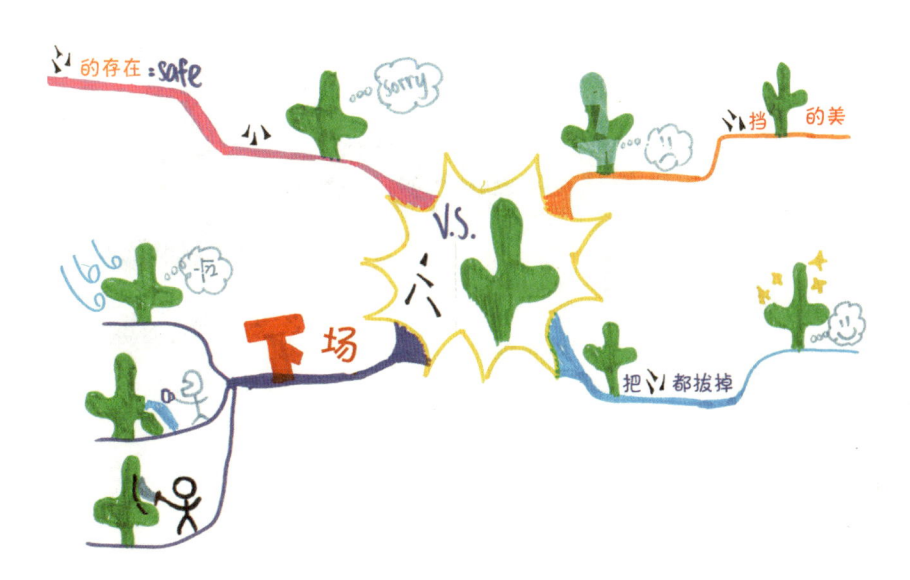

177

◐ 初二生唯瑄的创意作文，主题：针与仙人掌

◐ 初一生卿怡的创意作文，主题：汽车与轮胎

↺ 初一生雨涵的创意作文，主题：笔与笔袋

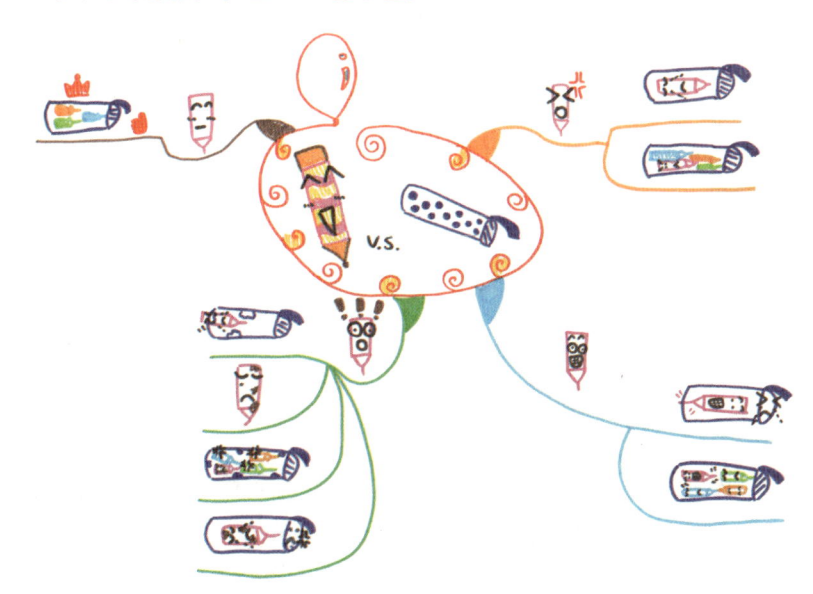

↺ 初二生文华的创意作文，主题：衣服与身体

四、要传达的讯息，让对方快速理解

常有人在网络上问我："要怎么画出自我介绍的思维导图？"这个问题背后的问题是："我不知道该怎么做自我介绍？"

所以这里简单地说明一下，口头的自我介绍应该有以下3个特性：

1. 简短；
2. 聚焦；
3. 令人印象深刻。

自我介绍千万不能是一堆可有可无的流水账！你必须把自己当成是"商品"，"自我介绍"就像试用包，发送出去让潜在客户试用后惊为天人，成为喜爱你这个商品的死忠爱用者！

每个人身上，都有丰富的故事和经历，千万别妄想靠着单一版本的自我介绍，勇闯各种社交或专业情境。"自我介绍"，可大可小。可以用来展现亲和力，也可以拿来预告专业实力。

正式一点的，通常发生在甄选考试、求职面试、大型会议简报上。轻松一点的，很可能是社交场合里和新朋友打声招呼、交换名字。不论是正式一点的或是轻松一点的，你都需要准备不同版本的自我介绍。

你可能想问："为什么要如此麻烦费心呢？"因为，正式场合中和一般的闲聊绝对不一样，正式场合的自我介绍必须像是浓缩精华液，要浓缩你这个人重要的特质，这些特质必须是对方有兴趣、想知道的特质。

举例来说，即使你是思考灵敏宛如《琅琊榜》里的江左盟宗主梅长苏，又是方向感发达的人肉导航机，但如果今天你要应征家事服务员的工作，最好在自我介绍中，让人看到你善于整理组织、没有过敏体质、不怕蟑螂、重视细节等特质。因为，这才是家事清洁公司"在乎"的特质，其他和当个优秀家事服务员不相关的优点，通——通——不——重——要！

许多成功人士都会根据"日常社交"和"专业工作"两大情境，准备不同版本的开场白或自我介绍。不同基调的自我介绍，可以为你打造得体、吸引人的印象。以下是谭宥宜讲师的个人自我介绍版本。①

1 一般社交场合：短版

哈啰，大家好，我是宥宜，你们可以叫我的绰号，发发。

2 适用于一般社交场合：长版

哈啰，大家好，我是宥宜，你们可以叫我的绰号"发发"。我是个表达训练讲师，平常喜欢走很多路、看很多书，还有，我是个超级泰迪熊迷。

3 专业场合：短版，焦点摆在和工作相关的信息

大家好，我是谭宥宜。我是资深的新闻工作者、口译员，也是表达训练讲师。如果各位在文字、口语表达或英语学习上，有任何问题想和我交流，非常欢迎来跟我聊聊。

4 专业场合：长版

大家好，我是谭宥宜，我过去是资深国际新闻记者，也是专业口译员，目前是口语和文字表达训练讲师，也是很多民间商业人士的私人中英文文胆。通过专业，我帮助客户换位思考，用更精准、利落、有效的方式，准备面试、简报和演讲的文字脚本，提升他们在工作或生活中的能见度。

最得体、最有效的自我介绍，一定都是根据场合搭配出来的。

建议你，也替自己准备 4 个版本的自我介绍。社交场合版（长短&短版），还有专业场合版（长短&短版）。每个版本字不用多，短版 50 字，

---

① 本篇内容由 ESI 口语表达训练讲师谭宥宜协助完成。

长版150字。

你可以根据以下步骤做发想：

1. 确认情境。用于社交场合，还是专业场合？对象可能是哪样的人？
2. 通过这个版本的开场白，你想营造什么印象？亲和力？或是某个领域的专业感？
3. 眼前这些人和我有什么共同性？（共同的朋友圈？嗜好？背景？在乎的议题？……）
4. 眼前的这些人对我有什么好奇？（过去的学业成绩？职场经历？特殊成就？……）
5. 我有什么特别之处，是对方有兴趣知道的？
6. 我希望对方记住我什么？

根据以上的步骤，在这个筛选过程中，自然而然，你就会剔除掉那些别人不需要、也不想知道的个人信息了，轻松演变出简短、聚焦且让人印象深刻的自我介绍或开场白。

【练习1】以自我介绍的思维导图吸引听众：强调自己的优点[①]

动手写内容前，要先想好这三点：

1. 设定你要对谁介绍

   谭宥宜讲师的这张自我介绍，主要设定的对象，是对她的课程有兴趣，好奇讲师背景的学生。

2. 预设对方会好奇的地方

   通常学生在认识老师时，会好奇老师的学历、经历背景，因此在这张图

---

① 本练习的内容由ESI口语表达训练讲师谭宥宜协助完成。

中，第一条是学历脉络，第二条是工作经历脉络。

3.记得要加入人味

第三条加入兴趣脉络，是为了在学历、经历的专业感之外，添加人味，让大家知道老师私底下也是有多元兴趣的。

当你决定好自我介绍的内容后，可以将内容以头—中—尾"三段架构"的方式做呈现。因为这样的结构，最方便组织和记忆，同时也不会提供过多的信息给听众。

在口头自我介绍时，你可以挑选每条脉络下最特别、最有趣的支脉来做主述，其他次要信息为辅。这样你的自我介绍就会很有层次感。

◐ 谭宥宜的自我介绍

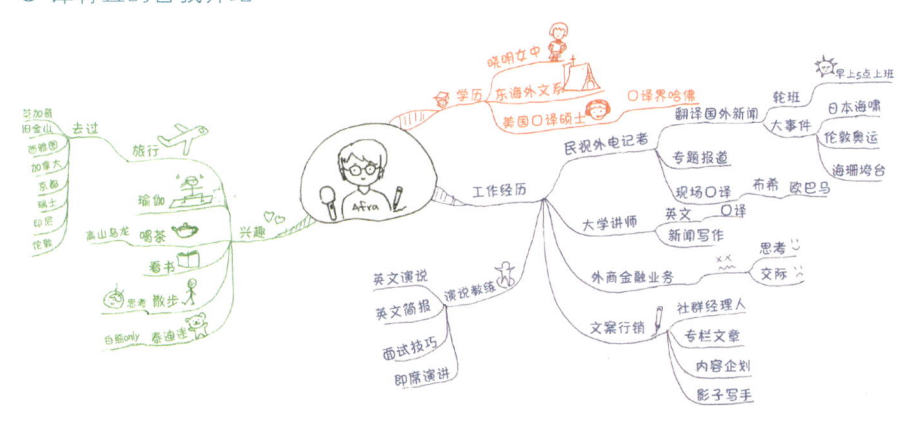

【练习 2】以自我介绍的思维导图吸引面试官：求职履历

在对方眼中越重要的讯息越要放在前面，林丽已经不是刚毕业的社会新鲜人，相较之下工作经历比学历还要重要，因为工作时间越久，学历相对越不重要。一般的书面履历是这样写的：

姓　　名：林丽
联络方式：（家）02-12345678
　　　　　（手机）0912-345-678
　　　　　（E-mail）abcdefg@gmail.com
求职期望：可以发挥个人英文能力与工作能力的助理职位
工作经历：2009.5—迄今　　　EFD 企业　　经理秘书
　　　　　2007.6—2009.4　　AFF 广告　　行政助理
专　　长：组织沟通、文字处理、电话应对、素材数据搜集、数据整理。
语言能力：国语是母语。英语听说读写皆流利。日语读写能力流利。
学　　历：淡江大学社工系毕业。

版面设计会呈现你的个人风格，所以要以简洁有力为主，因为审阅履历的人都很忙，不要让他们眼花缭乱，所以只要在中央主题画上自己的模样，或者是贴上大头照。

第一条脉，先秀出你的联络方式，不要让他们花时间去找你的联络方式。

第二条脉，秀出你的企图心，让人力资源单位立刻辨识是不是他们要找的人。

第三条脉，在工作经历上要写出一些重要的具体成果，才会吸引人力资源人员的眼光。

第四条脉，强调你的抽象能力。

第五条脉，会使用多种语言将会比较吃香，在此更明确地秀出你的语言能力。

第六条脉，只有刚毕业的社会新鲜人，能通过学历来证明你会什么、你能做什么，一般工作超过三年以上的人，学历的重要性降低，个人能力的重要性提高。于是林丽把学历放在最后一条脉上。

◐ 林丽的求职自我介绍。

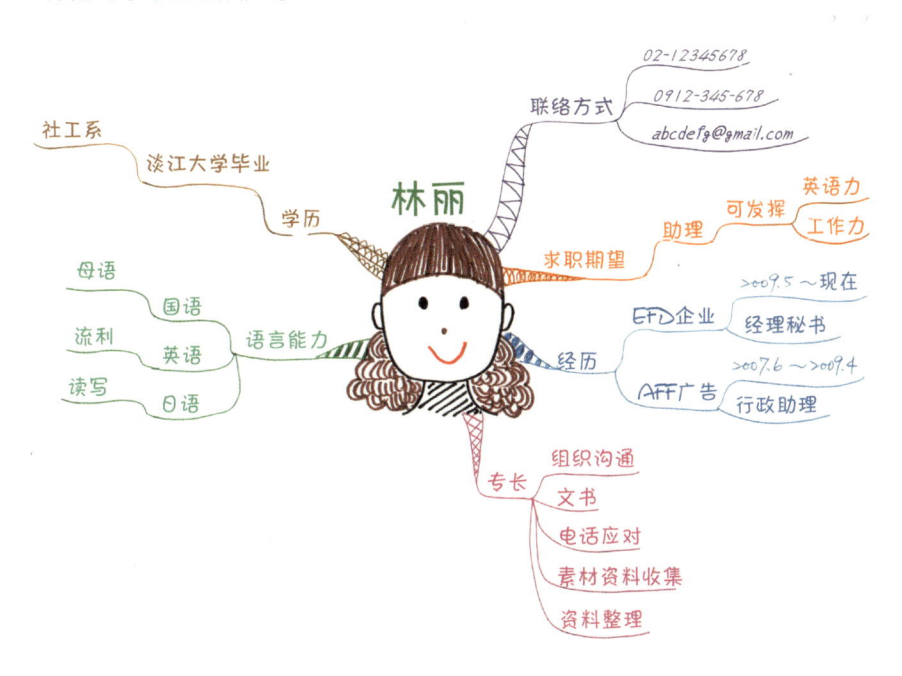

（思维导图：林丽
- 学历：淡江大学毕业 — 社工系
- 语言能力：国语（母语）、英语（流利）、日语（读写）
- 联络方式：02-12345678、0912-345-678、abcdefg@gmail.com
- 求职期望：助理 — 可发挥 — 英语力、工作力
- 经历：EFD企业（经理秘书，2009.5～现在）、AFF广告（行政助理，2007.6～2009.4）
- 专长：组织沟通、文书、电话应对、素材资料收集、资料整理）

【练习3】募款计划书

可以先用思维导图方式思考，会更容易了解劝募计划中的重点。最后再改成一份书面的劝募计划。

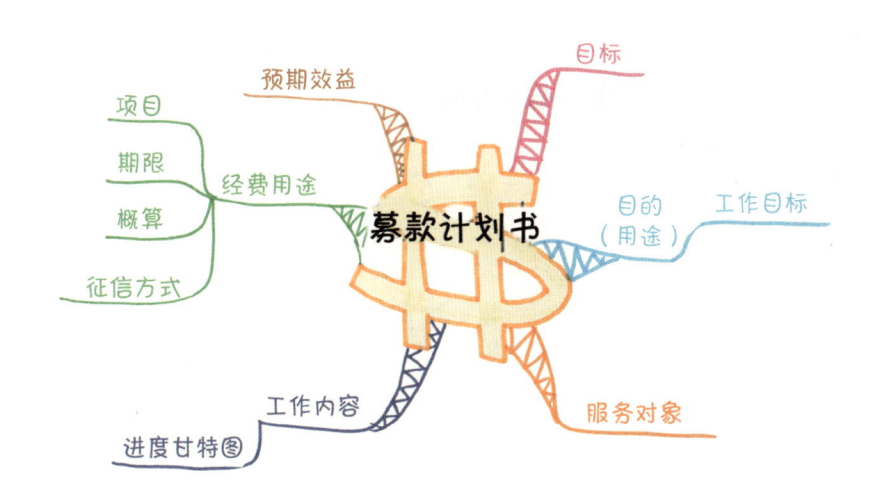

（思维导图：募款计划书
- 预期效益
- 目标
- 经费用途：项目、期限、概算、征信方式
- 目的（用途）：工作目标
- 工作内容
- 进度甘特图
- 服务对象）

185

一般书面计划书都是采用条列式写法，内容部分是文章方式。如下列范例：

○○单位"○○计划"募得财物使用计划书

一、计划目标

○○○○

二、目的（用途）

根据上述○○○○之问题及需求，配合○年度工作计划，订出主要工作目标及目的如下：

（一）○○○○○○○

（二）○○○○○○

（三）○○○○○○○

（四）○○○○

三、工作内容及服务对象

（一）服务对象：○○○○

（二）预估○年 1-12 月，办理各项支持性小团体及中大型项目活动○类，共有○场次，估计可服务之对象达○○○人次。

（三）依据服务内容，订出工作执行甘特图，以确实掌握工作进度：

"推动○○○○全面向服务计划"

方案执行进度甘特图

工作项目	1月	2月	3月	4月	5月	6月	7月	8月	9月	10月	11月	12月
1.○○○	***	***	***	***	***	***	***	***	***	***	***	***
2.○○○			***		***			***			***	
3.○○○			***			***			***			***
4.○○○				***	***					***	***	

（四）经费用途：

作为执行本计划经费支应，如场地费、讲师费、心理咨询费等。

（五）预定募款金额：新台币○○○万元整。

四、预定经费使用期限：预估○年12月31日前完成。

五、经费概算：

项目	次项目	单位	数量	单价	预算数	备注
○○	个案访视辅导事务费	小时／人	○次×○人	○○元	○○元	○○
	交通费及餐费	次／人	○○次×○○人	○○元	○○元	○○
	场地费	场次	○次	○○元	○○元	○○
○○	团体领导者讲师费	人／时	○○人×○○小时×○○次	○○元	○○元	○○
	辅导员	人／时	○○人×○○小时×○○次	○○元	○○元	○○
○○	活动材料费	次／人	○○次×○○人	○○元	○○元	○○
	活动材料费	次／人	○○次×○○人	○○元	○○元	○○
合计					○○元	

六、经费使用：依活动经费概算项下专款支付。

七、征信方式：活动结束后，办理情形及捐款明细除报请主管机关备查外，另刊登于本会网站及会刊中。

八、预期效益：○○○○○○○○○

五、人生要怎么做选择才不后悔

思维导图可当作寻找人生方向的工具，但是给心急的你，想直接翻到后面看思维导图举例前，我强烈建议你一定要先看完这三大启发。这三大启发来自我在大学一年级的生活经验，过去只会在我的课堂上说出来，因为还需要更多的实证经验才敢写在书中。绝不是我偷偷藏了秘诀，而是毕竟你看书跟你来上我教的时间管理课程，吸收效果绝对不一样。

你亲自来上课的话，我可以通过互动更了解你的优缺点，能随时帮助你调整输出的思考内容。但你现在是一个人在阅读这本书，你的吸收力如何？你对内容有误解吗？你有没有漏看了哪些重点？这些我通通无法得知。只能经过我自己与学员的实证累积，用文字简略说明：

1. 人生最重要的事情不是要做什么，而是分辨"要做什么"跟"绝对不做什么"

坊间有众多的书籍，都在告诉你，你要如何做"目标设定"，你要怎么写下"你死前想要做的事情"，核心观念大家写的都一样。你去书店实际翻翻，找一本你觉得用字遣词看起来比较顺眼的，买回家仔细照步骤好好做就好。

但是，我在大学时代就发现了，目标设定或确立未来想要做什么，并无法带给你快乐且轻松达标的人生。我们的人生中总有许多"意外事"、莫名其妙的"怪事"、无厘头的"鸟事"一直发生来干扰你内心真正想要做的"正事"。

所以你应该要用思维导图来列出两张列表，一张主题是"这辈子想做的事"，一张主题是"绝对不要做的事"。

根据 80/20 法则，人生这块披萨可以分成两大块，我称之为大块（80%时间）跟小块（20%时间）。人生中的小块（20%时间）能做你想做的事情，但是这 20% 的时间能带来你人生中 80% 的快乐。人生中的大块（80%的时间）却只能得到 20% 的快乐。

反向思考一下，你要分辨出大块那一边（80%的时间）都在做哪些不快乐的事情，这些事情就是你"绝对不要做的事"。

2. 不要钱的，永远最贵

时间跟金钱永远是天平的两端，这个地球目前还没有"又省时间又省钱"的事情。省钱的就会花时间；花钱的就能省时间。

2007年iPhone刚上市时,一个跟我可以很直白地讲真心话的朋友极力鼓吹我:"赶紧换手机,因为真的很好用!"

他说:"手机有很多软件可以用来免费打电话,可省下电话费。随时都能上网,查衣食住行的数据都很方便,越方便就越省时间。"

我问:"买iPhone跟绑约两年的上网吃到饱,月租费虽然可以折抵通话费,但这两年下来你一共要花多少钱?"

他说:"手机24,000元,绑约两年吃到饱的电信通话费大约是26,400元,一共是50,400元。"

我说:"你又不会在手机上看影片,因为你说那很伤眼睛。你的生活方式根本不需要随时上网啊!难道你不能在出游或出门前先在家里上网查好各项资料吗?你的生活方式是周一到周五下班后就直接回家,周六打扫或是采购日用品一整天,周日到娘家或婆家,原本一个月手机通话费300多元,加上家里上网费用400多元,一个月总计算900元,两年一共花21,600元。你为了要免费打电话跟随时能上网,你反而多花了28,800元。"

这种"不要钱的,永远最贵"情况,非常常见。

若仔细观察一下"手机成瘾症"者的行为模式,他就算有你的手机号码,也不会打电话给你,他们喜欢跟你要LINE,不管是重要的事或不重要的事,都倾向于用LINE跟你沟通。这就造成了一种现象,本来打电话三十秒可以讲完的事情,用打字却花了两分钟,你为了省钱、免费,反而掉入了浪费时间的陷阱中;不管对方写了什么,因为看不到对方的脸,我们就得一直回复个贴图或是"哼哼、哈哈、咳、嗯嗯"一下,这些贴图与打字时间累加起来，一天就浪费了你好几十分钟的时间成本。

换个角度来想，如果你的好朋友有事找你，却事事都只愿意用免费的LINE跟你说，不愿意花个一分钟六元的通话费在你身上，请问，这种人真的是你的好朋友吗？

"真好朋友"才值得你花时间在他身上。很多学员用我教的这个方法，就测试出哪些人是"真好朋友"，哪些人是"假好朋友"。另外"用键盘沟通而吵架"的概率是"面对面沟通而吵架"的数倍以上。

更何况多数人的打字速度不快，LINE只适合用来一对多的告知、通知、公告，并不适合用来讨论事情。

3. 把时间换算成钱，你才能分清楚究竟是"省钱花时间"还是"花钱买时间"，才能为你赚到更多的时间

我在课堂上常故意问学员一个问题："花较多的钱搭出租车，跟花少量的钱搭公交车，哪个生活方式才聪明呢？"不管你的答案是什么，背后都有五花八门的理由，最后就是公说公有理、婆说婆有理。

面对人生中金钱与时间的矛盾时，我的标准答案只有一点："有更多的时间，才会让你觉得更快乐。"

多数人在年轻时用时间换金钱，年纪大了就用金钱想买回时间。随着年纪增加，办公室或家中抽屉的保健食品越来越多，花钱买保健食品，表面上是花钱买健康，本质是花钱买未来的时间。问问你自己，吃保健食品时的你，吃得很快乐吗？应该没有人是无忧无虑或热衷于吃保健食品的吧？

【练习1】时间管理笔记术

时间就是金钱，请你真正把时间当成有价货币来看待。提高金钱利润有"开源"跟"节流"两个方向，对应过来，提高时间利润就是"机会"跟"成本"两个方向。

1. 成本角度

2015年工读生的最低时薪是每小时120元（新台币，下同），也就是一分钟2元，没有工作的你可以用这个条件来计算。周末二日的上班族们，假设是月薪32000元者，请换算成时薪计算（32,000÷22天÷8小时＝时薪181元），一分钟算3元好了。

【举例1】

实体店卖280元，网购卖220元，从实体店搭公交车回家要花20分钟，回家上网下订单（姑且不计网站比价时间）要花5分钟。有些人都在实体店面检视商品，然后再回家到购物网站上用更低的价钱购买。到底这样做是真的"聪明购物"吗？

	直接在实体店买的成本				实体店体验后回家网购的成本					价差
	售价	车资	车程	总计	售价	车资	车程	上网	总计	
时薪120	280	15	20×2=40	335	220	15	20×2=40	5×2=10	285	50
时薪180	280	15	20×3=60	355	220	15	20×3=60	5×3=15	310	45

第一个表格，告诉我们两个结论：

（1）薪水越高的人，"到实体店面的总成本"跟"店面体验后再网购的总成本"的价差会越小。

（2）"上网时间成本"是你在购物前就可以事先计算出来的。如果实体店的售价跟网络上的售价，两者之间的价差不够大，没有超过你的上网时间成本的话，你应该当场就买回家带走。马上带走还有一个时间上的好处，就是广告词说的"早买早享受"的机会。

【举例 2】

实体店卖280元，网购卖220元，从实体店搭公交车回家要花20分钟。网购下订单要花5分钟。实体店中咨询时间要花10分钟，网站比价时间要花30分钟（暂时忽略上网电信费与处理退货这件事）。不知道这个东西好不好，要去实体店亲自体验看看，还是要在网络上查询商品评价与比价，哪个做法是真的"聪明购物"呢？

	去实体店体验后购买的成本				网络比价后网购的成本				价差
	售价	来回车资	来回车程	咨询	总计	售价	比价	退货	总计	
时薪120	280	15×2=30	20×2×2=80	10×2=20	410	220	30×2=60	0	280	130
时薪180	280	15×2=30	20×3×2=120	10×3=30	460	220	30×3=90	0	310	150

第二个表格，告诉我们两个结论：

（1）薪水越高的人，亲自体验并采购的时间成本越高，越适合网站比价后网购。

（2）只要"来回车资车程与体验的时间成本总和"高于"查评价、比价、退货处理的时间成本总和"，你就应该网购。所以越是量化且有固定规格的东西，越应该要网购。

这里延伸出另一个生活例子。经过数字化的计算，我也能更理解或许为什么以前苹果的乔布斯、脸书的扎克伯格，他们的衣服款式只有一款的理由了。因为常换款式不仅分走他们的注意力，同时试穿衣服付出的时间成本也很高。

以上时间的"成本"都是属于节流角度。

千万别为了省小钱，却赔掉大钱的机会。别忘了，属于开源角度的"机会"，才是真正影响你人生最大快乐的主要因素！

2. 机会角度

常言道："机会是给准备好的人。""面对机会，你准备好了吗？"

不仅是你的专业知识与技能准备好了，一件事情有光就有影，面对大机会所带来的大挑战，与大挑战带来的大挫折时，你的心态与抗压性准备好了吗？

运用思维导图可帮你快速了解自己的机会所在。

说到时间管理，必定要提史蒂芬·柯维所提出的"第二象限时间管理法"。你可以把一天或是一周要做的事情，随时分别填入这四个象限中，通过填写的动作，你会渐渐厘清过去时间管理做不好的原因。记得要把专注力放在第二象限上。

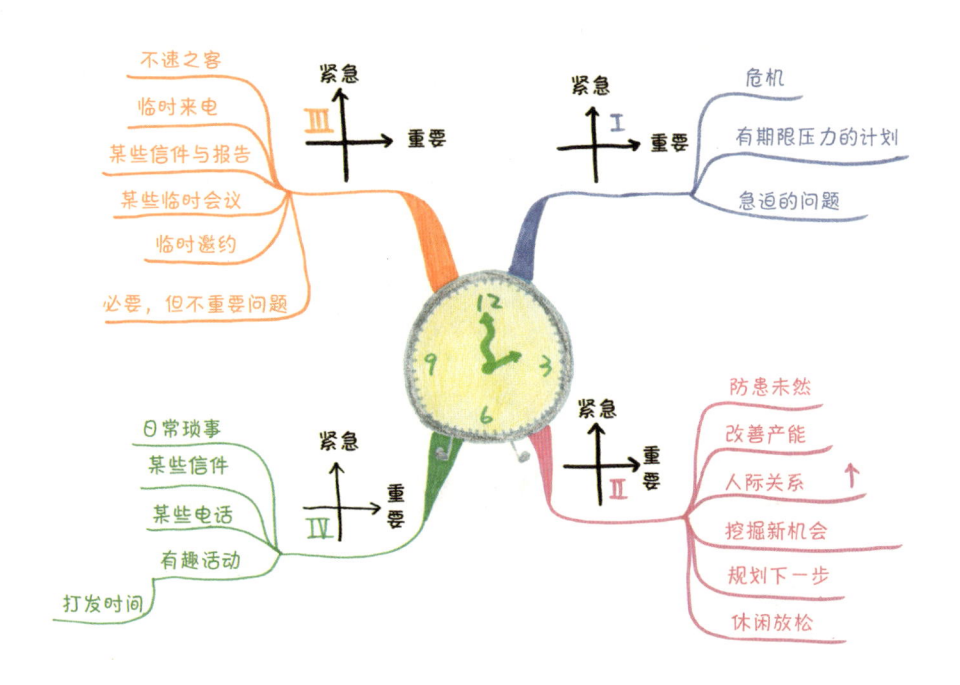

【练习2】恋爱思维导图

我本来是不想写这个章节的，因为我不是两性专家，但编辑说服了我，理由是思维导图拿来做分析判断与决策是很好用的工具，为什么不让读者见识一下思维导图如何用在情感困惑上呢？

好吧，请你记得以下是纯属我的个人想法。

星座说××座配○○座超适合，A生肖配B生肖超适合，还有紫微斗数或是手、面相怎么说两个人适不适合，都可以找到偏偏就是会分手或离婚的例子，所以关键点不是用算命能解决的。

大家在讨论爱情跟面包哪个比较重要？网友热烈讨论高富帅或白富美一定比较好？杂志等新闻媒体总是常常用各种例子告诉我们如何找到对的那个人？

我个人觉得谈恋爱跟婚姻会失败都是因为"你不知道你要的是什么"，你只是人云亦云地去过别人的恋爱与婚姻。会失败跟爱不爱自己无关，跟你能不能不要人云亦云去做很多事情有关。

想要恋爱成功，先为你自己画张思维导图，主题就是找想要恋爱。这张图当然不可能一次就完成，人的思绪总是来来去去，念头容易随着周遭环境与人事物变来变去，所以你要随时携带这张图，随时更改这张图，当你确定你要的是什么后，自然你的潜意识会带领你注意到你的理想对象。

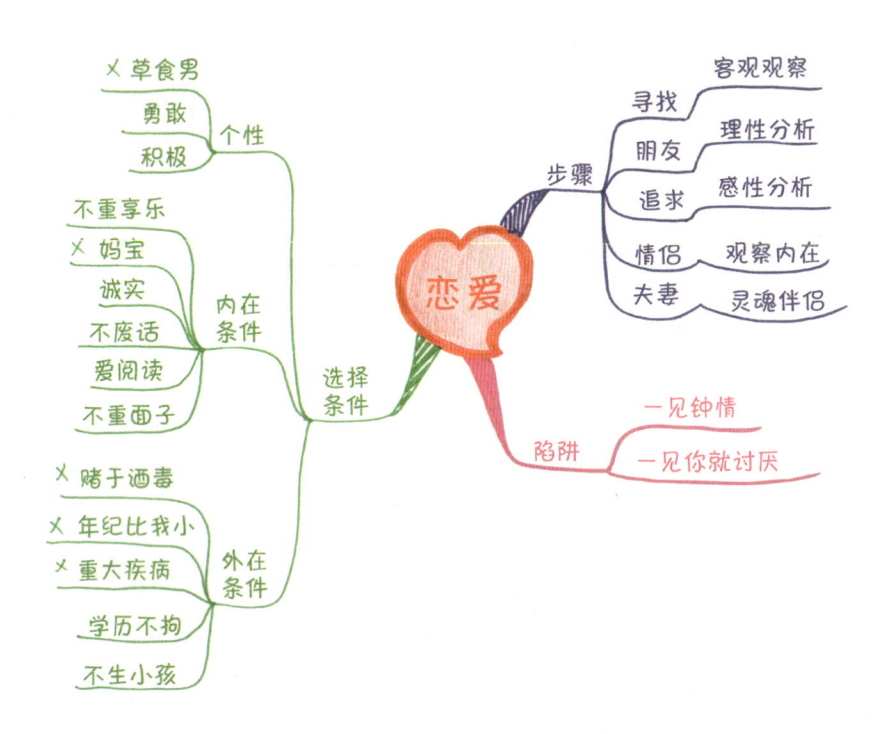

恋爱

选择条件
- 个性
  - ✗ 草食男
  - 勇敢
  - 积极
- 内在条件
  - 不重享乐
  - ✗ 妈宝
  - 诚实
  - 不废话
  - 爱阅读
  - 不重面子
- 外在条件
  - ✗ 赌于酒毒
  - ✗ 年纪比我小
  - ✗ 重大疾病
  - 学历不拘
  - 不生小孩

步骤
- 寻找 — 客观观察
- 朋友 — 理性分析
- 追求 — 感性分析
- 情侣 — 观察内在
- 夫妻 — 灵魂伴侣

陷阱
- 一见钟情
- 一见你就讨厌

【练习 3】单身，还是结婚？

有时候学员会私下来问我："你觉得单身好还是结婚好？"

没对象的人这么问："要不要结婚？"你的真正问题应该是："结婚对我的未来人生会是一个好选择吗？"我觉得会问这种问题的人，不是对自己的答案没自信，就是不清楚自己未来要过什么样的生活。

有对象的人这样问："要不要结婚？"你想问的问题应该是："要不要跟这个人结婚？他是那个对的人吗？"再深入一点探讨，你的真正问题是："跟这个人结婚会比现在更快乐吗？"

我不是婚姻专家，我也没有把结婚生子当成是人生一定要完成的事，如果你会被我影响而不结婚、不生子，导致少子化更加严重，请政府不要把账算到我头上。

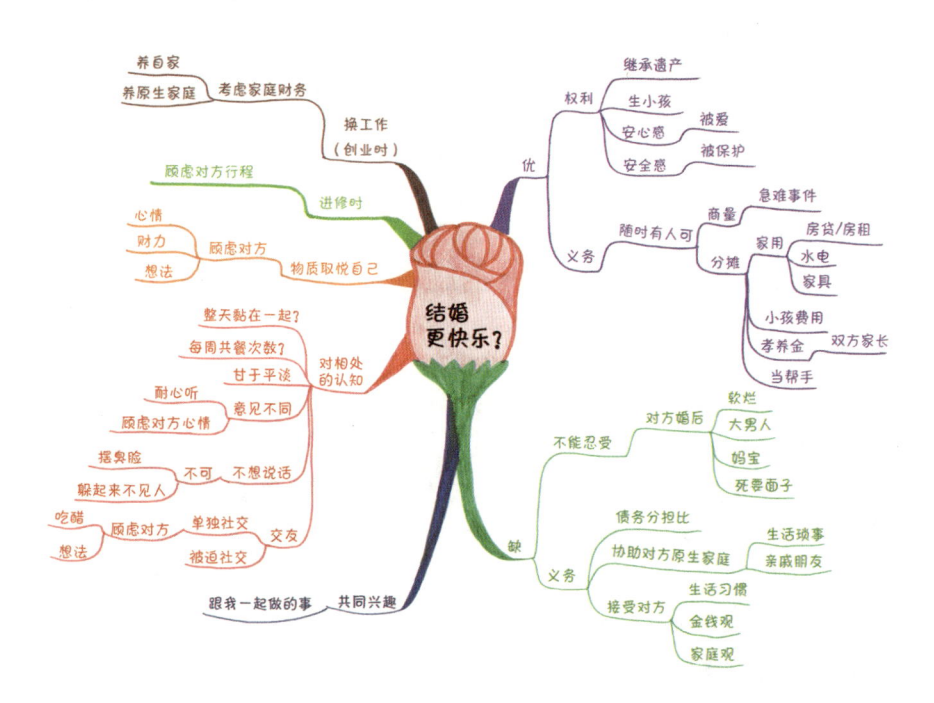

思维导图：结婚更快乐？

- 优
  - 权利：继承遗产、生小孩、安心感（被爱、被保护）、安全感
  - 义务
    - 商量：急难事件
    - 随时有人可分摊：房贷/房租、家用、水电、家具
    - 小孩费用
    - 孝养金：双方家长
    - 当帮手
- 换工作（创业时）：养自家、养原生家庭、考虑家庭财务
- 进修时：顾虑对方行程
- 顾虑对方：心情、财力、想法
- 物质取悦自己
- 对相处的认知：整天黏在一起？每周共餐次数？甘于平淡、耐心听、意见不同（顾虑对方心情）、不想说话（不可摆臭脸、翻起来不见人）、顾虑对方（吃醋、想法）、单独社交、被迫社交、交友、共同兴趣（跟我一起做的事）
- 缺
  - 不能忍受：对方婚后（软烂、大男人、妈宝、死要面子）
  - 义务：债务分担比、协助对方原生家庭、接受对方（生活琐事、亲戚朋友、生活习惯、金钱观、家庭观）

【练习 4】该去哪家公司上班呢？

找工作就跟找结婚对象一样，首先不要太天马行空，如拿林志玲或金城武当目标。你要先了解自身条件跟公司要求条件之间的差距会不会很大？

但也不要太妄自菲薄，不要因为怕找不到工作，就接受一些不合理的工作条件，如要你先花钱买制服。

也不要先预设很多条件，如非要离家十分钟就可到的公司。

求职必须先审慎地评估你对人生未来的期望，这样你才能知道该追求什么样的工作机会，或是你该舍弃什么样的机会。

1. 第一步

先不考虑什么公司会任用你，先决定你要用哪些项目作为分析公司的依据。

1. 最终目标
2. 目前期望的工作类型。
   （1）你要追求薪水，还是追求福利多、休假多？
   （2）最终目标职位是？
   （3）社会形象
   （4）职位发展性
3. 期望薪资
4. 组织特点
   （1）规模大小
   （2）制度
   （3）组织文化
   （4）分工细致度

针对第一项来确立你心中理想的工作是什么样的，有了这个目标，下决定取舍时才有所依据。

这些问题的答案不容易一次到位，你可以运用思维导图绘制出想法，常常看，可能会常常修改，每次修改都是一而再，再而三地确立你内心真正要的是什么。

未来十年 MY Career 思维导图

- **目标**：旅游作者、生活美学家
- **期望**：做擅长的事、固定收入、财务安全感、请假容易、可精进工作技能、可轮调不同单位、不当小螺丝钉、年假多
- **薪资**：底薪、奖金、利润中心制
- **组织**
  - 规模：中大型企业
  - 制度：完全责任制、完全授权、变形虫组织
  - 分工：细致
  - 文化：任务导向、✓论功行赏、✗论年资行赏
  - 福利：员工值、旅游、年终要好、遵守劳动法

2. 第二步

以公司名称（可再加上职称）为中心主题，用上述的项目来作为每一条主脉，开始动手绘制思维导图。有些信息你不见得在面试时或是私底下打听得出来，能写多少内容，就写多少内容。

> 将○○公司的优缺点都列出来

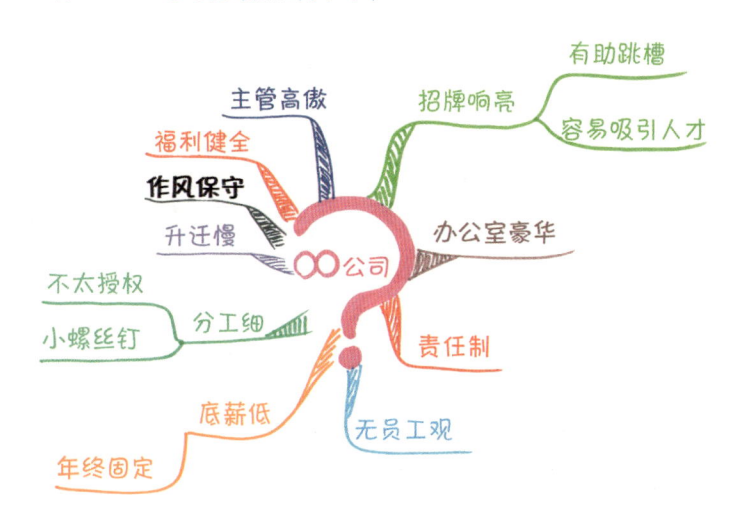

○○公司 思维导图

- 主管高傲
- 招牌响亮、有助跳槽、容易吸引人才
- 福利健全
- **作风保守**
- 升迁慢
- 办公室豪华
- 不太授权、小螺丝钉、分工细
- 责任制
- 无员工观
- 底薪低、年终固定

○ 将△△公司的优缺点都列出来

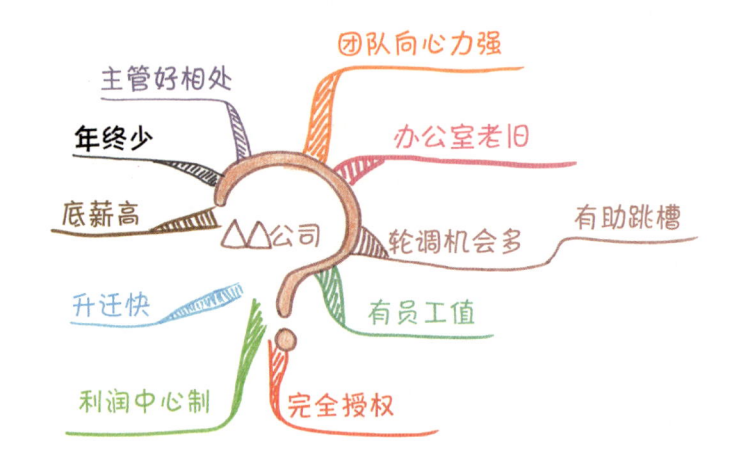

[思维导图：△△公司]
- 主管好相处
- 团队向心力强
- 年终少
- 办公室老旧
- 底薪高
- 轮调机会多
- 有助跳槽
- 升迁快
- 有员工值
- 利润中心制
- 完全授权

3. 第三步

世界上没有完美的事情，凡事总有优点跟缺点。比对一下这三张思维导图，你就会比较容易下决定了。

【练习5】追求梦想一定要离职创业吗？

有时候思考会卡住，是我们不懂得运用"换句话说"。

"追求梦想一定要离职创业吗"这个问题背后的问题可能是更为聚焦的问题（范围更小的问题），用"换句话说"的方式，让你的问题更加聚焦，例如：

- 对现在的工作内容不满意，一定要离职吗？
- 对现在的主管的管理不满意，一定要离职吗？
- 换了几份工作都不满意，该自行创业吗？
- 想做的事情，只有创业才能完成，我适合创业吗？
- 对工作内容有自己的想法，我适合创业去实现吗？

有时，我们把问题看得太广太大了，就会觉得太过困难而卡住。

但是"追求梦想一定要离职创业吗"也可能是表面的问题，卡住我们的重点在于别的问题，用"换句话说"的方式，让你能跳脱出原本的思考框架，例如：

- 不想被人管，我想当老板，但我适合创业当老板吗？
- 不知道为了创业，我该付出什么样的代价？
- 万一创业失败了，我还能再回到职场吗？
- 家人不同意我创业该怎么办？
- 不想看主管脸色，但创业要看客户脸色，我该创业吗？
- 我想完成个人梦想，但市面上没有这种工作，我适合自行创业吗？

原本的"追求梦想一定要离职创业吗"是第一个层次的问题。你应该用以上第二个层次的思考角度来绘制一张思维导图，更可以帮助你下决定。

↻ 我适合创业当老板吗？分析一下自己目前具备多少当老板的条件

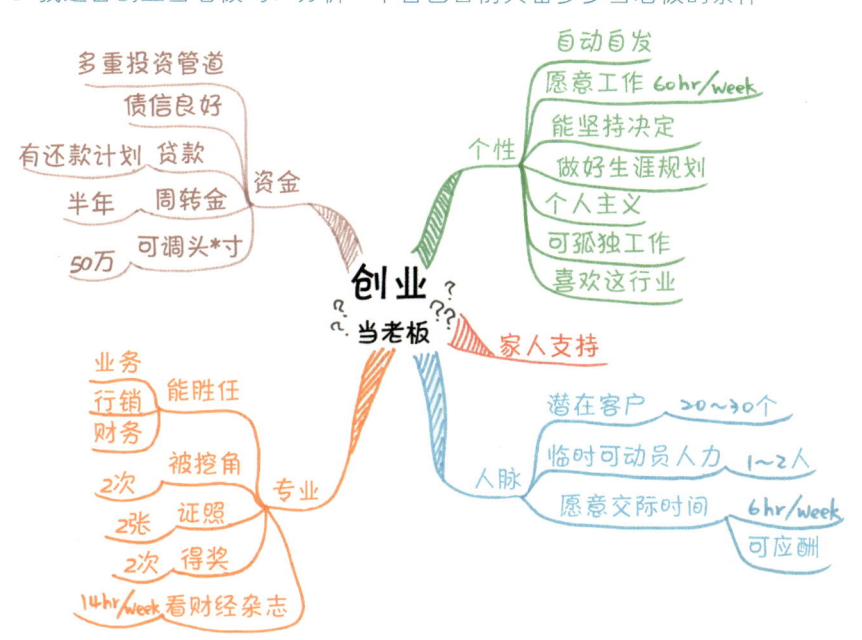

◐ 创业要处理的事情。
两张思维导图放在一起比较一下,就能得知自己在经营公司上还需要增加什么能力。

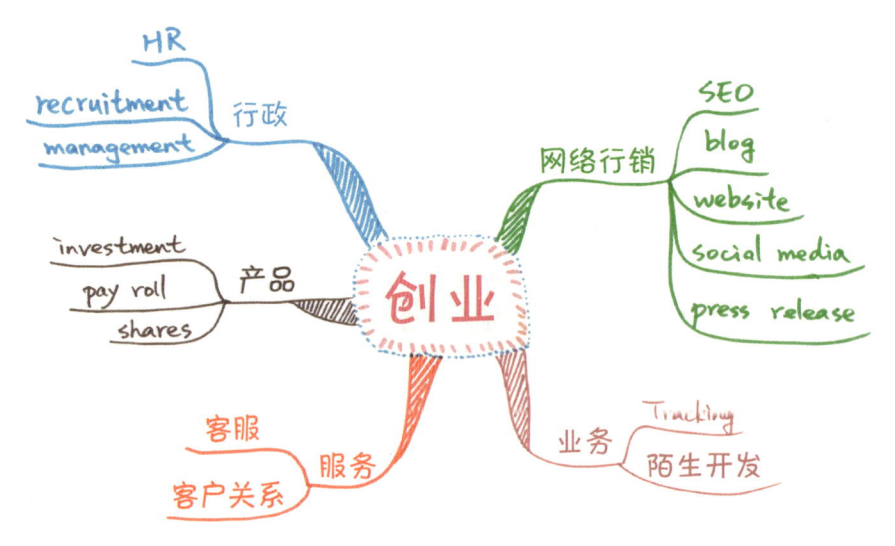

（思维导图：创业
- 行政：HR、recruitment、management
- 产品：investment、pay roll、shares
- 服务：客服、客户关系
- 业务：Tracking、陌生开发
- 网络行销：SEO、blog、website、social media、press release）

六、上考场前，将思维导图存在大脑里

考试时把答案写出来就是"输出"脑中知识的过程。既然念书是为了要考试，一开始我们就必须为了"输出"去画思维导图，就等于是借由绘制思维导图的动作来把知识"输入"大脑。

以上过程跟计算机打字一样，"输入的方式"正确，"输入的速度"就会很快，只要档案归档逻辑清楚（输入的方式），事后搜寻该档案的"输出"速度就会又快又准确。你使用同一台计算机，输入方式与归档逻辑改变，你的输出速度就改变，你的大脑也是以类似的模式运作。

请先依照第 7 章"常见问题"中的方式，调查好每章节的历年出题概率，与安排好读书计划后，再依照下面的方式去制作思维导图。

这张思维导图上的文字可能会很庞杂，至少要用 A4 尺寸以上的纸张来画。

1 问答题：以答题方式来画思维导图

针对公务员考试与证照考学生倍感困难的申论题（问答题与简答题亦同），出题方式大体分成两种：

（1）针对某个论点来回答

2016年题目：试说明AA的起源，并解释与CC有何不同？

2014年题目：试说明AA的起源、定义、适用范围。

假设第一章第一节"甲甲"讲到AA、BB、CC、DD，经过分析历年考题的概率后，发现AA的出题概率最高，其次是CC，最不会考的是BB与DD，思维导图笔记应该要这样做。

↻ 第一张思维导图主题 AA。给这张图一个编号"甲–1"，方便查询。你可以顺便把出题概率备注在空白处，提醒自己这张思维导图一定要熟读。

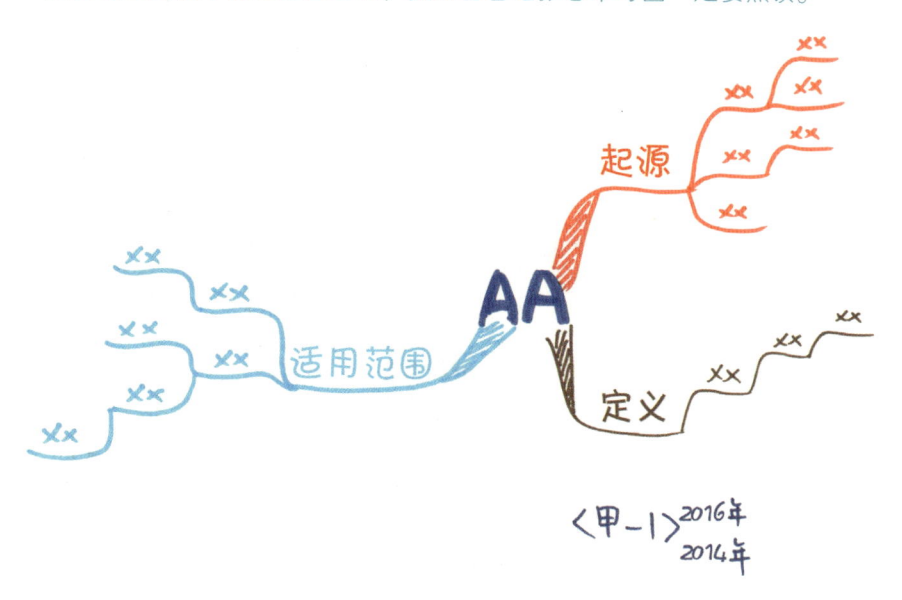

◐ 第二张思维导图主题 CC，也是要熟读。

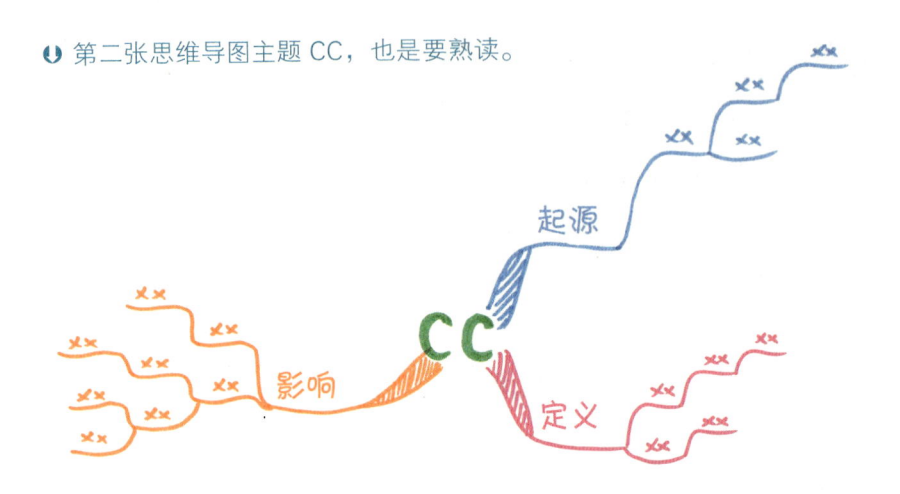

〈甲-2〉

◐ 第三张思维导图主题"甲甲"，做出本节整体观的思维导图，把最不会考的 BB 与 DD 也一起纳入。

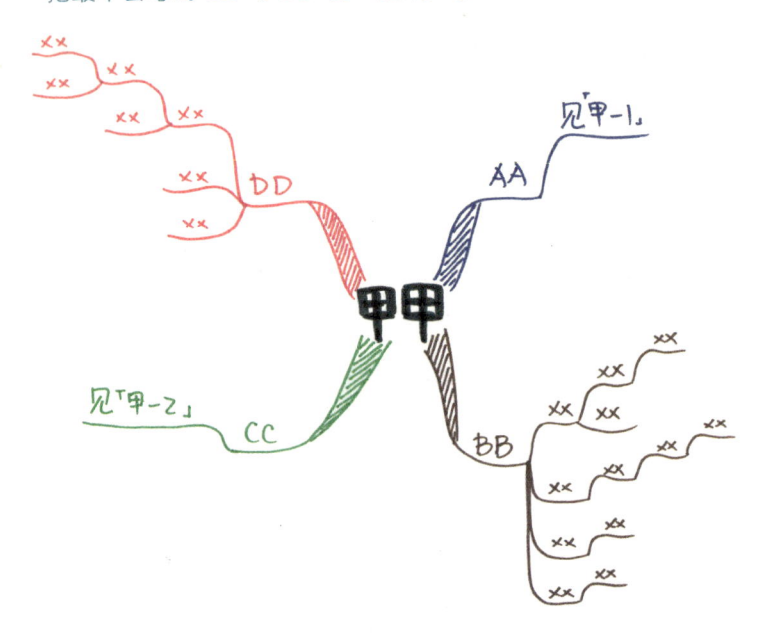

最后，再依照本书第 7 章"常见问题"中的时间规划来做复习。想要复习一下整体观时，就把这三张思维导图平摊在桌上一起阅读。

复习时多浏览几次思维导图，比努力背下一张思维导图更加管用。只要你平时常常浏览思维导图，不管你在复习时的状况如何，奇妙的是在考试时，就能发现大脑会源源不绝地输出答案。

【实例】行政法

1. 行政概念

思维导图上同一个脉络中最好不要有重复的关键词出现，但因这是为了回答申论题而画的思维导图，所以还是把"区别实益"写三遍。另外，在"私经济"旁边做上注记，提醒自己这是考试的重点，要记得延伸参考另一张"私经济"的思维导图。

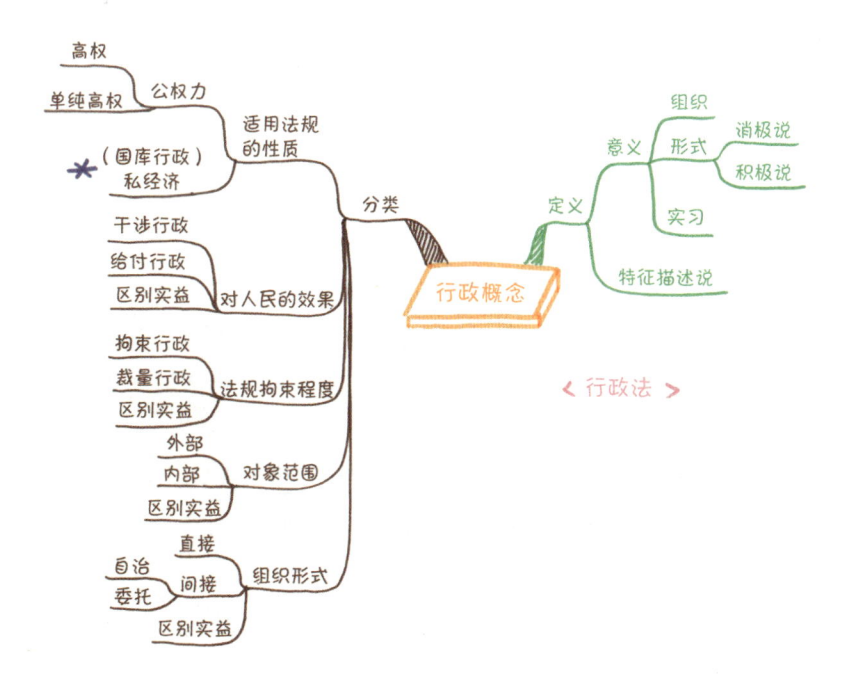

2. 私经济

"私经济"是常见的考题，于是独立成另一张思维导图。复习时要看着思维导图上的关键词，脑中想着答题时要写的句子。

如果你的纸张够大，当然你也可以把"私经济"画在上一张思维导图的某个空白角落处。这种做法我称之为"思维导图中的思维导图"，英文称之为 Mini Mind Map。有人直接翻译成"迷你思维导图"，但我觉得这个字眼并没有表达出精髓意义。

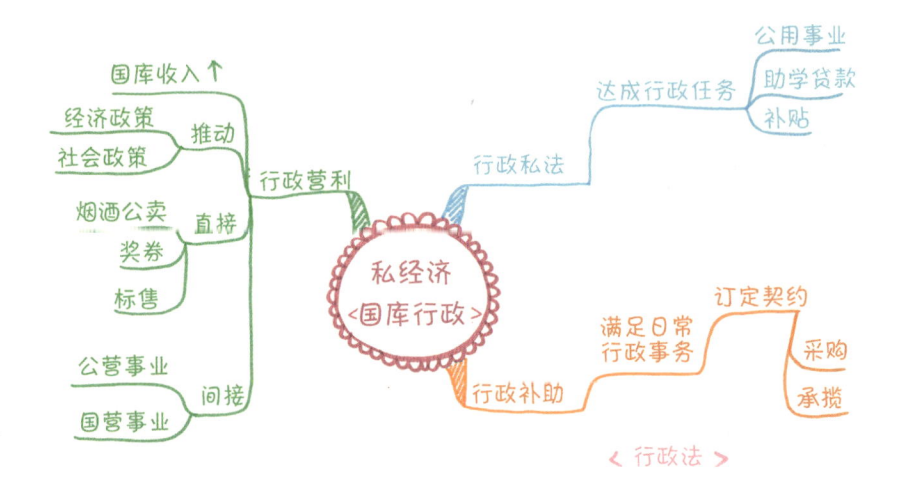

（思维导图：私经济〈国库行政〉，包含行政营利分支下的经济政策、社会政策、烟酒公卖、奖券、标售、公营事业、国营事业；行政私法分支下的达成行政任务、公用事业、助学贷款、补贴；行政补助分支下的满足日常行政事务、订定契约、采购、承揽。〈行政法〉）

（2）时事题或实例题

这类题目要你阅读完实例后，写出相关的法令或理论。也就是说你要回答的内容并非是局限于某一章或某一节的内容，你必须把跨章节或跨书籍的内容一起回答。那么，你就依照一节一节来画。如果一章的内容不是太多，就一章一章来画。

假设答题范围要结合第一章第一节"甲甲"中的AA、第三章第二节的"戊戊"中的GG。你可以依实际情况，选择用下列哪一种方式来制作。

1. 第一张思维导图主题AA，第二张思维导图主题GG，复习时把这两张思维导图放在一起阅读。
2. 第一张思维导图主题"甲甲"，第二张思维导图主题"戊戊"，复习时把这两张思维导图放在一起阅读。

- 第一张心智图主题"甲甲",在AA处做注记,提醒自己要连同GG一起阅读。

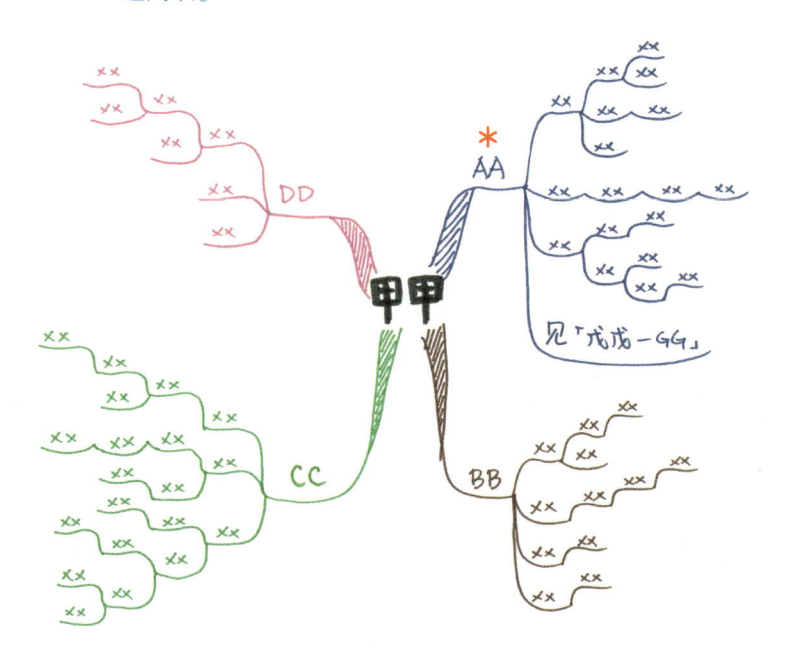

- 第二张思维导图主题"戊戊",在GG处做注记,提醒自己要连同AA一起阅读。

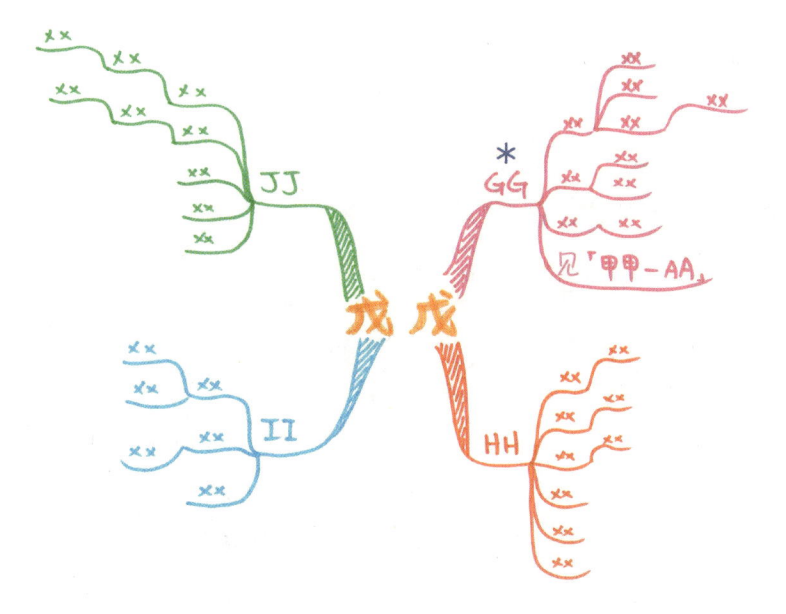

2 选择题：以章节来画整体观的思维导图

【实例】刑法名词

只要用 203 页的分章思维导图步骤方法来制作即可。

● 刑法中的基础名词–1

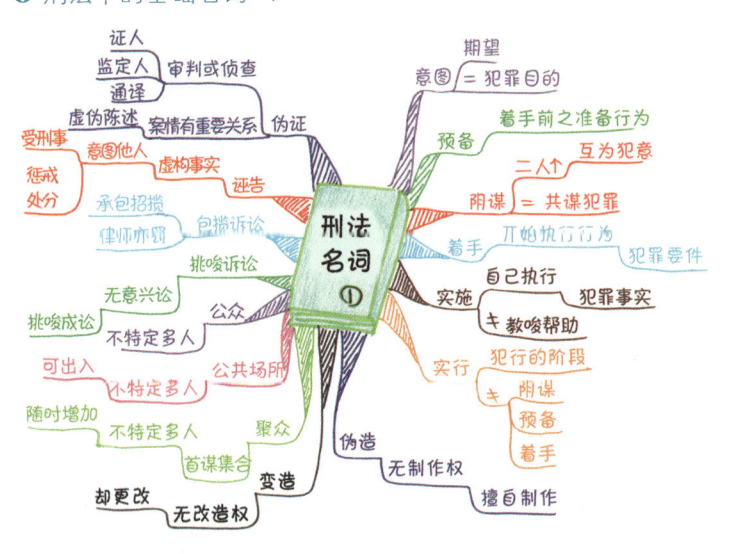

● 刑法中的基础名词–2

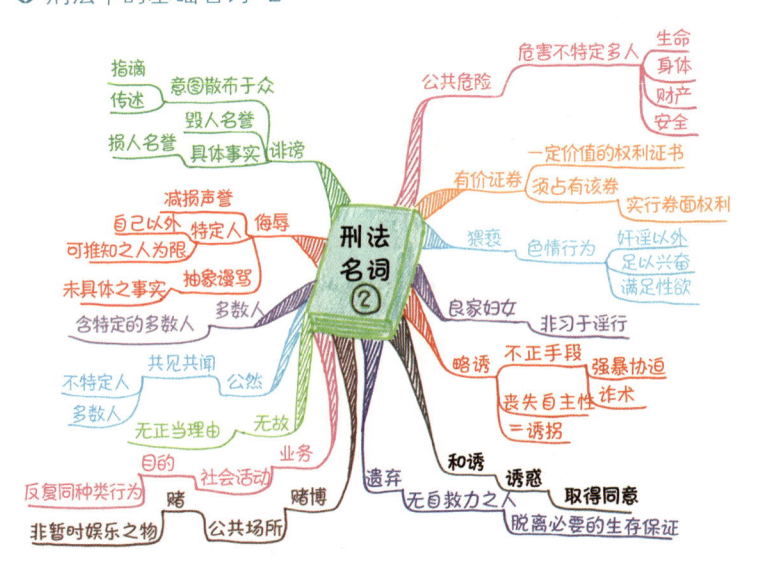

最后，我用一位上榜学员的信，来鼓励大家多多制作思维导图！

给老师：

您上课时说考高考或是证照，不管挑哪一本都好，因为内容是大同小异的。我有照您说的，去书店挑一本自己看得顺眼的书籍。

您也说最重要的不是看书，而是把书的内容整理成自己的笔记，这个部分虽然花时间、费精力，但是可以大量节省后面的复习时间。

您也说到考生就要把自己当成是上班一样，每天至少要念8小时的书，不应该以为考试时间还久，就堕落在吃喝玩乐中。

确实准备高考，就像您说的这几点一样，只要自己肯花时间做思维导图笔记，考前就不会心慌意乱。

2015 年已经考上的 C.K.S

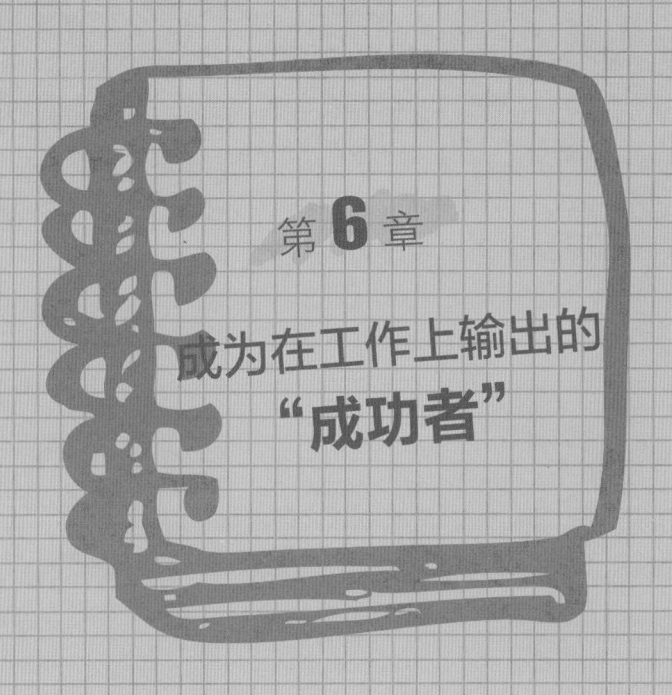

第 6 章

成为在工作上输出的"成功者"

冠中为了准备周五给老板的提案简报，已经连续三天都是夜里两点才能放下工作去睡，但是简报开始才不到三分钟，冠中就被老板的问题给惹怒了。

老板："现在你讲到这一点，我想问你关于○○，你打算怎么做？""还有，你今天整体要讲的重点到底是什么？"

冠中面露微笑，但内心充满着怨气地想："等一下第五点就会解释○○该怎么进行了，才刚开始简报而已，你怎么那么没有耐心听下去。还有刚刚你到底有没有专心听啊？一开始不是讲了吗，今天简报的重点就是要解决五件事情，○○是第五件事情啊。干吗这样打断我讲话啊！"

沟通力（或称表达力），是工作者用来让双方彼此能进行更好的交流和作用的，说话是一种将脑力输出的技术。能否将自己脑中的信息100%输出，让对方100%接收，是沟通效果的关键。

通过思维导图来进行简报或口语沟通，不管是事前准备、过程中以及事后的追踪，都能获得这些优点：

1. 化繁为简，不啰唆。
2. 逻辑完整性更高。
3. 理性说服力提高。
4. 精准传递讯息。
5. 缩短沟通时间。

一、思维导图让简报具有说服力

以下是三种常见的简报方式,请仔细想想你属于哪一种。

1 让人打瞌睡、头脑放空的简报方式

- 讲者的内容,我觉得跟我无关。
- 讲者一直看稿子,一直照稿子念。
- 讲者一直看着投影片,一直念投影片上的文字。

2 让人觉得缺乏专业感的简报方式

- 讲者突然忘词而翻着讲稿,却翻不到自己讲到第几页了。
- 讲者突然忘词而随便讲个不相关的内容搪塞过去。

3 让人觉得专业有自信的简报方式

- 讲者不用看稿子,侃侃而谈。
- 讲者表情不紧张、肢体动作放松自然。
- 讲者的内容,论述结构完整、逻辑清楚。
- 讲者的内容,废话不多说。

在准备简报时,思维导图可以帮助讲者快速整理脑中的思绪,缩短准备时间。在正式进行报告时,我们有三种方式可以选择,先看下面的前两种。

(1)纯粹口语表达

说者:"首先……接着……然后……再来……最后……"
听者:"懂了。"

（2）可视化的表达

> 左侧是说者，右侧是听者。听者已经误解了意思，但是当下两人都不会知道已经发生误解现象。

以上的这两种表达方式，你喜欢哪一种呢？多数人会选择第二种。

第一种是纯粹口语表达。这种方法最大的缺点是，讲者说出的内容，对方真的百分之百接收到了吗？对方说懂了，是真的全懂了吗？

第二种是可视化的表达。本书从一开始就不断强调"图像、图像、图像"，图像就是可视化的结果。一般口语表达都是纯文本语言，扣除你的脸部表情与肢体语言（从对方眼睛看起来算是图像）后，缺乏给对方可视化的信息，所以沟通常出现落差，这个落差就容易造成误解。

第三种表达方式就是运用可视化的投影片来辅助。先不谈投影片制作得画面漂不漂亮，或是动画处理有多炫这件事，制作投影片时有个最大且致命的缺点，就是文字量太多，使得大家必须眼睛一直阅读投影片。这不是很好笑吗？既然要我阅读投影片，那就干脆把资料给我看就好，何必找你来念给我听呢？

就算不是犯了这个最大且致命的缺点，投影片的播放方式是线性思考的方式，简报的内容比较多，或是简报时间比较长的话，听者通常是听到后面的内容时，早已经忘了你在前面讲了什么内容，我想没有一个演示者会希望自己简报完后，听者对我们讲的内容没有什么印象留下来吧？

↓ 线性思考　　　　　　↓ 见树又见林

你应该有过类似的经验，在办公室内看到两个人争论不休，但是我们这些旁观者早就看出来两人讲的内容根本是鸡同鸭讲，只有当事人没有发现，所以能够吵很久，这就是所谓的"旁观者清"，因为旁观者通常较能"见树又见林"，当事人是"见树不见林"才会"当局者迷"。

二、让简报成功的 4 个方法

1　5W2H

早期是 5W1H 六何法：

- Who / 何人：确定对象，"由谁做""由谁完成"。
- What / 何事：确定问题，了解"目的是什么""要做什么"。
- When / 何时：确定时间，了解"何时做""何时是适宜时机"。
- Where / 何地：确定地点，了解"在哪里做""从何处入手"。

- Why／为何：确定理由跟原因，了解"为什么而做""做的原因"。
- How／如何：确定方法，了解"如何做""如何做会更好"。

5W2H 是世界第二次大战时，由美国陆军兵器修理部提出的，加入了 How much 概念。之后广泛用于企业决策与管理议题上，有助于思考时做到 MECE 原则。

- How much／多少钱：确定预算跟成本，也可以延伸出"How many／多少数量"。

做简报时，若只是说："建议我们要开一家旗舰店，好加深消费者对品牌的印象。"这样是不够的。

如果是把 5W2H 加入进来，你应该这么说：

为了要加深消费者对于品牌的印象，考虑到人流量，建议我们要在2017年6月底在台北市东区忠孝东路上成立一家200平方米的旗舰店。营业时间是11点到20点，人员排班方式采三班制，同一时段中最少要有5人从事服务工作。预估装潢费用需要XXX万元。

如果你是听者，会觉得以上谁的简报内容比较充分、比较完整呢？

2 简洁

林语堂说："绅士演讲当如淑女迷你裙，短为佳。"所以删减的功夫很重要。这不就是前面一直在强调的"如何抓重点"的功夫吗？

在绘制思维导图的过程中，你必须不断思考哪些是要留下的关键词，哪些是删掉也不影响理解的关键词。故思维导图正是最简洁的文字视觉呈现工具。

我曾遇过一场企业内训的演讲邀约，负责小姐说："我们希望老师您在两小时内能够达到 ABC 效果，如果也能够达到 D 就更好了，其实我们也很希望能有 E。"

这个小姐的心态，跟传统菜市场买菜的心态很像，希望买把青菜还要送个葱姜蒜之类的。但是演说或简报时的讲者千万不可以这么做，因为你只有两小时，只能针对最迫切需要解决的 ABC 部分做陈述，有多余的时间再解决次要问题 DE。

切记，简报内容处处都是重点时，就表示没有重点。

3 聚焦

因为简洁，才能做到聚焦。切记，简报就是"简单报告"！我常看到很多演示者误把"老师的教学方式""书面简报方式"直接放在商业口头简报上。

教学是要尽可能地说明详细，让你听得清清楚楚、明明白白。简报永远是简单报告（因为很重要所以讲三遍）。

用思维导图来准备简报内容，能不断提醒你自己"简报是只讲重点"，在你的主要目的上延伸，但你要不断地聚焦在你的主要目的上，千万不要旁枝繁杂，让听者宛如掉入迷宫中，弄不清楚该往哪边走。

过去因工作关系，我常必须看很多世界各国人士来台湾做的简报，我从这些人身上统整出很多好的跟坏的简报方式，不管是哪国人，好的简报技巧都有一个共同点，就是要够简洁！

Simple is everything!

Less is more!

4 可视化（图像化）

随时随地上网的速度越来越快，我们对于影像的胃口已经被养大了，我们喜欢看到画面，不喜欢光有文字，思维导图正是兼具文字与图像的呈现工具。

简报投影片的版面设计，最好是"字越少越好，图越多越好"。这一点不就是思维导图一再强调的观念吗？

同时，简报跟绘制思维导图一样，<mark>不能为了有插图，而放入与主题或是与关键词不相干的图片。</mark>

三、以思维导图让客户动心的简报术

简报就是"简单报告"，于是我自己在教授演说与简报技巧时，我一定会要求学员必须做到"神奇的三"[①]：结构不要超过三段，层次不要超过三层，不要超过三大重点，每一大重点不要超过三小点。

投影片的每一页内容，最多就是三个层次。每页投影片一定要有颜色，不能只有黑白（黑底白字、白底黑字都一样），整页颜色除了底色外，最好的情况是不超过三个颜色。

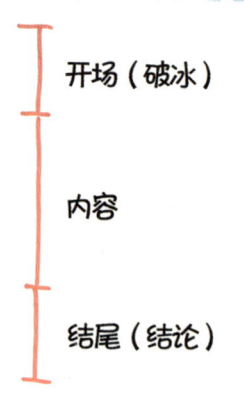

一页投影片只能放一个主要重点，因为是条列式的呈现方式，层次等于是表现出关键词的重要性，<mark>这里就要用层次分颜色了</mark>，从而让听者能快速掌握讲者的思考轻重。

> 简报结构不要超过三段
>
> 开场（破冰）
>
> 内容
>
> 结尾（结论）

[①] 这是美国海军陆战队的发现，很多事物都有最多三个，或是分类成三类的规则。

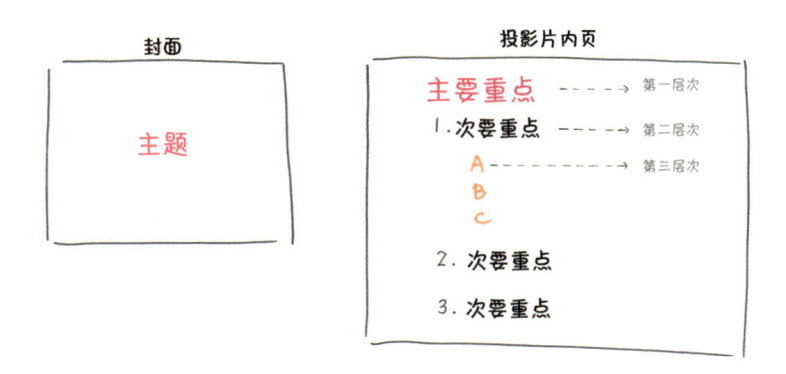

最糟糕的投影片设计就是一页投影片上塞满满的一段话。如果不知道怎么取舍，就直接把思维导图抓关键词的方法用上就是了：关键图＞关键句＞关键词。

对照下图来看，当你用思维导图做简报工作时，等于已经想好了每一页投影片要呈现的内容了。思维导图是网络思考的呈现，画法依旧是保持一条主脉从头到尾一种颜色。

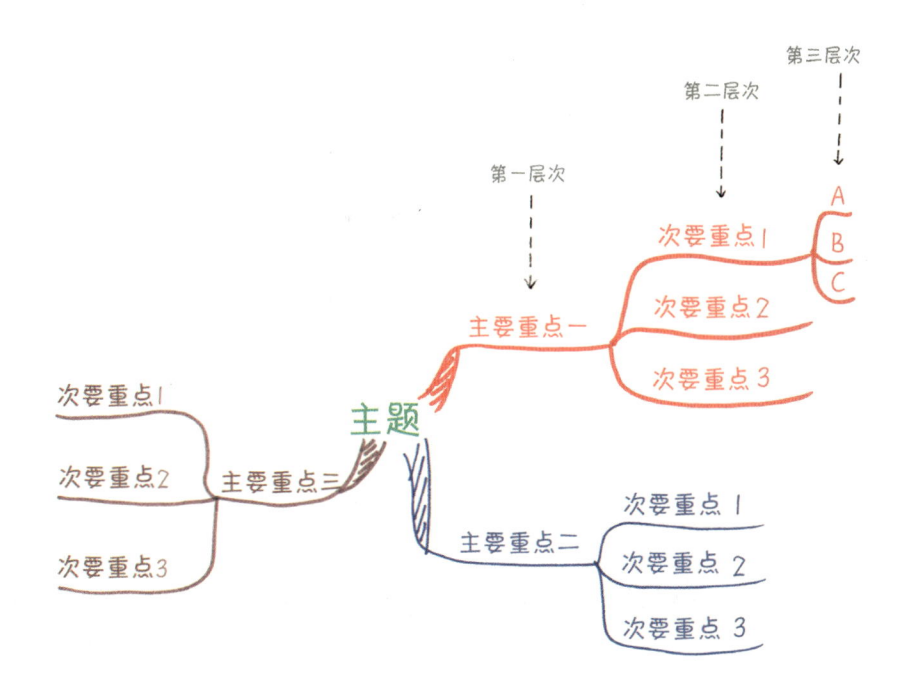

简报时，把你的思维导图秀出来给听者看，听者能快速让对方清楚你的完整思考，也能聚焦在你要表达的关键词上。

但你并不一定真的需要把思维导图秀出来给听者看，可以直接大方地把思维导图放在桌上，它是你的简报提纲，因为是你自己主动思考过、并动手画过一次的。常有学员事后向我反映，有思维导图放在桌上或拿在手上，心里不仅安心很多，最重要的是整个简报或演说结束了，才发现根本就不需要再去偷瞄一下这张思维导图。

让口语表达更有说服力的有力工具，正是思维导图。

简报前的准备事项，用思维导图可以缩减工作时间。简报时的表现方式，使用思维导图的好处远远胜过简报时"只靠一张嘴"的纯口语方式，或大量使用投影片、影片的方式。

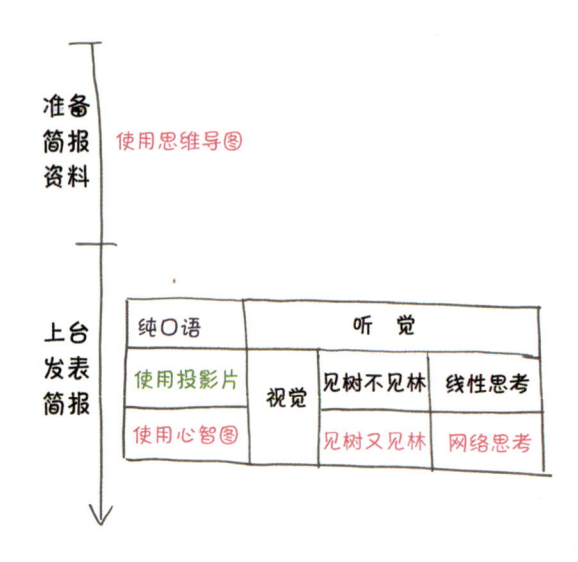

准备简报资料	使用思维导图			
上台发表简报	纯口语		听觉	
	使用投影片	视觉	见树不见林	线性思考
	使用心智图		见树又见林	网络思考

四、思维导图的威力：为什么大企业都在用

工作上很重要的一项能力就是"分轻重"，能分出轻重，就能分出缓急。

动手画思维导图，需要先将信息分类、找出关联、挑选关键词，所以在画线、书写的同时，大脑也同步在取舍、汇整信息，这是一种不断取舍的过程。

最早将思维导图导入企业内部的是美国波音公司。过去波音公司针对100人高级航空技师团队所进行的研修计划，往往需要耗费数年的时间，然而自从改用思维导图代替原本的课程后，所需时间就节省至数周之内。

前几年某位从波音公司退休的主管回到中国大陆自行创业，请我去上海帮这家新创公司进行企业内训，趁机会我询问老板，波音总部中那面30米长的思维导图还在不在，大陆老板回答说还在。我真希望未来能有机会进波音总部去，给这张图拍个照，让大家有缘一窥究竟。

除了波音公司之外，还有以下这些企业人与企业也在工作中采用思维导图：

· 西方国家中比尔·盖茨、美国前副总统高尔、被美国《快速企业》杂志选为"商业界百大创意人物"的Sunni Brown桑妮·布朗，不仅爱用思维导图也推荐思维导图。

· 东方国家中有日本营销大师神田昌典推荐并把思维导图引进日本。被称为"女的大前研一"的胜间和代，在《年收入增加十倍的学习法》[①]中也大力推荐思维导图。狄伟舜在渣打银行任职的26年，曾调任过9个市场，他运用思维导图去善用不同文化背景的员工，他自己所有的工作、报告、数据管理，都建立在一个个思维导图档案里。

· 在思维导图发明前，达·芬奇、爱因斯坦、毕加索、达尔文等人的笔记皆已运用了思维导图的基本原理，笔记充满了各式图解与图样。

---

① （日）胜间和代著，李毓昭译：《年收入增加十倍的学习法》，晨星出版社2008年版。

・以下这些企业组织都在用思维导图：美国航空、英国航空、英国BP石油公司、福特汽车、BMW、劳斯莱斯、微软、戴尔、惠普、IBM、思科科技、3M、美国甲骨文、迪士尼、NIKE、可口可乐、辉瑞药厂、强生、美国运通、汇丰银行、苏黎世保险、台湾人寿、新光人寿、国泰人寿、台银人寿、桃园工业会、桃园工策会、创世基金会、勤业众信等，另外也广受政府机关、大学、高中、初中、小学采用。

何飞鹏曾在商业周刊发表过一篇《心中的世界地图——图像学习的训练》[①]，内容将近1000字，强调图像学习的训练对于他个人能力发展的重要性。我将此文以思维导图绘出，你应该发现整张思维导图只有不到100字。

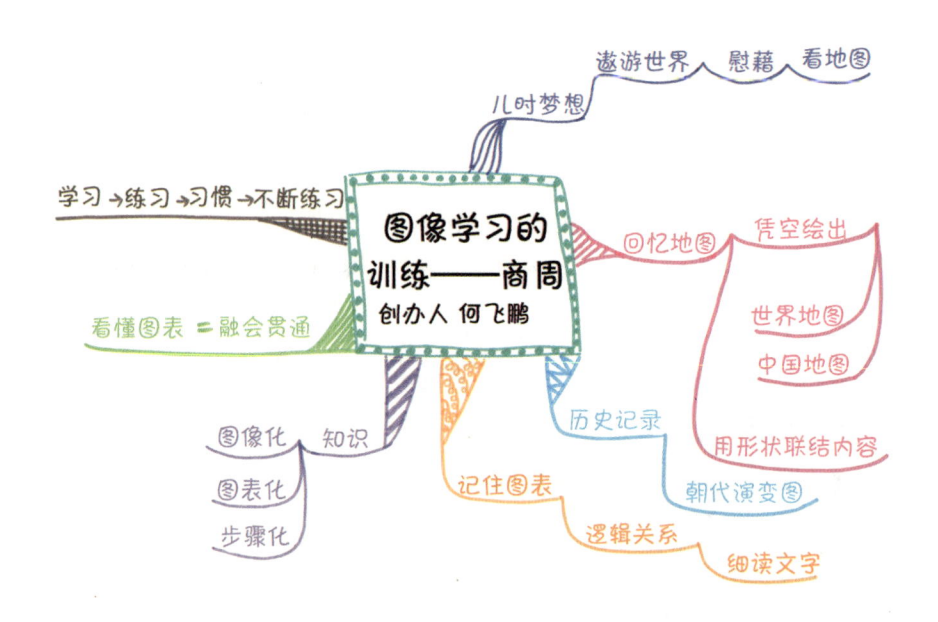

---

① 原文载于2010年4月出版《商业周刊》，2010.04.15。

五、"共享思维导图"活用法

公司中的沟通，常通过口语方式（会议、命令）与书面方式（公告、E-mail、通信软件），但是你确定你的沟通是"有沟有通"或"有沟没有通"？

口语的一对一的沟通，或一对多的沟通，最困难的地方就是我们要怎么确定对方百分之百听懂这三件事情：

1. 我们强调的重点？
2. 哪些是主要重点？哪些是次要重点？
3. 哪些是不重要的？

运用共享思维导图方式，除了可现场立即确认对方的接收程度，并立刻让对方的想法跟你表达的内容一样。

日本漫画《东大特训班》[①]的故事主轴是学校为了拼升学率，在半年内用很多看似好笑的读书方法来训练一群被称为笨蛋的学生，最终能考上日本第一志愿东京大学。里面就提到大家共享思维导图来提升学习效率与效能。

不过日剧中针对思维导图部分，有两个观念诠释错了：

1 思维导图训练的是"理解记忆"

记忆力分成两类：理解记忆与机械记忆，思维导图训练的是"理解记忆"能力，所以可达到长期记忆，而非短期记忆。

---

① 日剧名称为《龙樱》，韩剧名称《学习之神》。

2　每个人抓的关键词不会一样

面对念不完的教科书，日剧中由大家分工合作，一人画一个章节，画好后大家就影印这些思维导图，只看思维导图来学习与复习。这种做法会冒着一个很大的风险：第一，万一对方不会抓重点，其他人又没读过原教科书，只看这张内容不太正确的思维导图，那不就大家都一样吸收到不太正确的内容吗？

第二，前面曾讲过，每人的背景知识与经验都不一样，所以抓的关键词也不一样。说不定对方早就对某些重点概念非常熟悉，而我们偏偏还不会。只看对方的思维导图，就看不到我们需要的关键词了。

日剧中的共享思维导图方式只能算是对了一半，我们还必须改用下一节的方式，才能真正做到"共享思维导图"。

六、以"共享思维导图"做简报

有次为某家制造兼零售业的企业进行初阶主管训练，这些第一次当主管的人，对于开会这件事可谓是百感交集，跟中高阶主管开会，他们是听令者也是提供意见者；跟下属开会，他们是公司政策的传达者也是意见决策者。所有高中低阶主管都是兼具信息的输入与输出于自身，头脑必须要能随时切换这两种思考角度才行。

开会，是必要之恶。有效率的开会，可以快速凝聚共识，假设会议时间十分钟，参加人员有10人，表示为了凝聚共识，公司投入了100分钟的人力成本。所以开会时间越短，省下的时间资源就能让大家运用在别的地方，公司运作会更有效率。

前面说过可以运用思维导图来开会，可以省下一个记录者的人力外，我们也可以通过共享思维导图来缩短开会前的准备工作，与缩短开会时间，甚至直接取代面对面的会议。

1 一对一讨论时

可用手绘或是计算机绘制的思维导图，直接传送给对方看，然后双方约定一个通话时间，两人一边看着思维导图一边进行讨论，由一方主要进行思维导图的修正，讨论完毕后，再把档案传送给对方留底。

如果是进行视频会议那就更方便了，直接在对方面前修改思维导图，请对方确认思维导图的内容无误。

2 一对多或多对多讨论-1

有时候大家聚在一起开会，虽是可以借力使力，通过别人的想法引发我们新的想法。但有时是大家集体陷入某个点，钻不出来，想破头也似乎不知道该怎么下决定。

如果公司内大家都有安装思维导图软件如 Mindmanager，可以事先约定好每个人的代表颜色。假设是由 A 发起某个主题，先由 A 把想要表达的内容都画出来，并且上传到云端共享空间上，然后限定某个期间，请大家分别上网去增加这张思维导图。假设 A 是红色，B 用黑色把自己的想法增加上去，当大家都写完后，就可以约定好一个时间，分别在自己的计算机前面看着这张思维导图，大家一起进行讨论，最后由某位同人把大家的意见汇整并增修这张思维导图，完成后一样放云端公共空间上给大家共同读取。

3 一对多或多对多讨论-2

如果公司内不是每台计算机都安装思维导图软件如 Mindmanager 的话，可以跟一对一讨论的方式一样，通过视频方式，大家一起在计算机前面看着思维导图讨论，由一位同人进行思维导图的制作，把大家的意见直接在计算机上进行汇整工作，大家讨论完毕，思维导图也汇整完毕，把这张思维导图转成图片文件后 E-mail 给大家即可。

七、存好思维导图，随时取用好方便

效率＝效果÷时间，想要提升效率有两个方法：

1. 提升效果，花费时间不变；
2. 效果不变，减少时间。

请问你要选择哪一种呢？

在大学一年级上学期时，班上有个上课跟念书都超级认真的 A 同学，每次都坐在教室的第一排正中央的位置区。那个年代家庭计算机一台至少 6 万新台币以上，班上 100 个同学中家里有计算机的不到 5 个，手机一支要十几万新台币以上，所以不爱念书的同学一定会坐在最后一排偷偷聊天，教室后面是比较吵闹的。

$$效率 = \frac{效果}{时间}$$

Ⓐ $效率↑ = \frac{效果↑}{时间不变}$

Ⓑ $效率↑ = \frac{效果不变}{时间↓}$

把大学当高中在念的 A 同学，不管什么课程一定不迟到、不早退，两小时的课程，笔记本写得密密麻麻的，有四五页之多。

下周就是期中考了，不认真上课的同学，总有自己的生存之道，他们就派代表去拜托同学，打算直接影印 A 同学的笔记本。一次就印个七八份，有的人拿到复印件笔记本后整个愣住了，因为笔记本的页数也太多了吧？怎么可能在一周内把每一科都念完？

于是比较有小聪明的不认真 B 同学，又跑来向我与其他不缺席的同学借了笔记本，然后 B 同学就把我们的笔记本与 A 同学的笔记本放在一起比对，如果我们大家都写到的地方，那应该就是真正的重点了，B 同学就只念这些相同的部分。

直到现在，只要有机会到校园演讲，我一定会问在场学生："期中考成绩公布了，你们猜猜是认真的 A 同学分数高？还是不认真的 B 同学分数高？"

有一半的同学几乎都会回答是"B 同学！"。

我说："你们也真是没有良心！还是 A 同学分数高！……只是 A 同学的总平均只比 B 同学多了 0.5 分，可见做笔记有方法跟没方法的人，做任何事情的效率就差很多。"

曾有一次企业内训后，一个中阶主管跑来问我："你真的会把每一本书的内容都画成思维导图吗？"我说：

当然，早期我也想要偷懒，但是我自己的经验与近二十年来观察受训学员的经验，我发觉看完书后，虽然要花一两小时的时间去画思维导图，即使你再也不会把这张图拿出来看，但是一个月后，你仍然会记得当初书中的内容九成以上。如果偷懒不画，一个月后脑中的记忆几乎都忘光光了。

看完书，画完思维导图后，假设我确定不会再回头翻阅这本书，我会跟几个朋友一起把书捐出去，邮寄给屏东或台东的偏乡图书馆。我会把画好的思维导图收纳起来，以后只要看这张思维导图笔记就好。

假设我确定日后还需要再翻阅这本书的内容，会把思维导图夹在书中，当有需要时就先翻阅一下思维导图，如果还要细察的部分，才翻阅书中内容。

画思维导图看似花费不少时间，但有了思维导图，不仅增加对书中的印象，还可节省日后查询数据的时间。

回到一开始的问题，提升效率有两个方法：1.提升效果，花费时间不变；2.效果不变，减少时间。请问你要选择哪一种呢？

多数人是回答："效果不变，减少时间！"如果输出的效果本来就不好呢？即使是时间减少了，但输出的效果还是不好啊！

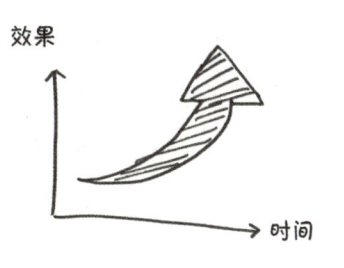

我的回答会是："提升效果，花费时间不变！"因为每次的效果都

比较好，脑力是会逐渐累积的，绝对不是直线成长，而是以抛物线方式成长，一两年后的工作脑力就会远远地超越以前的自己。

只有在输出的效果已经很好时，你才可以追求"效果不变，减少时间"！

八、思维导图大幅缩短会议时间

我建议所有公司都应该用思维导图来进行讨论型的会议。会议主持人先在白板上写出今日主题，参加者看着这样的主题，就能无形中提醒自己发言不可以离题，要聚焦在今日主题上。

会议主持人直接负责把发言者的意见，以关键词的方式画成思维导图，同时发言者也可以当场发现主持人是否误解了自己的意思。发言者也可以主动建议主持人写下什么样的关键词，跟关键词应该放在什么位置上。如此一来，所有与会者都能清楚明白自己发言的重点与思考脉络，可以快速取得跟发言者相同的认知。

当所有人一一发言完成，今天的会议记录也在白板上完成了，这时只要用拍照方式，把档案直接用电子邮件寄给所有与会者。你应该发现了，以上运用思维导图开会的好处有：

1. 可以减少一个会议记录的人力。
2. 在场发言者也都能当场确认自己的意见是否完整被接收与被呈现，可以避免鸡同鸭讲的情况产生。
3. 当场将发言内容写在白板上，等于是确定了大家脑中所认知的讯息都一样，能帮助大家快速取得共识。
4. 不会遗漏任何一个人的意见。
5. 不仅是会议主持人，所有与会者必须全神贯注在他人的发言上。

能锻炼自己不再左耳进右耳出，同时把听到的内容用"换句话说"的方式，快速转换成大家都能理解的用词。

6. 即使开会过程中你必须中途离席去处理一点事情，当你重回会议中时，只要看着这张思维导图，你就能快速跟上大家讨论的脚步。

7. 通过思维导图可提升大家的参与程度。会议中提出个人意见后，每人仍须不停地思考如何融合他人意见与自己意见，让这张思维导图更加精简且完整，所以大家都会全程专注于会议中。

8. 大家对会议的参与程度越高，会越有分析力、批判力、整合力，也更能帮助大家对会议内容的回忆与整体性的了解。

9. 听写的能力大增，你会成为一个很棒的聆听者！

以下用漫画方式呈现用思维导图开会的过程。

①会议主持人将发言者某甲表达的内容，依照"意思"去分类，立即呈现在白板上。某甲可以立即了解自己的"意思是否完整被理解""逻辑关系是否正确"，并且建议主持人应该如何调整关键词的位置。

②轮到某乙发言时，会议主持人跟步骤①一样，把某乙的意见汇整在白板上，用补充方式写上去，跟某甲重复的意见就不用再写一次。这时某甲也可以一起确认关键词的放置位置与分类方式是否正确。

这样的过程，我们能确保在场参加者都接收到一样的逻辑脉络。

③换某丙发言时，继续重复步骤②。

因为是讨论会议，我们要的是融合大家意见后，统整出来的思维导图，所以不是某甲一条脉、某乙一条脉、某丙一条脉！

九、思维导图应用在管理上

思维导图用在管理上不是什么新鲜的事情，台湾近十年来多位"项目管理"领域的老师，都会推荐思维导图。毕竟思维导图是将思想以视觉图像化的方式呈现，管理人拿出思维导图秀给团队成员看，很快就能让大家理解需要完成的工作目标是什么、逐步完成的工作内容是什么。

有时我在教授企业内训中的思维导图课程时，总是会看到多数主管甚至是总经理、董事长坐在教室后面，看着同人学习。少数主管会融入同人中跟着大家一起听课。但只要遇到要求大家开始动手练习画思维导图时，这些主管、总经理、董事长之辈，就会出现三种情况（发生概率由高到低）：

1. 开始——开溜。等下一阶段由老师讲授课程时再回来。
2. 自己完全不画，等大家进行分享讨论时，开始——评论别人的思维导图。
3. 勇敢一点的主管，会在画完思维导图后，大家进行分享讨论时，把自己的思维导图收起来，沉默地——欣赏别人的思维导图与聆听别人的想法。
4. 积极的主管，自己很认真画思维导图，甚至在我走到他身边时，会主动询问我对他画的思维导图的意见。

我不知道前三种主管是他们觉得"自己知道"就好，"自己做到"不重要？还是害怕自己练习画思维导图时，会被下属发现自己的思维导图画得不好？

正因为自己有所不足才需要上课进修，所以第一次画不好思维导图是应该的。但我觉得前三种主管真的很可惜，因为他们做出了一种"胆小的身教"。管理是一项技能，思维导图是一项技能，都是需要各种机会去练习，才能熟能生巧的。

思维导图不只是下属用来执行工作很好用，主管用来管理工作也很好用。一家公司由上到下的全体同人通通会使用思维导图，更能加速团队思考的能力与行动力。

【练习1】团队成员绩效考核（以部门主管为例）

在某次针对高阶主管的思维导图企业内部训练课程的尾声，所有的主管都不约而同向我反映，思维导图可以帮助他们快速思考如何建立KPI，甚至有个女性主管还开玩笑表示，可以利用思维导图来好好管理老公。

企业关键绩效指标 KPI（Key Performance Indicator），是对重点经营活动的衡量，符合 80／20 法则，80%的工作任务是由 20%的关键行为完成的。

要先想好达成什么长期目标，再来设定过程中的指标，指标是用来监控组织的任务与活动的。制定绩效指标时须注意：

1. 满足顾客最重要的因素，如时间、成本、质量、功能。
2. 画出整个价值传递的多功能过程。
3. 找出要成功完成整个过程的关键工作及所需的能力。
4. 设计追踪这些工作及能力的指标。

可以运用思维导图来想想哪些绩效是关键的？如何建立指标？订立关键绩效指标有一个重要的"SMART 原则"。

1. S代表具体（Specific）：指绩效考核要切中特定的工作指标，不能笼统。
2. M代表可度量（Measurable）：指绩效指标是数量化或者行为化的，验证这些绩效指标的数据或者信息是可以获得的。
3. A代表可实现（Attainable）：指绩效指标在付出努力的情况下可以实现，避免设立过高或过低的目标。
4. R代表关联性（Relevant）：指绩效指标是与上级目标具有明确的关联性，最终与公司目标相结合。
5. T代表有时限（Time bound）：完成绩效指标的特定期限。

团队绩效[①]是指团队实现预定目标的实际结果。可以包含团队生产的产量（数量、质量、速度、顾客满意度等）、团队对其成员的影响（结果）、提高团队工作能力、团队对组织既定目标的达成情况、团队成员的

[①] Hackman（1987）和 Sundstrom（1990）对团队绩效进行了广义的定义。

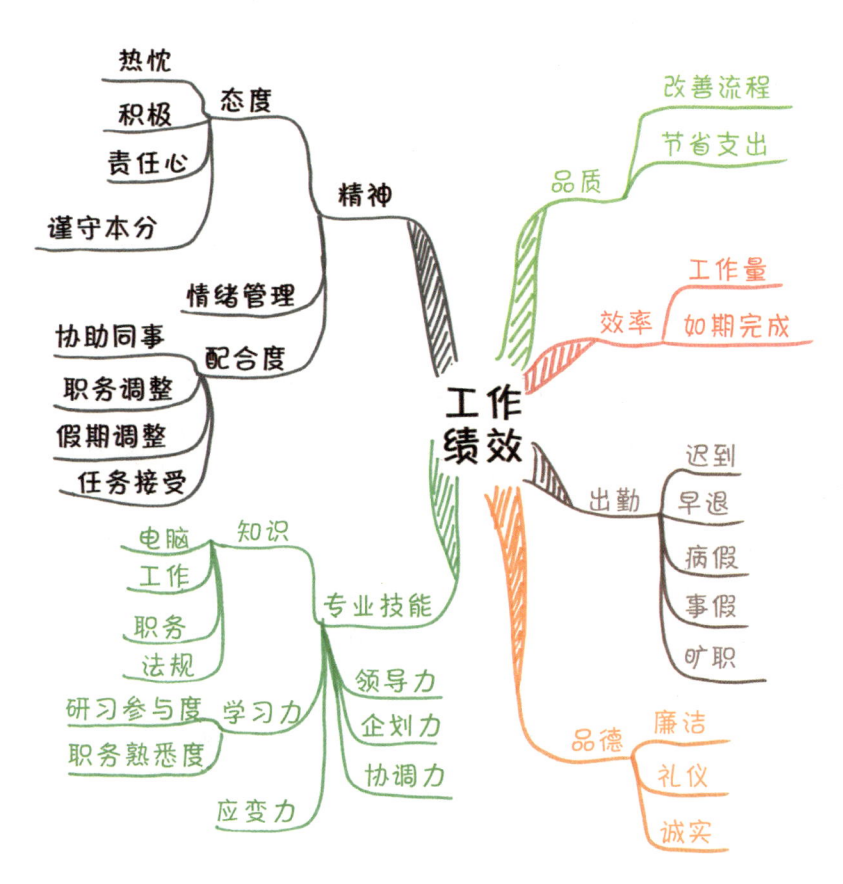

💧 先列出要评估哪些项目后，再决定每个项目所占的权重。

工作绩效思维导图：

- **精神**
  - 态度：热忱、积极、责任心
  - 谨守本分
  - 情绪管理
  - 配合度：协助同事、职务调整、假期调整、任务接受
- **品质**：改善流程、节省支出
- **效率**：工作量、如期完成
- **出勤**：迟到、早退、病假、事假、旷职
- **品德**：廉洁、礼仪、诚实
- **专业技能**
  - 知识：电脑、工作、职务、法规
  - 学习力：研习参与度、职务熟悉度
  - 领导力
  - 企划力
  - 协调力
  - 应变力

满意感、团队成员继续协作的能力。

团队绩效评估[①]可以分成三个阶段：输入—过程—输出。"输入"包括成员的知识技能和能力、团队的构成、组织情景、报酬系统、信息系统、目标。"过程"包括团队成员的相互作用、讯息的交换、决策参与、社会支持。"输出"包括团队产品、团队发展能力、团队成员满意感等。

确定团队的绩效评估的要素是关键点也是困难点，通常可以采用以下

---

① Nadler（1990）、Guzzo & Shea（1992）等关于团队绩效的定义最为流行。

四种方法来确定要评估哪些要素。

第一种方法，团队的存在是为了要满足客户的需求，客户满意度是团队的主要目标时，最理想的方法是采用客户关系图法来确定绩效评估的标准。客户的定义是为团队提供产品和服务并帮助他们工作的人，故可能是内部的同事，也可能是外部顾客。显示出团队与各客户之间的"关联性"，要列出这些项目：团队组成、内部客户、外部客户、客户需要的产品和服务。

第二种方法，团队的存在是为了帮助组织改进绩效时，就要用组织绩效目标的评估方式。既然是要改进绩效，要先界定出可以影响的组织绩效的因素，再思考如何改善这些项目：压缩运转周期、降低生产成本、增加销售额、提高客户的忠诚度。

第三种方法，团队和组织之间的联系很重要，团队与组织的目标紧密结合时，可以用业绩金字塔来确定团队绩效评估的层次。业务团队通常要列出这些项目：整个组织的宗旨或功能、业绩项目、业绩数字。

第四种方法，团队的工作具有清楚明确的工作流程，工作流程贯穿于各部门之间，客户包括组织内部同人，也包括组织外部的顾客时，可用工作流程图来确定。工作流程图是提供产品或服务的一系列步骤。要列出这些项目：向客户提供的最终产品、负责的重要工作移交、负责的重要工作步骤。

在建立团队绩效测评项目时，应充分考虑顾客的意见，且详细描述每一位团队成员的工作。

绩效评估是企业诊断，要评估短期进度与成果，更要评估是否有持续培养长期未来核心竞争力。绩效评估也是回馈制度，绩效评估要对策略的执行有帮助，追踪策略执行时的绩效方向与成果进度，对评估结果的诠释与做决策的修正，而不仅是只对结果评价。

只要找到"对的人才"，不用太管理这些人才，"对的人才"自动会回报给你好的结果。

我以前就用思维导图来规划团队中每一位下属应该完成的短期进度

与截止期限,每一周例行会议时,我会直接在这张思维导图上记录员工是否达到短期目标、超越目标或是延后进度,来决定员工的工作态度与工作表现,这张思维导图不仅是我们团队的工作目标,也是所有同人的绩效记录,再根据这张记录来决定谁是"对的人才","对的人才"加薪幅度自然要大一点喽。

总而言之,绩效评估方法要让团队人员感到公平,他们才会心甘情愿接受考核结果。

【练习2】想提升质量的服务业(以美发业为例)

本篇虽是以美发业为例,但只要把下面所提到的这几个关键词换掉,把"中心主题"换成你"自己",把"客户"换成"主管或老板",就可以依照本篇所说的方式进行"提升自我能力"的思维导图。

曾有年约50岁的学生在下课闲聊时告诉我:"斯坦福大学校长说他们学校的理念是培养有思考力的人,不是培养出毕业后可以直接上手工作的人。"我说:"这一点跟台湾很多企业老板的心态不一样,台湾老板大多希望大学毕业生能直接上手,不需要公司再进行特别训练的人。"

最近我看日剧——《东京女子图鉴》(暂译),女主角本来年薪约400万日币,顺利换工作到年薪700万日币的跨国品牌,上班没几天女主管对女主角严厉的一段话令我感触很深:"你说你会认真努力,但我付你这些薪水,是希望你能轻松地把这些工作做好,不是现在开始努力学习。"

服务质量,通常是在顾客与接洽的员工进行服务接触时,在服务提供过程中评估。哈佛大学商学院教授 James L. Heskett 认为,顾客是以认知质量与期望质量之间的关系,来衡量接受的服务好不好。

顾客衡量服务质量的方法,是用五个方面来比较认知与期望之间的差距,这五个方面依重要性排序如下:可靠性、回应性、确实性、关怀性与有形性。[1]

---

[1] 由 Parasuram、Zeithaml 以及 Berry 三位学者提出。

1. 可靠性：准时地、一致地、无失误地完成服务工作。
2. 回应性：立即提供服务、协助，或将顾客的负面印象恢复成正面印象。
3. 确实性：员工的知识、礼貌、执行服务的能力、与顾客有效地沟通、考虑顾客最佳利益的态度。
4. 关怀性：平易近人、敏感度高、能针对顾客个人需要去满足。
5. 有形性：设施、设备、员工、沟通数据。

Quelch 与 Takeuchi 于 1983 年提出影响服务质量的因素，可根据消费者的消费步骤，依消费前、消费时与消费后三阶段来加以评估：

1. 消费前	2. 消费时	3. 消费后
1-1 广告效果与宣传绩效	2-1 对服务人员的评价	3-1 使用的便利性
1-2 过去的经验	2-2 服务保证条款	3-2 可靠度
1-3 业者的行号与形象	2-3 服务与维修政策	3-3 维修、客诉与保证的处理
1-4 朋友的看法与口碑	2-4 索价	3-4 服务的有效性
1-5 商店的声誉	2-5 绩效衡量标准	3-5 零件的实时性
1-6 政府检验结果	2-6 支援方案	3-6 相对绩效（comparative performance）

本练习的第一步，请从消费前、消费时、消费后这三阶段来思考看看，美发业可以在哪些地方做出好服务？第二步，进行客户满意度调查，看看客户对哪些项目比较在意？

回顾我的职涯，有基层、有高阶主管，有被人管理、有管理他人，有不扛业绩、有扛业绩，不管在哪个职务或职位上，我几乎没有只做单一一件事或一件任务，会形成这种情况，有一半是来自主管要求，有一半是来自自我期许。

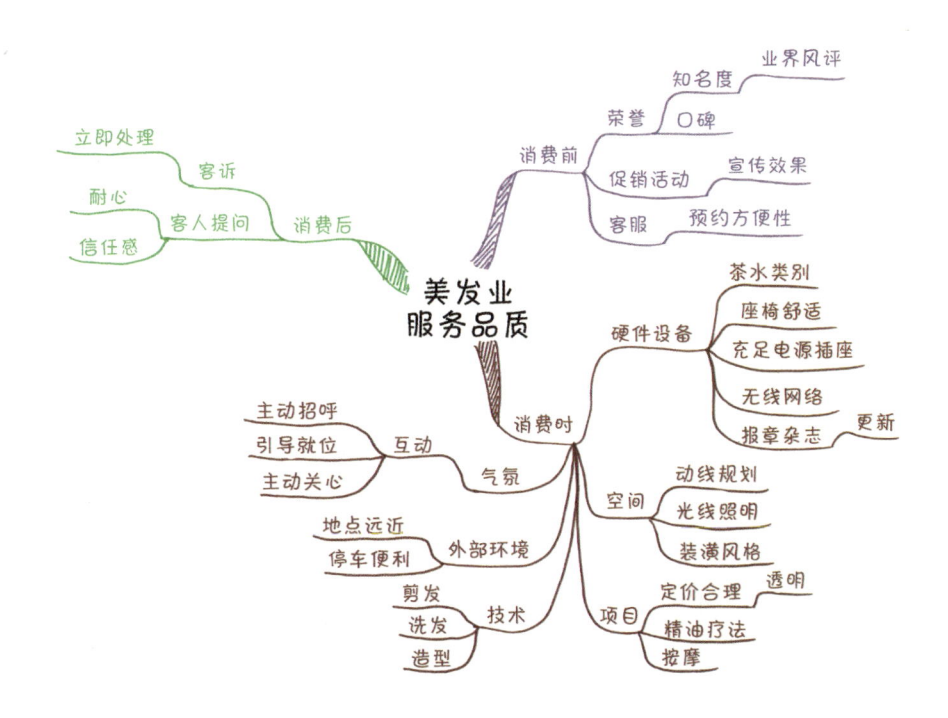

[思维导图：美发业服务品质]

- 消费后
  - 客诉
    - 立即处理
    - 耐心
  - 客人提问
    - 信任感
- 消费前
  - 荣誉
    - 知名度
    - 业界风评
    - 口碑
  - 促销活动
    - 宣传效果
  - 客服
    - 预约方便性
- 消费时
  - 硬件设备
    - 茶水类别
    - 座椅舒适
    - 充足电源插座
    - 无线网络
    - 报章杂志 — 更新
  - 空间
    - 动线规划
    - 光线照明
    - 装潢风格
  - 项目
    - 定价合理 — 透明
    - 精油疗法
    - 按摩
  - 技术
    - 剪发
    - 洗发
    - 造型
  - 外部环境
    - 地点远近
    - 停车便利
  - 气氛
    - 互动
      - 主动招呼
      - 引导就位
      - 主动关心

若同时接受多种任务的工作情况百分之百是来自主管要求的话，就会觉得做这些跨领域或是跨职务的工作，是一件艰难且痛苦的工作。加上自我期许后，就会从这些任务中找到成长的乐趣与培养未来成就的能力。

我喜欢观察那些被主管或老板视为不可或缺帮手的员工，他们在职场上能不断地步步高升，不断累积出很强的竞争力，除了己身要有坚强的实力外，还要有很强韧的心理素质支撑。

不断地绘制思维导图，就能不断地同步锻炼外在实力与内在心理。

在本书各章节中，我通过各种故事与实例教导各位思维导图笔记术的运用，无非是希望有心学习好思维导图的读者，能通过本书来不断精进自己的竞争力。

所有个体竞争力提升了，整体竞争力也就跟着提升，这就是我不断钻研思维导图也写思维导图相关书籍的主要目的。

第 7 章

常见问题

一、计算机软件、APP 和手绘，有什么不同效果

从我写第一本《我的第一本思维导图入门书》开始，到现在已经是第四本思维导图书，这个问题总是不停地被提出来。

本表不以优点、缺点来划分，因为有些项目，对某些人来说可能根本不算是困扰，但对另一些人来说却是很大困扰。

手绘思维导图	计算机软件与 APP
不受工具限制，只要有笔跟纸就可开始画	要有 3C 产品跟电源
有需要时，立刻就能动手	有需要时，要等 3C 产品开机与找好电源。
画完后不偷看思维导图，至少能记住 60%～80% 以上的内容	画完后不偷看思维导图，只能记住不到 30% 的内容
绘图速度依写字速度决定	绘图速度依打字速度决定
只要手会动，就能画出思维导图	1. 每家软件的流畅度有所差异，有些软件用起来步骤很多、很麻烦；有些软件画出来的不够美观 2. 我只推荐 Mindjet 跟 Ithought，以及在线版的 Cacoo
1. 写字有一定的大小，纸张不够大时，必须拆成好几页的思维导图 2. 阅览时将多张思维导图一起摊开在桌面上，就能达到总览全局，大脑可以把整个桌面的画面当成一个整体，一起记在脑中	1. 所有字通通能塞进一个版面中，使用者只要负责打字就好 2. 若内容过于庞大，依然无法在一个画面上阅览整个思维导图，必须移动鼠标才能看完
很快就能完成基本文字型思维导图、图解型思维导图、图像记忆型思维导图	很快就能完成基本文字型思维导图。一旦需要进行图解型思维导图、图像记忆型思维导图时，步骤就非常烦琐，需要先另外用绘图软件画好图解或是图像，再用插入的方式置入于思维导图中
写字丑、画图丑，不敢拿给别人看	不用担心写字丑、画图丑
很不会画图时，只能用剪贴图片	上网抓图，用插入的方式放在思维导图上

续表

手绘思维导图	计算机软件与APP
需要大量修改或是增减内容时，比较麻烦，可能需要重新画一张才会简洁整齐	需要大量修改或是增减内容时，很简单，只要用鼠标拉一下、位置调一下，就像新的一样
想怎么画文字、线条、图表、图像，就怎么画	受限于软件使用限制，你想象得出来，软件不一定能做到。或是要花费大量时间才能做到
需要存放纸本思维导图的档案夹	不占实体空间。电子文件容量大小，视每家软件设计、思维导图的内容多寡而定
只要拍照、扫描，就能传送给远方对象	若对方使用跟你一样的思维导图软件，就能直接打开电子文件。若对方不是，就必须先转成JPG、BMP或PDF档，对方才能打开
转成电子文件传送给对方后，对方没有办法直接在思维导图上做修改，比较适用于通知或是单纯分享档案使用	若对方使用跟你一样的思维导图软件，就可以直接在你的思维导图上修改，再回传给你。若对方不是，跟手绘思维导图情况一样

二、外出带A4纸不方便，用哪种笔记本好

外出时需要写的笔记，常常是无法预估内容多寡与主题的笔记。为了日后整理资料方便，我大力推荐你一定要用A4白纸来绘制思维导图，而且是使用过一面的回收纸，顺便为环保尽一份力！

我平时使用的工具是手写板、L夹、A4回收纸，也因此我一定要买可以放下A4纸的大包包。外出后，不管有没有桌子，只要能坐下，就可以动手画思维导图。手写板的运用请见第3章。

当你的思维导图技巧越来越好时，已经不太需要事后再重新绘制一次思维导图。经过一段时间，L夹中的这张思维导图确定是不需要留下来了，只要直接丢弃就好。

假设你是在A4白纸的两面都画上思维导图，两张思维导图是不同主题，一面要保留、一面是不需留下的，那么这时候就伤脑筋了。虽然可以

在不要的那一面上直接打上大叉叉，但日后翻阅数据时，还是要再看很多页的大叉叉才能找到我们要的数据。

使用 A4 回收纸还有另一个好处，万一一张纸画不下了，必须画成两张时，只要将这两张纸用回形针夹在一起，日后阅读时同时将两张思维导图平放在桌面上，就能快速整合两张思维导图上的内容了。

能放下 A4 纸的女用包包，数量与选择性皆不多，有时只好将 A4 纸以对折的方式放入数据袋内，再放入包包中，但外出后就需要找到桌子，才好方便绘制思维导图。

后来我想到一个好方法，就是用跨页的方式来画思维导图，只要选择 25K 尺寸的空白笔记本就可以了。笔记本整个打开后只比 A4 小一点点，解决了包包尺寸的问题。同时在买笔记本时，选用硬壳的精装本，外出使用时也就不需要桌子了。

使用笔记本不能解决的问题，就是事后整理的方便性。如果一面的内容要留下，另一面的内容是不要的，那么我们的书架上还是得放上一整本的笔记本，不容易将书架空间做减量动作。

除非笔记本中要留下的内容只剩下一点点，其他的都是不要的，那么就能将跨页的思维导图影印、撕下来保留，或是扫描成电子文件，再将笔记本丢掉。

三、如何运用思维导图安排考生读书计划（增订版）

在《思维导图：创意高手的超强思考工具》中写过一篇如何安排读书计划的文章，很多考生按步骤完成读书计划后，向我反映受用不少，内心也安心踏实很多。

但有一些考生还是有疑惑，不知道该如何下手安排。于是我重新把文章增订改写，希望能帮助更多的考生安心准备考试。

常有考生问我："看过很多网络或考试书上写的读书计划，总觉得不是太理想化，就是不够科学化、系统化，有没有比较科学的方法呢？"

一百种人准备考试的方法就会有一百种，大家都有自己的一套，原因在于每个人的生活条件、勤劳程度、个性、可运用的自由时间量通通不一样，因此，你不能期望有一种考试成功的读书计划是绝对适合你的。

坊间很多读书计划是针对在学学生而设计的，几乎都是假设一种完美状况，就是学生每天拥有至少 8 小时的读书时间。

==如果你每天都能抽出 8 小时以上时间，并且专心一致地坐在书桌前念书，那么你可以继续用你原来的方法念书。你根本不需要往外求取别人的读书建议。==

对成人考生来说，一边工作一边念书，念书时间要天天 8 小时根本是不可能的，直接套用专职学生的读书计划，只会让自己心情更加挫折。

以下内容是我归纳各种读书经验后，个人研究出的一套可以根据个人情况调整，确保人人可以做得到的读书计划。这也是我第一次以书面方式公布在世人面前。近几年来已有多位学生用这套时间规划，搭配我教的学习方法，用不到半年的时间念书，一次就考上录取率约 2% 的高考。也有学生用一年时间考上录取率不到 2% 的证照。

提醒一下大家，以下我所提供的方法并不适合下个月就要考试，但是却一本书都还没开始翻阅的人使用。

这个方法也不适合只剩一两个月就要考试，现在连一本书都没看完一遍，并且每天无法投入 6 小时以上念书时间的人使用。

因为这个方法是要让你彻底从不懂到懂，并不是用来临时抱佛脚的。但是你还是可以参考一下这个方法，试着找出自己投资在每本书的时间比重。

刚刚已经讲过了，没有一套读书计划是适合所有人的，你必须自己实际上去试做看看，再根据自己的情况调整才行。以下是建议的步骤：

1 步骤一：找出喜欢的课本或参考书，求精不求广

同一科目总会有上千上百本自修参考书，基本上内容都大同小异，差别只在于编排方式与整理方式的不同。

我建议你先询问有经验的人或是补习班，然后亲自翻阅一下，找出你

看得顺眼的编排方式。好好地读透、读通一本书就好，毕竟考试是比谁对内容更为熟悉，不需要同一科目读很多本参考书。

花一点时间先找出一本书，比事后读好几本书更有效果，也更节省时间。读很多本书，但每一本书都看得不熟，等于是只有学习而没有复习。

同时好几本书堆在面前，只会增加你的紧张感，让你天天怕自己读不完。

2　步骤二：研究每一科的考题，找出章节比重

出题方向是有倾向的，可能跟出题者个人有关，也可能跟当时时事或社会气氛有关。

超过五年的考题，参考价值较为低一点，有多余的时间就再研究一下。

找出最近五年的考题，一一对照书中的章节，找出这三大部分的出题比率。我会直接在书本上注记哪一个段落曾经在哪一年考过。

必考章节：五年里面出现三次（或以上）考题。（60％以上概率）

较不考章节：五年里面出现一次考题（或以下）。（20％以下概率）

中间值：扣除前两项，剩下的都归在这一类中。（20％~59％概率）

章节连续性不高的书，要依据出题概率来安排阅读顺序。出题概率高的先读，日后才有更多的复习次数。例如，初高中的数学基测与学测中，考题比重大的会落在"几何"，考题比重小的会落在"方程式"上。也就是说，几何方面会让你得分比较多，当然几何要增加复习次数喽。

考试题型中，较多人觉得问答题比选择题更难，因为问答题几乎都是要靠默背才能完整答题，选择题还有机会可以猜题一下。

问答题以"章"为单位来安排读书计划就好，选择题的话，最小可以切割到每小节的出题概率。

> 要考的内容有三科，其中科目 A 有两本书一定要读，那么这两本书都得纳入读书计划。

	必考章节	中间值	较不考章节	
书本 A-1	1、2、4、5、6、10、11、12、14、16、18、19。	3、7、8、9、13、15、17	20、21。	共 21 章
书本 A-2	2、3、4、5、6、10、11、15、16。	1、7、9、12、13、14、18、19。	8、17、20	共 20 章
书本 B	2、3、4、8、9、10、17	1、5、7、11、13、14、15、16。	6、12。	共 17 章
书本 C	3、6、7、8。	4、5、9、10、11。	1、2。	共 11 章

章节有连续的书籍依然适用这个方法，原因是：

1. 若已经把整本书都看过一遍，对整本书架构与内容都理解过了，可以用这种方式来进行复习。
2. 若是整本书一遍都还没有读过，也可以利用这种方式，让自己知道每一个章节最多投入的时间量是多少。

如果距离考试时间还很多的话，必考章节的"第一次学习"进度稍微落后的话，没读完的部分，还可以利用隔天的"第一次复习"所安排的时间继续把该章节读完。

若距离考试已经很接近时，"第一次学习"一遍也没办法读完的话，即使"方程式"搞不太懂也可以跟它赌赌看，读不完就算了，反正出题比例不高。万一真的考出来不会写的话，分数损失也较少。还是要把仅剩不多的时间，花在出题概率高的"章"或"节"上。

3　步骤三：算出每月的念书时间量

我常说考试录取率很低，是因为很多考生是去"陪考"的，他们都是随性念书，当然不太可能考上。

- 状况一：这几天对科目A有兴趣，就只念科目A。过几天对科目B有兴趣，就只念科目B。不太清楚自己念书进度到底是不是没问题。

- 状况二：前天心情好念三四个小时，昨天心情差就不念了，今天精神不好还是不念了，心想反正周日再来好好地多念一下就好。就这么三天打鱼两天晒网地念着书。时间就一点一滴地过了，才猛然发现自己念书的进度严重落后。

- 状况三：第一个月猛念书本A-1，第二个月念书本A-2，第三个月念书本B，第四个月念书本C。等到第五个月想要复习A-1时，就发现自己对A-1的内容好像很陌生，几乎都忘光了，等于是重新再念过一遍。

- 状况四：对B科目没信心，对C科目有信心，就拼命念B科目，C科目等快要考试时再来念就好。结果，发现拿手的C科目得分也不高。

- 状况五：对B科目没信心，对C科目有信心，就拼命念C科目，想靠C科目来弥补B科目分数的不足，如果C科目出题太难或是太简单，跟别人的分数差距会不大。这种方法只有在题目难易适中时才会有好效果。

准备考试是讲求策略的，要理性做计划，千万不能随性、随兴而为。

不管考试日期在 1~31 日的哪一天，我希望你不要把这一个月的时间纳入以下的读书计划中，这几天的读书计划要重新拟订。要把不擅长的章节弄熟是要花掉较多的复习时间的，这一个月不要执着在不擅长的章节上，应该是 80% 时间放在复习你擅长的部分，因为这些分数绝对不能失分。复习的材料部分，你也可以用大量做题来验证对内容的熟悉度。

最后一个月的做题顺序分别是：(1)近五年的考题；(2)近十年的考题；(3)模拟考题。这样的安排顺序是因为考试方向会改变，所以越久远的考古题参考价值越低。模拟考题是以猜题的概念去出题的，不一定跟真正的出题方向是一致的。

假设一个平时要工作的上班族，扣掉考试那个月份后，可以念书的时间有7个月，并假设我们对每一科目通通不擅长，每一科目的满分都是100分，其中科目A分成两本书，这两本书各占50%比重。

周一到周四，每天最少可念3小时。周六可念6小时，周日可念4小时。

每周的最小念书时间量是 3×4天+6+4＝22 小时（1320 分钟）

每月的最小念书时间量是 1320×4周＝5280 分钟

	一本书在一个月内的念书时间量
书本 A-1	5280×（1÷3科）×50%＝880 分钟
书本 A-2	5280×（1÷3科）×50%＝880 分钟
书本 B	5280×（1÷3科）＝1760 分钟
书本 C	5280×（1÷3科）＝1760 分钟

4　步骤四：订出每本书在每个月的进度目标

订出每本书在每个月的进度目标与截止期限，这样才能善用心理学上讲的效果——适当的压力可以刺激效率的提高。

先念必考的章节，这样你才有时间可以多复习几次，既然必考，就代表你一定要拿到分数。较不考的章节，从最后一个月开始往回安排，反正出题的概率低，题数也不会太多，少复习几次也不会吃亏。

这个步骤很重要，可以让你订出较为合理的目标。不会造成太大的压力或是太松散的计划。也能断开随兴（随当时的兴趣）的读书计划。

越到后面几个月，应该多花点时间在复习必考的章节上。

	每一个月须投入每一本书的章节数量
书本 A-1	21 章节 ÷ 7 个月 = 每个月念 3 章
书本 A-2	20 章节 ÷ 7 个月 = 1st 月 ~ 6st 月念 3 章 7st 月念 2 章
书本 B	17 章节 ÷ 7 个月 = 1st 月 ~ 3st 月念 3 章 4st 月 ~ 7st 月念 2 章
书本 C	11 章节 ÷ 7 个月 = 1st 月 ~ 4st 月念 2 章 5st 月 ~ 7st 月念 1 章

5　步骤五：订出每个月念书的进度表

综合第二步骤跟第四步骤的结果，就可以知道订出每个章节的时间限制，没有时间限制的话，多数人会一边念书一边分心，一个章节恐怕会念很久很久才会念完。

	1st 月	2nd 月	3th 月	4th 月	5th 月	6th 月	7th 月
A-1	1. 2. 4	5. 6. 10	11. 12. 14	16. 18. 19	3. 7. 8.	9. 13. 15	17.20.21
A-2	2. 3. 4.	5. 6. 10	11. 15. 16	1. 7. 9.	12. 13. 14.	18. 19. 8.	17. 20
B	2. 3. 4.	8. 9. 10.	17. 1. 5.	7. 11.	13. 14.	15. 16.	6. 12
C	3. 6.	7. 8.	4. 5.	9. 10.	11.	1.	2.

综合第三步骤跟第四步骤，就可以知道 1 月的读书进度应该是：

	章节	时间量	每个章节的平均时间量
A-1	1. 2. 4.	880 分钟	293 分钟 （4 小时 53 分钟）
A-2	2. 3. 4.	880 分钟	293 分钟 （4 小时 53 分钟）
B	2. 3. 4.	1760 分钟	586 分钟 （9 小时 46 分钟）
C	3. 6.	1760 分钟	880 分钟 （14 小时 40 分钟）

这些时间的计算，是要让你自己随时知道，自己的读书进度是否有落后的迹象。用这样的方式，才能理性地订出每个章节的时间量，才不会通通凭感觉来决定自己的读书进度。也不会进度已经超前了，还觉得自己念书太慢。或是进度已经严重落后了，还觉得自己还有很多念书时间。

尤其是需要大量花时间理解的观念，千万别样样通，却样样松。"第一次学习"是指"看完书＋整理好思维导图"，若还有剩余的时间，就复习一下之前章节所画的思维导图。

即使是需要计算的理科也是一样。针对"观念"要多花点时间看，去弄熟弄懂，胜过你写一大堆的练习计算题。

写练习题都是放在复习中。从"第一次复习"开始，每一次的复习都是先看一下思维导图上的关键词，回想完整的句子，然后写写练习题。

6 步骤六：念书进度暂时超前的处理方式

书本 C 的每个章节可以念 14 小时 40 分钟，我想你不太可能念这么久才念完一个章节，剩下来的时间你就可以有下列选择：

- 选择一：改念本周计划中书本A-1比较不熟悉或没念完的章节，或做题。
- 选择二：改念本周计划中书本A-2比较不熟悉或没念完的章节，或做题。
- 选择三：改念本周计划中书本B比较不熟悉或没念完的章节，或做题。
- 选择四：多念本周计划中的书本C几遍，或做题。

我会建议，除非是本周计划中书本 A ~ C 的章节通通都滚瓜烂熟了，否则不要提早念下一周的计划。毕竟，这个念书计划是要你稳扎稳打地念完一遍，同样念一遍但是效果要比别人更好。

7　步骤七：念书进度暂时落后的处理方式

准备考试千万不能贪快、求快，而念得不扎实。贪快求快，虽然可能念得次数更多，但是效果不会更好。你看看那些全职准备考试，却连考三年以上都没录取的人就知道了，他们念了很多遍，但每一遍都不扎实，这种不良的念书心态绝对要舍弃。

如果一章的范围太大，你可以把范围再拆小一点，改用一节来计算。假设一章有四节，你就可以知道一节最多只能花费多少时间在上面。

万一第一节的"第一次学习"进度落后了，当然是要读通为主，但是你要记录下来，要利用"第一次复习"的时间把没读的部分补念完。念第二节时就要警醒一点，要鞭策自己好好专心读，千万不能再延后进度了。

万一连续好几个章节的进度通通都落后了，那么你就要更加警惕了，有三个需要自己检讨的原因。

（1）在这项科目的理解力是否太低

理解力太低的话，就要考虑是否该"花钱买时间"去补习。
但是补习也是很花时间的，这部分就要依照自身状况拿捏要不要去补习。一般而言，找到"好老师"去补习，胜过自我摸索耗费时间。

（2）专注力是否太低

专注力太低的话，就要重新思考每天念书的环境是否要改变？总之，就是要改变各种外在环境条件来要求自己更专心。

（3）可以投入的念书时间是否太少

读书进度一旦落后了，立刻把本来要做其他事情的时间挪来读书，增加读书的时间。例如，考虑跟亲朋好友商量一下，是不是暂时让你当个"宅男宅女"，要用行动支持你完成重要目标，考试前千万不要再主动来找你出去吃喝玩乐。

全职考生若念书时间太少的话，通常可能是太放纵自己了。

全职考生请把自己当上班族，只是你的工作项目叫念书。上班族一天工作八小时，你一天至少也要念书八小时。上班族一周工作至少五天，你一周至少也要专心念书五天。

"学习"是"学"＋"习"，意思是一边吸收，一边执行。面对同一个科目，每个人的学习障碍点都是不一样的。同一个人，面对不同科目的障碍点也都不一样。准备要考试的你，看完本篇文章后，你要立刻开始执行，一边做，一边修正自己的读书方式，这样才对。

8　步骤八：搭配复习定律[①]，订出每个月念书的时间计划

第一次复习应该在学习完成的 1 小时内。如 1／1 前完成。

第二次复习在学习完成的 24 小时内。如 1／2 前完成。

第三次复习在学习完成的 1 周内。如 1／7 前要完成。

第四次复习在学习完成的 1 个月内。如 1／31 前要完成。

第五次复习从第四次复习日开始算 2 到 4 个月内。假设第四次复习是在 1／24 复习，第五次复习就在 3／24~5／24 之间复习就好。

要让短期记忆变成长期记忆，刚开始复习的间隔时间要短，要多复习几次，之后就可以把间隔拉长。

9　步骤九：运用立体多项式学习法

很多人会安排第一个月阅读书本 A-1，第二个月读 A-2，以此类推，等到第五个月才回头复习 A-1，这样复习间隔太长了。

应该要采用立体多项学习法[②]，第一个月就同时读四本书。

[①] 以下的"复习定律"是根据"遗忘曲线"所订下的，有兴趣了解原理的人，可以参考我之前的两本著作：《超强学习力训练法》（晨星出版社），第 240 页；《轻松考高分的图像记忆法》（大乐文化），第 144–146 页。

[②] 日本人川村明宏提出"立体多项学习法"，详细说明可见《眼脑直映快读法》（晨星出版社），第 69–70 页。

安排方式如下列步骤：

（1）第一步

书本 A-1 的第一章根据上面的复习定律，一个月内应该要读完一遍、复习四遍，分别安排如下图的举例。

根据前面的计算，读此章节时要在 4 小时 53 分钟内读完，但原本在计算每月最小的念书时间量时，周一到周四晚上只能抽出 4 小时，这时我会建议你周一到周四要提高自我要求，要求自己在 4 小时内读完，并运用思维导图做好重点笔记。

如果当天可以念书的时间超过 4 小时，或是你提早念完了该章节，那就参考步骤六跟步骤七中提到的四个选择。

复习时，切记不是把书本全部再读一遍，这样太没有效率了，复习应该是读思维导图重点笔记，做题目并检讨错误才对。如果是需要计算的科目，应该是直接做练习题并检讨错误。

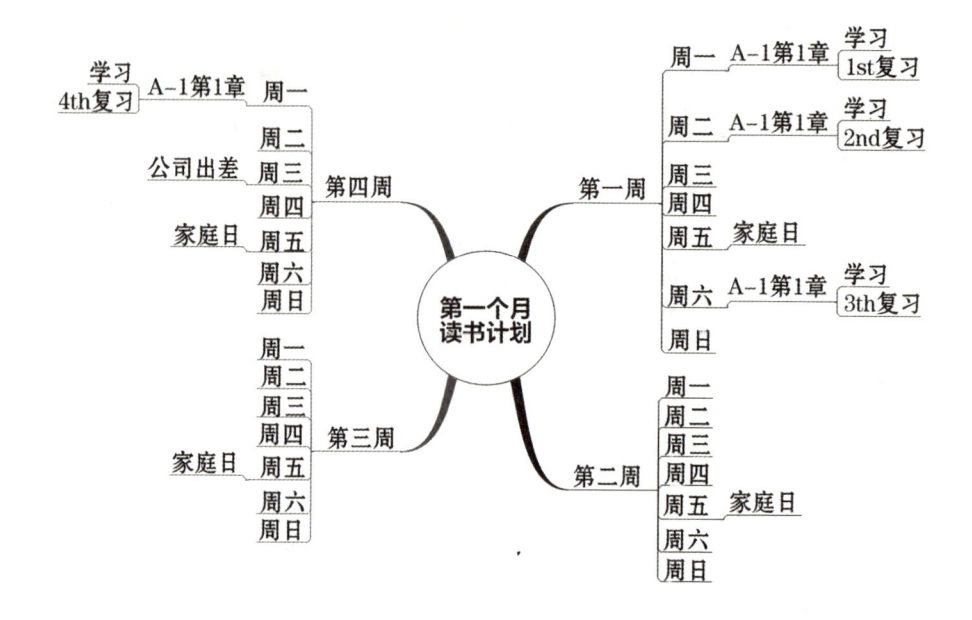

第一个月读书计划：

- 第一周
  - 周一 A-1第1章 学习 1st复习
  - 周二 A-1第1章 学习 2nd复习
  - 周三
  - 周四
  - 周五 家庭日
  - 周六 A-1第1章 学习 3th复习
  - 周日
- 第二周
  - 周一
  - 周二
  - 周三
  - 周四
  - 周五 家庭日
  - 周六
  - 周日
- 第三周
  - 周一
  - 周二
  - 周三
  - 周四
  - 周五 家庭日
  - 周六
  - 周日
- 第四周
  - 周一 A-1第1章 学习 4th复习
  - 周二
  - 周三 公司出差
  - 周四
  - 周五 家庭日
  - 周六
  - 周日

（2）第二步

假设今天读书本 A-1，隔天就要换一本书来读，也就是说隔天要读 A-2，加上复习 A-1。

书本 A-2 的第二章根据上面的复习定律，一个月内应该要读完一遍、复习四遍，分别安排如下图的举例。

读此章节时，要求自己最多在 4 小时 53 分钟内读完，并做好重点笔记，理由与其他注意事项请见第一步。

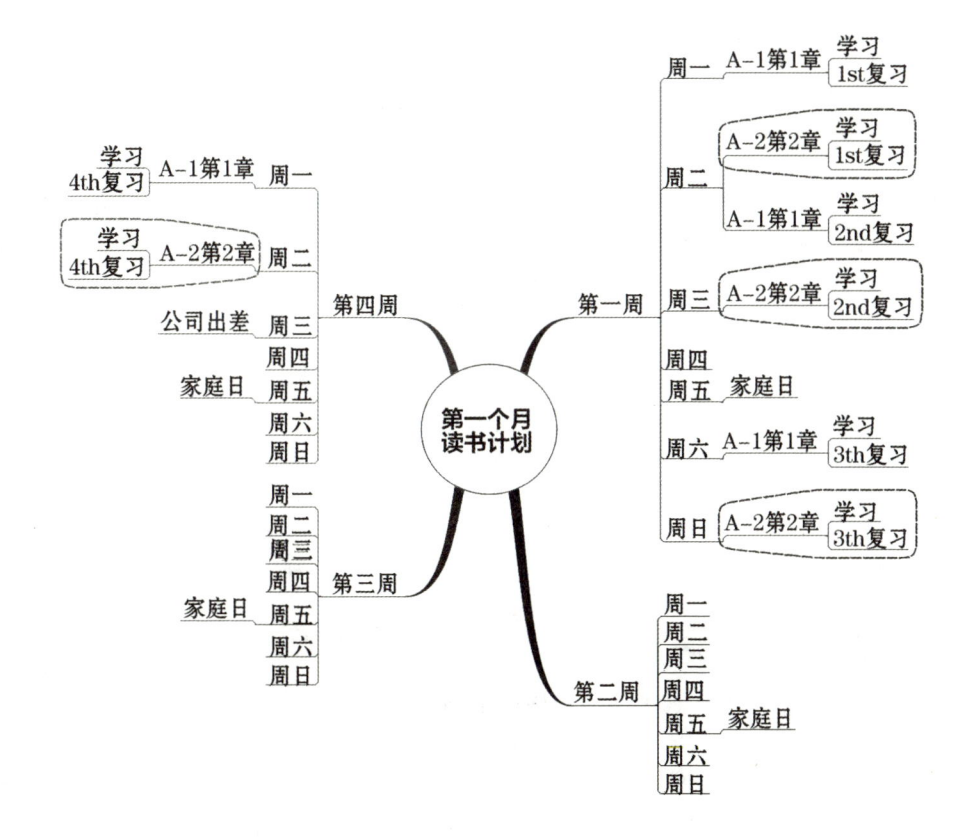

（3）第三步

以此类推，将书本 B 的第二章安排如附图 3 的举例。

读此章节时，要求自己最多在 9 小时 46 分钟内读完，并做好重点笔记，理由与其他注意事项请见第一步。

第一个月读书计划

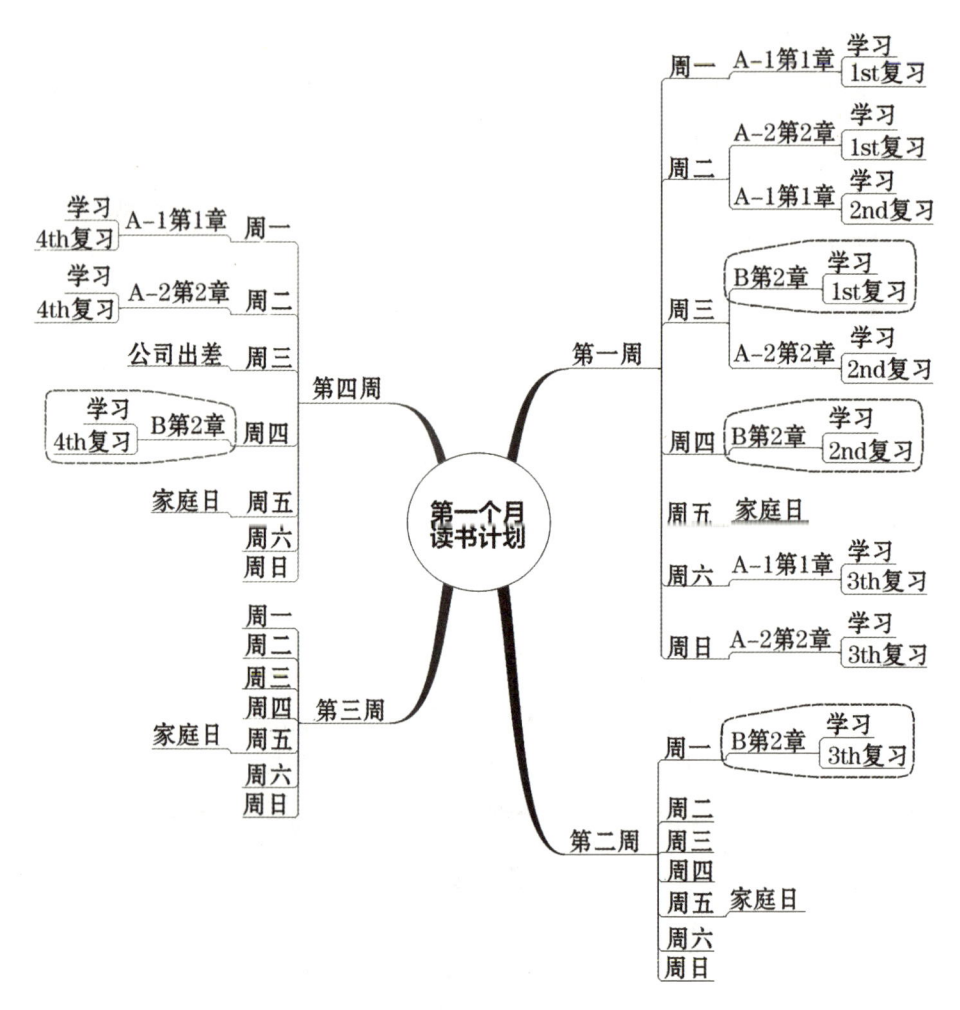

第一周
- 周一：A-1第1章 学习 / 1st复习
- 周二：
  - A-2第2章 学习 / 1st复习
  - A-1第1章 学习 / 2nd复习
- 周三：
  - B第2章 学习 / 1st复习
  - A-2第2章 学习 / 2nd复习
- 周四：B第2章 学习 / 2nd复习
- 周五：家庭日
- 周六：A-1第1章 学习 / 3th复习
- 周日：A-2第2章 学习 / 3th复习

第二周
- 周一：B第2章 学习 / 3th复习
- 周二
- 周三
- 周四
- 周五：家庭日
- 周六
- 周日

第三周
- 周一
- 周二
- 周三
- 周四
- 周五：家庭日
- 周六
- 周日

第四周
- 周一：A-1第1章 学习 / 4th复习
- 周二：A-2第2章 学习 / 4th复习
- 周三：公司出差
- 周四：B第2章 学习 / 4th复习
- 周五：家庭日
- 周六
- 周日

（4）第四步

以此类推，书本 C 的第三章依照上面原则安排。

第一个月读书计划

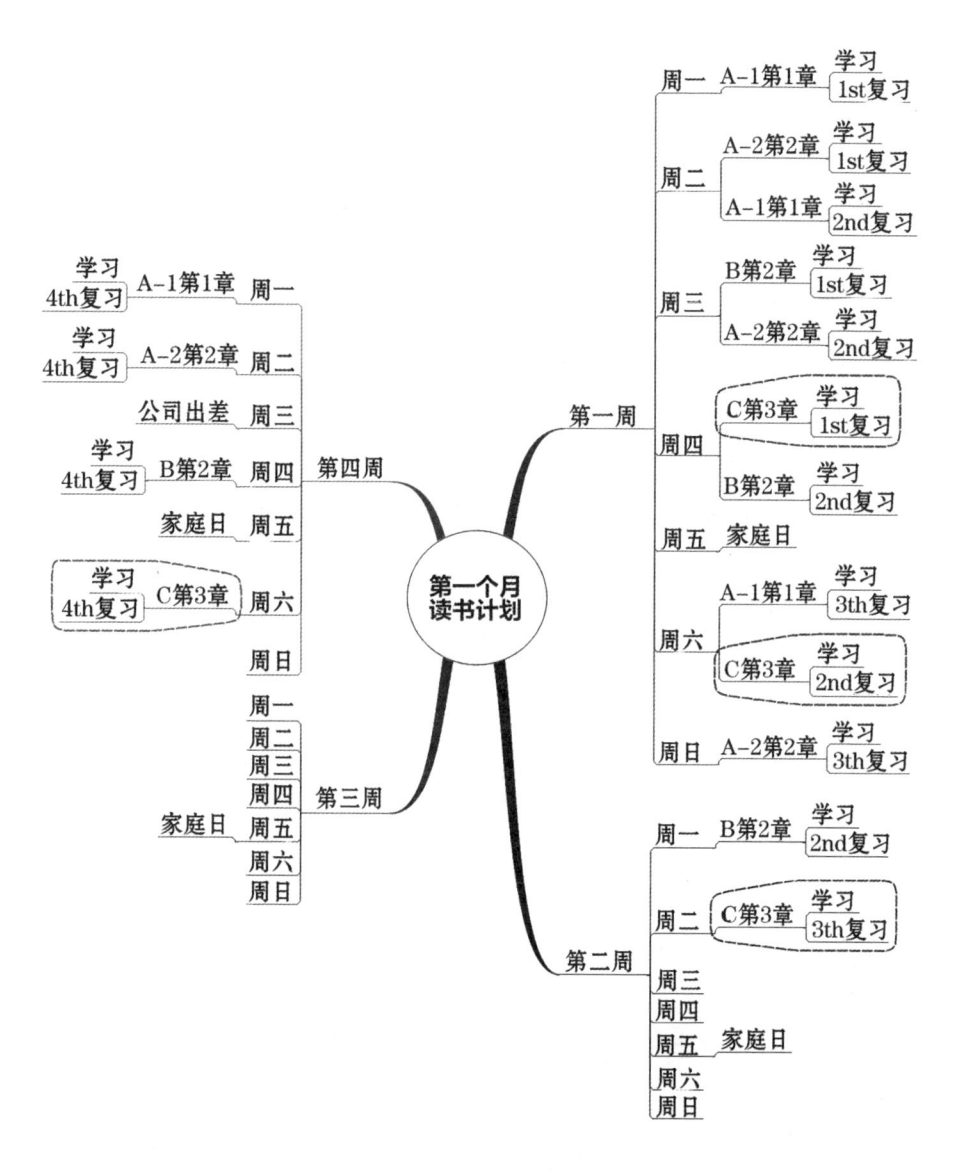

第一周
- 周一：A-1第1章 — 学习 1st复习
- 周二：A-2第2章 — 学习 1st复习；A-1第1章 — 学习 2nd复习
- 周三：B第2章 — 学习 1st复习；A-2第2章 — 学习 2nd复习
- 周四：C第3章 — 学习 1st复习；B第2章 — 学习 2nd复习
- 周五：家庭日
- 周六：A-1第1章 — 学习 3th复习；C第3章 — 学习 2nd复习
- 周日：A-2第2章 — 学习 3th复习

第二周
- 周一：B第2章 — 学习 2nd复习
- 周二：C第3章 — 学习 3th复习
- 周三：
- 周四：
- 周五：家庭日
- 周六：
- 周日：

第三周
- 周一
- 周二
- 周三
- 周四
- 周五：家庭日
- 周六
- 周日

第四周
- 周一：A-1第1章 — 学习 4th复习
- 周二：A-2第2章 — 学习 4th复习
- 周三：公司出差
- 周四：B第2章 — 学习 4th复习
- 周五：家庭日
- 周六：C第3章 — 学习 4th复习
- 周日

　　读此章节时，要求自己最多在 14 小时 40 分钟内读完，并做好重点笔记，理由与其他注意事项请见第一步。

【延伸问题1】变形版的读书计划

这是某大学电机系学生看完《思维导图：创意高手的超强思考工具》后，立刻举一反三提出的变形版读书计划，并写信来问我这样的安排方式可以吗？

> 假设我要念的书籍有三本，目前是第一次的学习（看完书＋整理好思维导图），排定一周要念的章节是A-1（共10页）、A-2（共12页）、B-1（共11页）、C-2（共17页）。
>
> 分别记录下这四个章节总共花了多少时间才能读完与画好思维导图，再除以每个章节的页数，换算出每一页平均要花多少时间。例如：A-1与A-2合计平均每页13分钟，B-1平均每页16分钟，C-2平均每页20分钟。
>
> 倒算回去，书本A有15个章节，共300页，就能算出每一个章节分别要花多少时间才能读完，跟整本书应该要3900分钟才能读完。如果眼下的剩余时间低于这个3900分钟，即代表时间资源不足，在确保读完的章节都读懂的情况下，那也没办法了。

以上由读者写的时间规划方式，跟我在《超强思维导图活用术》书中所写的，理性逻辑上观念是一致的，但是他忽略了执行时，人性总有非理性的部分。

也因为存在着非理性部分，所以无法建立一个SOP或是一个公式来解决所有问题。

该读者写的方式，我以前也思考实验过，但是这种方式太容易放纵自己，因为你是依照没有其他压力状态下去统计实际的念书时间。

公务员考试、硕士考、证照考、学测等这一类的备考时间是好几个月，不是短暂的一两天。越接近考试，越容易放纵自己。

别忘了，准备考试就是一场马拉松赛，读书的时间节奏很重要，不是起跑快，或是光靠后面冲刺就能百战百胜的。

【延伸问题 2】函授影片的读书计划

很多用补习班函授方式备考的同学,是看老师的上课录像。于是就会出现这样的疑惑:

> 我现在是用看影片的方式在学习,一集约 3hr,第一科有 37 集,第二科则是 19 集,想问老师说,如果用集数来安排读书进度是否会比较合宜?
>
> 因为每一集影片,老师讲的几乎都是观念(偶尔才会讲范例),虽然会因考试频率而区分出较重要、较不重要的章节,但因前后章节的观念是连贯的,故我无法跳过前面的集数而先读后面的集数。且因为每一集的时间固定,也方便了我安排进度。例如,礼拜一看第一科第一集。礼拜二看第一科第二集,且复习第一科第一集。所以才想问老师在这种情况下,以集数来做进度的安排是否比较合宜?

搭配函授影片的学习情况,还是要分成"学习"还是"复习"来看。

(1)第一次学习

依据该读者的描述,我猜想他应该是对该科内容很不熟悉,所以我的建议是:

1. 先照老师的集数顺序去看。在看影片的时候,遇到自己比较熟悉的内容,就可以快转跳过。
2. 有字幕的影片就用直接快转的方式来看字幕,遇到不熟悉的内容就恢复成正常速度。比较不重要的章节,也可以用这种方式来看。

用以上两种方式去控制念书的节奏,最主要的目的还是要逼自己去吻合自己的预定进度。

如果重要章节的进度落后了,就要想办法少玩乐一点,去多挪一点时间出来把进度补齐。或是挪比较不重要章节的时间过来。

或是观念先看懂，假设时间不够用，那就把范例放在"第一次复习"时来补。不过我个人是比较不建议这样做啦，==我比较讲求要有破釜沉舟的心态，宁愿多花时间念书，也不要让进度落后。==

==事情要照轻重缓急安排，破釜沉舟的心态是准备考试的这段时间，昭告天下，一切以考试为重，朋友间的吃喝玩乐活动通通==等考完试再说。

（2）第一次复习

章节的顺序，还是照集数安排，但复习时间的长短就要照重要与不重要的方式安排。

除了要补"第一次学习"的落后进度外，尽量不要再看影片了，而是看你整理好的笔记。

（3）第二次之后的复习

不重要章节的时间跟次数都可以减少一点，把时间跟次数挪给重要章节。

【延伸问题3】写练习题的读书计划

补习班的讲义或是市面上贩卖的练习书，都会帮我们在章节后面列出很多练习题。写练习题的最佳时机也是常常被学员询问的问题：

> 写练习题是在复习的时候，因为读过的每个章节都需要复习，所以老师您的说法似乎意味着"每一个章节的练习题都要写"，但我现在所拥有的读书时间很少，无法写完补习班讲义中每个章节后面的练习题，所以我势必要依重要性来分出写练习题的顺序。写练习题的最好安排方式是什么？

最好的学习方式是"学＋习"，也就是学完后马上练习，但不需要每个练习题都写。若是选择函授的人，最好是在看完函授影片后就先写练习题。例如，看完函授影片第一章或书籍第一章，立刻写第一章的练习题。

看完函授影片第二章或书籍第二章，立刻写第二章的练习题，以此类推。

写练习题的顺序是先写完"最近五年内的考题"，再写"六到十年前的考题"。如果没有办法在"第一次学习"时，就写完练习题的话，那就依照下面的方式来安排练习题的顺序。

（1）第一次复习

先写完"最近五年内的考题"，可以帮助你了解考试方向。有足够的时间再写"补习班的模拟题"，因为模拟考题通常比较刁钻，大型考试不见得会考这种刁钻题。

（2）第二次复习

有多余的时间就开始写"六到十年前的考题"，或是写模拟考题。

【延伸问题 4】写时事题的读书计划

有些公务员考试、证照考试、硕博士考试会加入时事题，这部分该如何以思维导图准备呢？

> 要整理时事新闻必须要汇集各方数据是一件很浩大的工程，还必须分析时事考点处，才会知道该链接到哪些相关知识上。我的疑问如下：
> 1. 这样看来时事考点应该是只能靠自己去发现，对吗？
> 2. 每天社会案件何其多，整理起来有一定的困难度，若是一个思考不周密漏掉对某法的探讨，就会失分。偏偏刚发生社会案件这部分无解答可对照，这真是很伤脑筋。该怎么做比较好？

第一，这样整理会很耗时，考点要抓到多细致，由自己决定。看你觉得这方面的分数占比有多大，来决定你要抓多细致。这种能力是积少成多的，是脚踏实地累积来的。

第二，这种就是考验大家是否真的把课本读通读懂喽。抓重大事件去整理就好，新闻出现超过两三天的再做。反正社会事件看久了，你就会归纳出几个类型，每个类型所运用的法条大同小异。

【延伸问题 5】如何找到好的读书方法

学，然后知不足。常有学员上完我教授的成人考试高手班后，开始对读书方法很有兴趣，常常会留意坊间书籍或网上论点。但很快又会遇到这样的问题：

> 读书方法的书籍琳琅满目，且这其中可能也有些充斥着谬论，但因为我非专家无法判断真伪。有些论点根本是写作者的自身经验，我可以高度怀疑是否真的不管谁来做都有效？

每个人的论点都是有前提条件的。不知道在前提条件下，我不敢断言对方的论点是否正确。一种米养百样人，读书方法一定有因人而异之处。

自己要先有专业度，才能分辨真伪，所以只能靠长时间批判性思考的经验累积，无法在此简略回答。

我通常比较不去看那些仅描述自身经验的读书方法，因为多数技巧仅适用于作者本人。

科学讲求的是"信度"与"效度"。信度越高，就是不管你做几次，几乎都得到一样的结果。效度越高，表示不管是谁来做，结果几乎都一样。

我喜欢看的是依据科学理论（认知心理学、脑神经科学、普通心理学）所实验出来的方法。我要确保我教授的读书方法是符合"信度"与"效度"，所以平时阅读很多这一类的书籍。

附　录

图解形式范例

1. 关联图（管理指标间的关联分析图）：箭头只进不出的是问题，箭头有进有出是中间因素，箭头只出不进的是主因，属于新 QC 七大手法（又称品管七大手法或初级统计管理方法）之一。

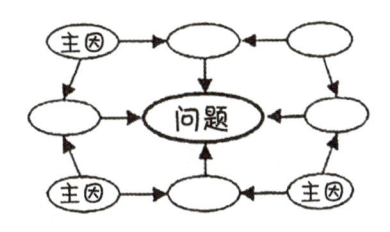

2. 扩散图：由左到右的发散，属于新 QC 七大手法之一。

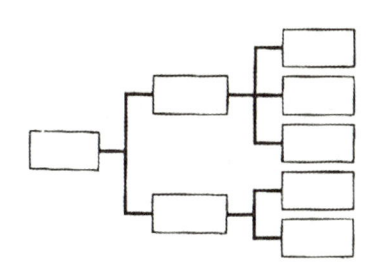

3. 焦点图：由左到右的收敛。

4. 系统图：因为 A 所以 BC，因为 B 所以 DE。属于新 QC 七大手法之一。

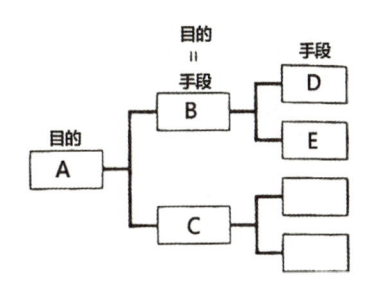

5. 特性要因图／要因分析图／鱼骨图：属于 QC 七大手法之一。

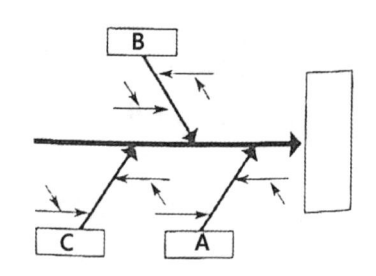

6. 亲和图：表达分类或阶层性。因为 A 所以 BC，因为 B 所以 DE。属于新 QC 七大手法之一。

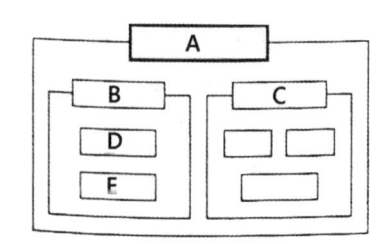

7. PDPC（过程决定计划图）：表达步骤是由上到下。属于新 QC 七大手法之一。

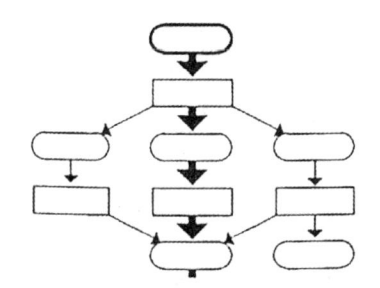

8. PERT 图（箭线图）：表达步骤是由左到右。属于新 QC 七大手法之一。

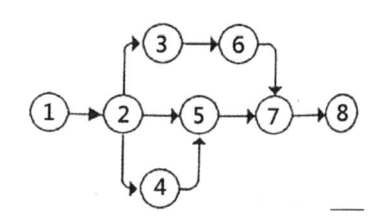

附录 | 图解形式范例

9. 饼图：甲 + 乙 + 丙 + 丁 + 戊 = 100%，表达甲、乙、丙、丁、戊之间的比例。

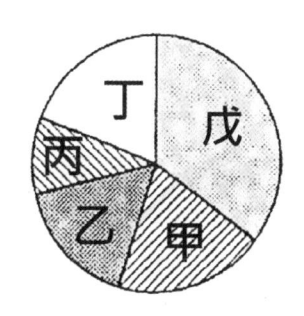

10. 半圆图／相对半圆图：表达或是比较AB两种项目分别具有什么样的比例。

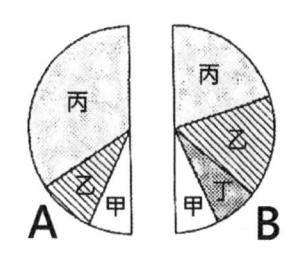

11. 双重饼图：表达内外阶层间彼此的比例。

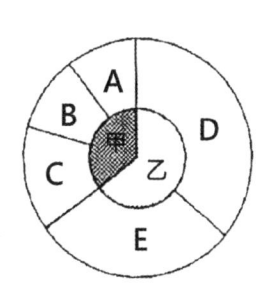

12. 多重圆图：表达内外阶层间彼此的关系。

261

13. 相交圆图：表达 ABC 之间的相同点与相异点。

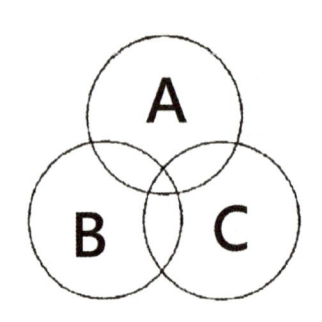

14. 圆形+圆形：表达不同时间点，比例的变化。

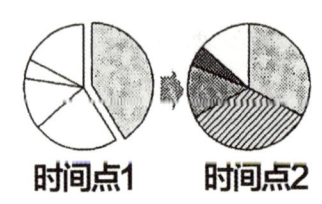

15. 三角图：表达顺位或是阶层。表达顺位概念是由 A 到 E，表达阶层概念是由 E 到 A。

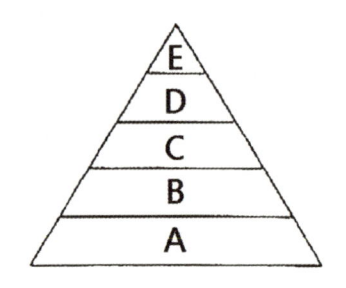

16. 二轴法（图形）：ABCDE 在 X 轴与 Y 轴的相对位置，圆圈越大表示影响力或是所占的比例越大。

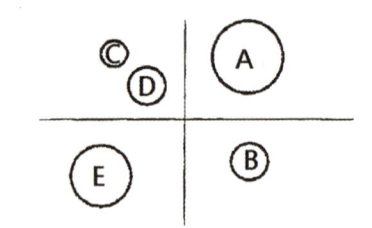

17. 二轴法（表型）：在甲、乙条件下，ABCDE 的相对位置。

18. L型矩阵图：是新 QC 七大手法之一。

19. T 型矩阵图：是新 QC 七大手法之一。

20. X 型矩阵图：是新 QC 七大手法之一。

21. 构成比率柱形图：比较 ABC 三种项目具有相同的内容，这些分别是什么样的比例。

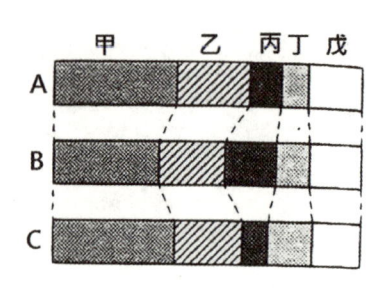

22. 细目构成比率柱形图：比较 AB 两种项目的内外阶层间，分别具有什么样的比例。

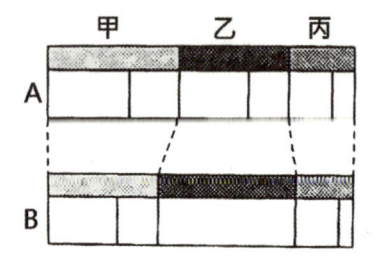

23. 折线图：强调数值增减变化。

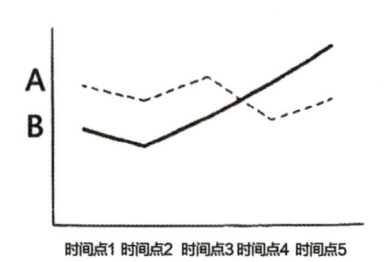

24. 阶梯图：表达 ABC 在不同时间点的数值增减变化。

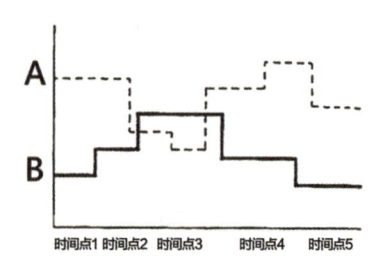

25. 阶层图：ABC 彼此互相独立，表达 ABC 在不同时间点的数值增减变化。

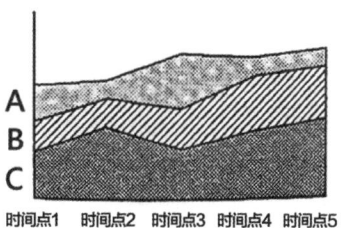

26. 构成比率阶层图：A + B + C = 100%，表达 ABC 在不同时间点的比率增减变化。

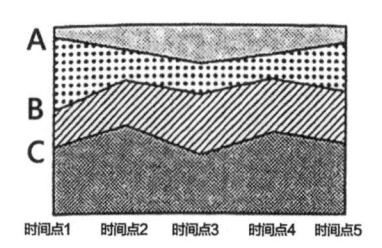

27. 正方形图：A+B+C+D = 100%，用来表达四者间的比例。

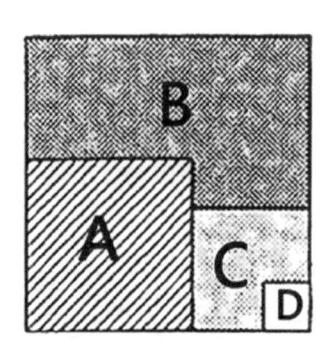

28. 柱形图／直方图：比较 ABC 之间的大小。

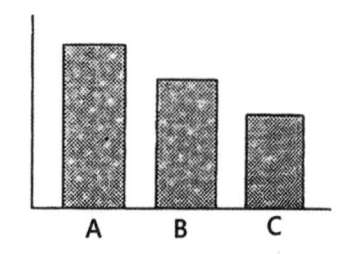

29. 堆积柱形图：A = 甲 + 乙 + 丙，表达或是比较 ABC 内容中甲乙丙的大小。

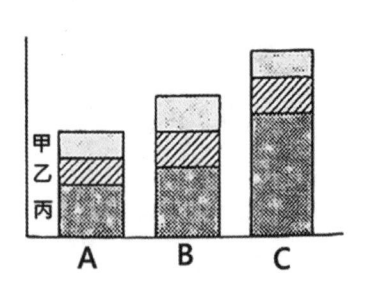

30. 重叠柱形图

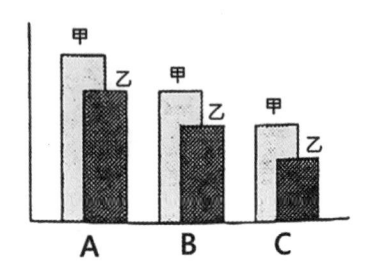

31. 复合柱形图

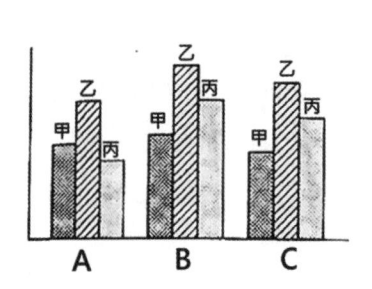

32. 水平对称（相对）柱形图

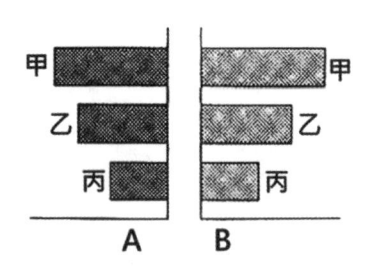

33. 人口金字塔图：表达男女在不同年龄的数量。

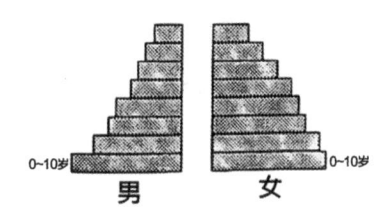

34. 偏差柱形图：比较 ABCD 的正负值，表达成长或衰退。

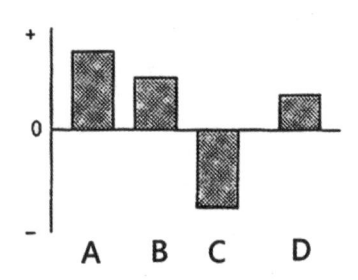

35. 扇形线图：表达 ABCDE 的正负值，水平线为 0，往右上角斜线表示正值，往右下角斜线表示负值，越倾斜，斜率越大表示数值越大。

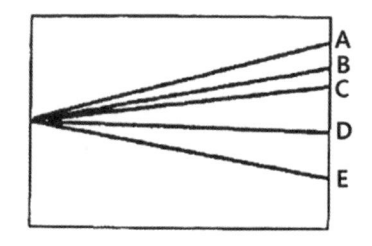

36. 折线+柱形：A 与甲是不同的类型，在不同情况下的数值变化。

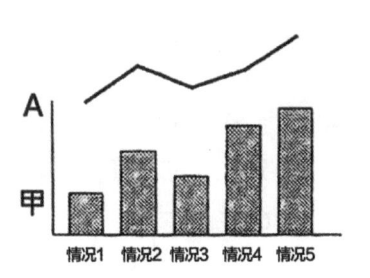

37. 浮动柱形图：表达数字的区间，股市 K 线图正是此图。

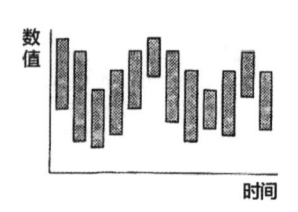

38. 甘特图：项目计划中，线段表示 ABCDE 每项工作的开始与结束时间，同一个工作项目中，一个线段是预订时间，另一个线段是实际运行时间。

39. 雷达图：表达与分析 AB 在各项指标甲、乙、丙、丁、戊、己、庚、辛的数值，实线是 A，虚线是 B。

40. 决策树：逐步在甲、乙、丙、丁的情况下，回答是与否，依序得到 ABCDE 的答案。

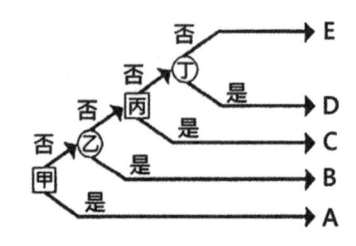